세계경제의 메가트렌드에
주목하라

STREET SMARTS
: ADVENTURES ON THE ROAD AND IN THE MARKETS

Copyright ⓒ 2013 by Hilton Augusta Parker Rogers Trust
and the Beeland Anderson Parker Rogers Trust
This translation published by arrangement with Crown Business,
an imprint of the Crown Publishing Group, a division of Random House, LLC.
All rights reserved

Korean translation copyright ⓒ 2014 by Iremedia Co., Ltd.
Korean translation rights arranged with The Crown Publishing Group
through EYA(Eric Yang Agency)

이 책의 한국어판 저작권은 EYA(Eric Yang Agency)를 통한 The Crown Publishing Group
사와의 독점 계약으로 한국어 판권을 이레미디어가 소유합니다. 저작권법에 의하여 한국
내에서 보호를 받는 저작물이므로 무단전재와 무단복제를 금합니다.

월스트리트의 투자 귀재 짐 로저스의 미래투자 전략
세계경제의 메가트렌드에 주목하라

짐 로저스 지음 | 이건 옮김

Street Smarts
: Adventures on the Road and in the Markets

이레미디어

베이비 비에게

아빠보다 모험을 더 즐기고

두 배 더 똑똑한 사람이 되기를!

오래된 나라에서 온 여행자가 해준 말.
몸통 없는 거대한 돌다리 둘이 모래 속에 서 있다.
근처 모래 위에는 반쯤 묻힌 부서진 얼굴.
언짢은 듯 꼭 다문 입술과 차갑게 명령하는 듯한 냉소는
돌 위에 조각가가 아로새긴 그대로 남아 있지만,
그를 조롱하던 이들은 흔적도 없이 사라졌다.
돌다리 받침대에는
"나는 왕 중의 왕 오지만디어스,
강자들이여, 나의 위업에 좌절할지어다!"
라고 새겨져 있건만,
거대한 잔해 주변에는 아무것도 없고,
저 멀리 평평한 사막만이 끝없이 황량하게 펼쳐져 있다.

— '오지만디어스Ozymandias(람세스 2세의 별칭)', 퍼시 비시 셸리Percy Bysshe Shelley

목차

Chapter 01	변하지 않는 것은 없다	008
Chapter 02	매년 미국에서 배출되는 MBA는 20만 명이 넘는다	022
Chapter 03	10년 S&P500 상승률 48%, 퀀텀펀드 수익률 4,200%	042
Chapter 04	당신이 똑똑하다면, 왜 부자가 되지 못했는가?	060
Chapter 05	내 말에 귀 기울이지 마라, 당신이 아는 바를 따르라	084
Chapter 06	떠오르는 상품	108
Chapter 07	허드슨 강변 주택	126
Chapter 08	서브프라임 사태의 진정한 이유	136
Chapter 09	파산 없는 자본주의는 지옥 없는 기독교	152
Chapter 10	가서 보고, 본 대로 행하라	166
Chapter 11	개방적 사고의 중요성	188
Chapter 12	보호무역주의의 장막이 드리우고 있다	206
Chapter 13	화폐의 위기	222
Chapter 14	한 번도 무너진 적이 없는 수요와 공급의 법칙	242
Chapter 15	해는 동쪽에서 떠오른다	258
Chapter 16	창조적 파괴 과정은 자본주의의 핵심 요소다	274

| 감사의 글 | 295 |
| 역자 후기 | 296 |

by Jim Rogers

Chapter 01

변하지 않는 것은 없다

Portrait of the
Investor as a Young Man

내고향 데모폴리스Demopolis는 블랙워리어Black Warrior강과 톰빅비Tombigbee강이 만나는 앨라배마주 케인브레이크Canebrake의 한가운데 있다. 마렝고Marengo 카운티에서 가장 큰 도시이며, 블랙벨트Black Belt로 알려진 조지아, 앨라배마, 미시시피주의 중심이다. 블랙벨트는 비옥한 암갈색 프레리 토양지대로서, 거의 200년 전부터 방대한 면화농장이 들어섰던 곳이다. 노예제가 폐지된 다음에도 일부 농장은 남아 있었지만, 목화 바구미 탓에 지금은 모두 사라졌다.

어린 시절 나는 친구들과 함께 흙을 뒤져 잡은 지렁이를 미끼로 낚시를 하면서 하루를 보냈다. 얼룩메기는 냄새만 나면 무엇이든 물었는데, 더운 여름날에는 귀뚜라미보다 지렁이를 잡는 편이 훨씬 쉬웠다. 당시 여덟 살이었던 나는 열 달 먼저 태어난 사촌 웨이드와 함께 우리 집 뒤뜰에서 땅을 파며 지렁이를 잡고 있었다. 그때는 전혀 이해하지 못했던 사촌의 말이 지금도 생생하게 기억난다. 그는 말했다. "우리가 계속 땅을 파 들어가면 반대편 끝에 중국이 나와."

나는 지구가 둥글다는 정도는 알고 있었으나 그때까지 지구본을 보지 못한 탓에, 앨라배마에서 지구의 반대편까지 한없이 파 들어가면 마침내 거대한 중국 땅덩어리가 나온다는 사실은 실감하지 못했다.

수십 년이 지난 지금 나는 중국 바로 근처에서 살고 있으며, 금발에 푸른 눈인 두 딸은 중국어가 영어만큼이나 유창하다. 내가 싱가포르에 눌러 살게 된 과정도 땅을 파서 지구를 관통하는 것 못잖게 파란만장했다. 세상 이면의 작동원리를 직접 체험하고, 진실을 파헤치며, 몸소 탐험하려고 끝없이 노력한 결과이기 때문이다.

나는 지금까지 세계일주를 두 번 했다. 한 번은 오토바이로, 한 번은 자동차로 5년에 걸쳐 100여 개 국가를 훑으면서 상황 변화를 기록했다. 나는 편안하게 앉아 공부하는 방식이 아니라 몸으로 부대끼는 모험을 통해서 역사를 이해한다. 이 방법으로 나는 커다란 보상을 받았다. 그리고 이 과정에서 앨라배마 산간벽지에서 말레이반도 남쪽 끝에 자리 잡은 중국의 전초기지로 올 수밖에 없었다.

역사에서 확인되는 사실이 있다면, 그리스인들이 제시한 "변하지 않는 것은 없다"라는 명제다. 이는 기원전 6세기 철학자 헤라클레이토스Heraclitus가 말한 "같은 강물에 발을 두 번 담글 수는 없다"라는 금언에서 유래한다. 인생에서 성공은 변화를 예상하는 능력에 좌우되므로, 나는 세계에서 진행되는 역사적인 변화를 실감하고 싱가포르로 왔다. 이는 세계를 선도하던 미국이 쇠퇴하고 그 자리를 아시아가 대신하는 극적인 지형 변화다.

이 글을 쓰고 있는 현재 세계는 금융위기가 한창이다. 대부분 국가의 정치인들은 이 위기가 일시적이라고 주장하면서, 경제가 회복될 것이라고 설득한다. 나는 논쟁을 벌일 생각이 없다. 다만 우리 세대에서 상황이 완전히 회복되지는 않을 듯하다. 여러 국가의 엄청난 부채 때문에 우리 모두의 생활방식이 크게 달라질 것이다. 정치와 경제 혼란기에 늘 그랬듯이 유서 깊은 기관, 전통, 정당, 정부, 문화, 심지어 국가들이 붕괴하거나 아예 사라질 것이다.

예를 들어 수십 년 역사를 유지하던 투자은행 베어스턴스Bear Sterans는 2008년에 파산했다. 같은 해에 파산한 리먼 브라더스Lehman Brothers는 역사가 150년을 넘어가는 회사였다. 이렇게 유서 깊은 세계적 기업들의 몰락은 미국 기업들의 상황이 변화하고 있음을 보여준다. 하버드, 프린스턴, 스탠퍼드 역시 파산을 향해가고 있을지도 모른다. 박물관, 병원 등 우리가 잘 알고 아끼는 기관들도 어려움을 겪고 있으며, 이 혼란기에 다수가 사라질 것이다.

내가 불안을 조장하는 현대판 카산드라Cassandra(불길한 예언자)라고 말하는 사람도 있다. 그러나 내가 말하는 미래에 대해 불안해할 필요는 없으며, 놀랄 이유는 더더욱 없다. 왜냐하면 변화의 바람이 불어오고 있기 때문이다. 그 바람은 중국으로부터 불어오고 있으며, 누구나 그 흐름을 예측할 수 있다. 여느 때와 다름없이 역사의 페이지가 기록되고 있다. 역사를 돌아보면 이런 변환기는 주의 깊은 사람들에게 좋은 기회가 되었다. 앞으로 좋은 기회가 많이 올 것이라고 나는 굳게 믿는다.

19세기 초라면 똑똑한 사람은 런던으로 이주할 것이다. 20세기 초라면 똑똑한 사람은 뉴욕으로 이주할 것이다. 21세기 초라면 똑똑한 사람은 아시아로 거처를 옮길 것이다. 지금부터 100년 뒤에는 변화의 바람이 어디로 불지 알 수 없다. 그러나 서기 1000년이 끝나갈 무렵, 똑똑한 사람들은 모두 코르도바로 몰려들었다. 당시 이슬람 문화가 꽃피는 유럽 지성의 중심지로서, 세계에서 인구가 가장 많은 도시였다.

나는 2007년 아이들까지 데리고 아시아로 이주했다. 아이들 세대에는 아시아를 알지 못하고서는 성공할 수 없을 것이며, 중국어가 오늘날의 영어처럼 중요해질 것이다. 1920년대와 1930년대에 세계 패권이 영국에서 미국으로 넘어갔다. 영국은 금융위기와 잘못된 정치 탓에 패권을 상실했지만, 사람들은 20~30년 뒤에도 이 사실을 깨닫지 못했다. 이제 패권은 미국에서 아시아로 넘어가고 있다. 미국도 똑같은 이유로 패권을 상실하고 있지만, 미국인들도 마찬가지로 이 변화를 깨닫지 못하고 있다.

아시아로 주도권이 넘어가는 현상은 역사상 두 번째 국면 전환이다. 지금까지는 번영을 창출하는 원천은 금융 회사들이었지만, 지금은 금융시장이 심각하게 붕괴하면서 금융이 세계의 중심적 역할에서 밀려나기 직전이다. 역사를 돌아보면 금융이 주도하던 시대도 있었고, 실물 생산자(농부, 광부, 에너지 공급자, 벌목꾼)들이 주도하던 시대도 있었다. 대형 강세장이 시작되기 전인 1950~1970년대까지만 해도 월스트리트와 런던은 변두리에 불과했다. 이들은 다시 변두리로 돌아갈 것이다. 금융업자들은 쇠퇴하고, 여호수아서가 전하듯 '장작을 패고 물을 긷는 사람들'이 세상을 물려받을 것이다.

세상에 영원한 것은 없다는 단순한 가정을 받아들이면서 변화의 역사를 훑어보던 중, 나는 한 위대한 사상가의 말에 동감하게 되었다. 알베르트 아인슈타인은 이렇게 말했다.

"무한한 것은 두 가지뿐이다. 바로 우주와 인간의 어리석음이다. 그러나 우주가 무한한지는 확신하지 못하겠다."

트로이 목마를 성 안으로 끌어들일 때, 위험을 경고했던 트로이 공주 카산드라의 말이 옳았다는 점만은 잊지 말자.

내가 이 책을 쓰는 목적은 우리가 어떤 과정을 거쳐 현재 상황에 이르게 되었으며, 어떤 식으로 미래에 대비해야 하는지를 조명하려는 것이다. 나는 금융, 투자, 모험을 하며 살아온 과정에서 얻은 통찰을 여러분과 나누고, 세계를 뒷마당 삼아 평생 여행하면서 블랙벨트로부터 지구 반대편 동남아 국가로 오게 된 과정에서 내가 얻은 교훈도 나누고자 한다.

시장에서의 모험은 1964년 봄에 시작되었다. 나는 예일대 4학년이었고, 내가 우연히 아이비리그에 오게 된 것처럼, 이번에도 우연히 월스트리트로 가게 되었다.

고등학생 시절 나는 키클럽Key Club(봉사활동조직)의 열성 회원이었다. 키클럽은 학생들이 주도하는 봉사단체로서, 키와니스 인터내셔널Kiwanis International(미국 사업가들의 봉사단체) 소속이었으며, 1976년까지는 남자만 가입할 수 있었다. 데모폴리스 키클럽 회원 가입은 대단한 일이었다. 지역 후원자가 매년 남학생 다섯 명만 받아들이기로 방침을 정했기 때문이다. 내가 회장을 맡았던 해에 데모폴리스 키클럽은 소도시 클럽 중 세계 최고 클럽으로 선정되었다. 당시에는 예일대학이 매년 국제 키클럽 회원에게 4년 장학금을 수여했다. 나는 이 장학금 때문에 예일대학에 관심을 두게 되었다. 키클럽 회원이 아니었다면, 나는 예일대학에 절대 응시하지 않았을 것이다.

예일대학 외에 내가 응시한 학교는 단 한 곳뿐으로서, 테네시주 사우스시워니South Sewanee대학교 문과대학이었다. 성공회 소속 학교였는데, 나는 합격할 것으로 확신했다. 나는 응시원서를 보낸 직후 합격통지를 받았다. 그런데 아버지가 사우스시워니대학에 입학금 50달러를 보내고 한참 지난 4~5월경 예일대학으로부터 두툼한 봉투가 도착했다. 내가 합격했으며, 연간 2,000달러의 키클럽 장학금을 받게 되었다는 내용이었다. 나는 깜짝 놀랐다.

당시 나는 17세였고, 예일대학이 코네티컷주 뉴헤이븐New Haven에 있다는 정도만 알았다. 그러나 아버지는 예일대학 합격의 의미를 잘 알고 있었다. 아버지와 어머니 두 분 모두 대학을 졸업했다. 두 분은 오클라호마대학 파이 베타 카파회(미국 대학 우등생들로 구성된 친목단체)에서 만났다. 아버지는 전공이 석유공학이었고, 어머니는 인문학이었다. 두 분에게는 나의 예일대 합격이 대단한 일이었다. 아버지는 "너를 북부 진보주의의 보루로 보내게 되어서 걱정스럽구나"라고 말씀하셨지만, 두 분 모두 기뻐서 어쩔 줄 몰랐다. 입학금 50달러를 돌려받지 못한다는 사실에 아버지는 다소 아쉬워하긴 했지만 말이다. 1960년에는 돈의 가치가 지금보다 7배나 컸으므로, 데모폴리스에서 50달러는 큰돈이었고, 지금도 적은 돈은 아니다.

나는 다섯 형제 중에서는 맏이였지만 고등학교 급우 50명 중에서는 어린 편이어서, 내게 굴러들어온 행운을 즉시 모두에게 자랑하며 으스댔다. 나는 곧바로 거물 행세를 했지만, 이런 자만심은 오래가지 않았다. 갑자기 예일대학에 가야 한다는 생각이 떠올랐기 때문이다. 상황 파악이 되지 않았던 나는 겁에 질렸다. 이제부터 내가 무엇을 해야 하는지 알 수가 없었다.

그해 여름, 보스턴 키클럽 집회에 참석하러 기차를 타고 가는 길에 나는 뉴헤이븐에서 내려 예일대학 입학처에 들렀다. 나는 합격한 이유를 알고 싶었다. 합격한 이유를 들으면 대학에서 나에게 기대하는 바를 알게 되고, 무엇을 해야 하는지도 알 수 있을 듯했다.

입학처장은 내 입학원서 폴더를 꺼내 읽어보더니 말했다.

"무슨 말이니? 너는 반에서 1등으로 졸업했어. 100점 맞은 과목이 많아. 평균점수가 거의 100점이야."

젠장! 데모폴리스에서 받은 100점이 무슨 대수란 말인가? 이 사람들은 내가 똑똑하고 박식하다고 생각하는 모양이다.

북동부 명문 사립고등학교 출신들과 경쟁할 준비가 전혀 안 되어 있었던 나는 누구보다도 열심히 공부할 각오를 다지면서 예일대학에 도착했다. 시험이 다가오자 동기 한 명은 시험 준비에 다섯 시간을 할당한다고 말했다. "이 시험의 가치는 다섯 시간 정도야." 참으로 별난 사고방식이었다. 나는 그 과목을 숙지할 정도로 충분히 공부한 다음에도, 만일에 대비해서 더 공부하는 방식이었다. 이것이 나와 형제들이 부모님으로부터 배워 모든 일에 적용한 방식이다. 우리 부모님은 무슨 일이든 충분한 법이 없으므로, 계속 공부하고 일하고 조사하라고 가르쳤다.

이제는 우리 아이들에게도 이런 특성을 주입할 수 있으면 좋겠다. 나는 부모님에게 전화해서 "우리에게 무슨 약을 먹이셨나요?"라고 물어보고 싶다. 우리 형제들은 절제력, 근면성, 직업윤리를 모두 갖추었다. 이런 특성이 어디에서 왔는지 모르겠다. 그 유전자라도 찾고 싶다. 나만 인내력의 가치를 인정하는 것이 아니다. 누구나 알듯 똑똑하다고 성공하는 것이 아니며, 재능이 있다고 성공하는 것도 아니다. 중요한 것은 인내력이다.

당시 예일대학의 학비와 숙식비는 2,300달러였다. 장학금이 2,000달러였으므로 300달러가 부족했고, 책값과 잡비도 필요했다. 나는 식당 웨이터 조수로 매주 몇 시간씩 일했고, 대학을 졸업할 때까지 계속 시간제로 일했다.

젊은 시절에 쌓는 돈벌이의 경험은 확실히 유용하다. 돈의 가치를 배우게 되며, 정체성 확립에도 도움이 된다. 돈을 관리하면서 자율성이 얼마나 소중한지도 깨닫게 된다. 나는 예일대학에 오기 훨씬 전부터 돈벌이를 시작했다. 여섯 살 때 아버지는 "돈은 나무에서 열리는 게 아니란다"라고 가르치면서, 내가 벌어서 야구 장갑을 사라고 말씀하셨다. 나는 데모폴리스에 있는 브라즈웰 철물점에서 4달러짜리 야구 장갑을 외상으로 산 다음, 토요일마다 15센트씩 갚아 대금을 모두 상환했다. 몇 년 뒤 콜롬비아 경영대학원 학장은 한 대학의 연구를 인용하면서, 성년기에 행복한 인생을 살게 될지 알려주는 가장 중요한 예측변수는 10대 시절의 돈벌이 경험이라고 말했다.

나는 예일대학에서 학창 시절을 대체로 잘 보냈다. 역사를 전공했고, 2~3학년에는 조정경기에 타수(키잡이)로 참가했다. 연극에도 참여해서 주연도 두어 번 맡았다. 하나는 1961년 졸업반 존 바담 John Badham의 연출작이었다. 내가 주연으로 출연했다면 그의 히트영화 〈토요일 밤의 열기〉가 어떤 모습이 되었을지 상상만 해도 재미있다. 나는 연극을 무척 사랑했지만, 4학년이 되어서는 깊이 빠지지 않았다. 4학년에 타수를 그만둔 것과 같은 이유였다. 나는 공부에 몰두했다. 절제력을 발휘한 보람이 있었다. 다른 사람들만큼 똑똑하지 않았음에도, 나는 우등으로 졸업했다.

대학 졸업자들이 대부분 그렇듯이, 나도 대학 졸업 후 무엇을 해야 할지 전혀 알지 못했다. 나는 하버드 경영대학원에 합격했고, 하버드와 예일 법학대학원에도 합격했다. 한편으로는 의과대학원에 지원하는 편이 나았겠다는 생각도 들었다. 그러나 내가 정말로 하고 싶었던 것은 여행이었다. 나는 소년 시절 디킨스의 『픽윅 페이퍼The Pickwick Papers』를 즐겨 읽었다. 픽윅 클럽 신사들의 모험을 읽으면서 나에게 방랑벽이 생기지 않았나 싶다. 나는 21세에도 자의식(自意識)이 풍부했던 탓에, 고향 앨라배마에서 1,000마일 떨어진 코네티컷의 환상적인 아이비리그에서 지내는 것이 커다란 교육이 되었다. 덕분에 나는 눈을 떴고, 많이 배웠다.

루디야드 키플링Rudyard Kipling은 「영국 국기The English Flag」에 이렇게 적었다. "영국밖에 모르는 사람이라면 영국에 대해 무엇을 알겠는가?"

예일에 다니면서 국외 여행을 많이 다닌 주위 사람들을 볼 때마다 내가 많이 부족하다는 생각이 들었다. 내게는 항상 세상을 더 많이 보고 배우려는 열정이 있었다. 그때 여자친구 재닛 콜리에게 내 소망을 털어놓은 적이 있다. "나는 열여섯인데도 여행을 가본 적이 없어." 세상을 많이 다녀본 재닛은 나를 측은히 여겼다. "나도 열여섯이지만 여러 곳에 가봤어. 버밍엄에도 가봤고, 모빌, 몽고메리, 터스컬루사에도 가봤고……."

나는 시야를 넓히고 싶어서 다양한 유학 장학금을 신청했다. 신입사원 모집자들이 학교에 찾아올 무렵, 나는 유학 장학금을 받게 되었다. 옥스퍼드 베일리얼Balliol대학에서 철학, 정치학, 경제학PPE을 연구하도록 예일에서 주는 장학금이었다. 국외 여행의 기회였으며, 덤으로 인생을 설계할 기간도 2년 얻게 되었다(그리고 전설적인 옥스퍼드-케임브리지 조정경기에서 타수를 해보겠다는 환상도 남몰래 품고 있었다). 나는 하루라도 빨리 떠나고 싶었다. 내게 필요한 것은 여름 일자리뿐이었다.

'도미닉 앤드 도미닉Dominick & Dominick Inc.'은 미국의 유서 깊은 비상장 투자 회사였는데, 예일에서 신입사원을 많이 뽑았다. 전형적인 아이비리그의 명문 예일 출신으로서 나는 여러 회사의 면접관들과 인터뷰를 했다. 다른 면접관들과는 인터뷰가 신통치 않았지만, 도미닉 앤드 도미닉의 면접관 조 카치오티와는 말이 잘 통했다. 그는 빈민가 브롱크스 거리에서 성장하여 하버드에 들어간 인물이었다. 나는 앨라배마 변두리에서 성장하여 예일에 들어갔다. 우리 두 사람은 공통점이 많았다. 두드러진 차이 하나는 그가 상근직원을 원한다는 사실이었다.

나는 그에게 말했다. "저는 상근직원은 될 수 없지만, 여름 일자리라면 기꺼이 맡겠습니다."

1870년에 설립된 뉴욕증권거래소 초창기 회원사 도미닉 앤드 도미닉은 매년 봄 예일에서 신입사원을 모집했지만, 여름에만 일할 사람을 뽑은 적이 없었다. 조가 추천해준 덕분으로 짐작되지만, 나는 예외적으로 여름 일자리를 얻게 되었고, 1964년 여름 월스트리트로 일하러 갔다. 그해 말 옥스퍼드로 떠날 때, 나는 인생에서 하고 싶은 일을 정확히 알게 되었다.

일하러 가기 전까지 내가 월스트리트에 관해서 아는 것이라곤 뉴욕에 있다는 사실과 1929년 월스트리트에서 뭔가 나쁜 일이 일어났다는 정도였다. 나는 주식과 채권조차 구별하지 못했다. 통화나 상품에 대해서도 전혀 몰랐다. 구리 가격이 오르내린다는 사실을 내가 알았는지도 의심스럽다.

나는 도미닉 앤드 도미닉의 조사부에 근무하면서 중개인들의 전화를 응대했다. "GM이 배당을 지급하나요? 지급한다면 얼마나 하죠?" 나는 이런 질문에 대한 정보를 잘 찾아냈다. 또 뉴욕증권거래소에 상장되지 않은 다양한 주식의 '시장을 조성하는' 트레이딩 데스크에서도 근무했다. 나스닥이 만들어지기 전이었으므로, 이런 주식은 장외시장에서 거래되었다. 나는 시장에서 실제로 거래가 이루어지는 과정을 많이 배웠다.

한 번은 회사 고위 파트너가 내게 어느 대학을 나왔느냐고 물었다. 나는 예일 출신이라고 대답했다. "잘됐네. 여기는 하버드 Redbelly와 프린스턴 Tiger Boy 출신이 너무 많아." 그를 만난 김에 나는 경영대학원 진학에 대해 조언을 부탁했다. 그는 이렇게 말했다.

"거기서는 쓸데없는 것만 가르칠 걸세. 월스트리트로 와서 대두 공매도 한 번만 해보면, 거기서 2년 동안 허송세월하는 것보다 훨씬 많이 배울 거야."

매우 흥미진진한 여름이었다. 나는 전에는 본 적이 없었던 방식으로 세상을 보았다. 갑자기 나의 역사 공부와 최근 사건들이 이론상의 연습 수준을 뛰어넘어 실제로 가치를 발휘했다. 나는 세상을 이해하려는 열정을 제대로 불사를 수 있었다. 역사를 공부하면서, 세상에서 벌어지는 사건에 따라 시장이 움직이는 모습에 매료되었다. 그러나 내가 난생처음 감탄하며 깨달은 사실은 지금까지 시장이 세상의 사건들을 주도해왔다는 점이다.

세상만사가 서로 연결되어 있었다. 칠레에 혁명이 일어나면 구리 가격이 영향을 받고, 전력 요금과 주택 가격이 영향을 받으며, 나아가 스페인 톨레도의 주택 보유자를 포함해서 세상 모든 사람이 영향을 받게 된다.

그해 여름에 나는 장래 진로도 찾아냈다. 월스트리트 사람들은 내가 탐구력을 발휘하는 대가로 보수를 주었다. 내가 탐구를 제대로 하면 이들은 많은 보수를 줄 것이다. 월스트리트에 가면 내가 좋아하는 온갖 일을 하면서 돈을 벌게 된다. 나는 도미닉 앤드 도미닉에서 첫 여름을 보내면서 법학대학원에 가지 않기로 했다. 경영대학원에도 가지 않을 생각이었다. 그리고 귀국 즉시 나는 월스트리트로 돌아와 근무하기로 결심했다.

Chapter 02

매년 미국에서 배출되는 MBA는 20만 명이 넘는다

Innocent Abroad

철학, 정치학, 경제학^{PPE} 학위는 1920년대 옥스퍼드 베일리얼 대학에서 고전 학문을 대체하는 현대 학문으로 개발되었는데, 새로 선발된 영국 공무원들을 제국 관리자로 양성하는 용도로 사용되었다. 물론 영국은 당시 제국의 몰락이 임박했다는 사실을 전혀 알지 못했다. 대학교육의 실상을 고려해보면, 거만한 PPE 학위자들을 대량으로 배출한 탓에 제국의 몰락이 더 빨라졌는지도 모를 일이다.

1918년에는 영국이 세계에서 가장 부유하고 강한 나라였다. 세계지도를 보면 온통 영국의 붉은색이었다. 대영제국은 어디에서나 볼 수 있었다. 19세기는 세계 무역의 시대였다. 세계경제가 통합되면서 제해권을 장악한 영국에 유리해졌다. 경제, 사회, 예술적으로도 흥미진진한 시대였다.

그러나 제국은 항상 과도하게 확장하다가 실패한다. 1918년 대영제국도 안으로부터 무너지고 있었다. 영국은 보어 전쟁에서 막대한 인명과 재정손실을 본 탓에, 부채가 증가하고 내부 혼란에 휩싸이게 되었다. 그리고 1세기 뒤에는 미국의 어리석은 정치인들이 군사, 지리, 경제, 심지어 도덕적으로 과도하게 확장하는 과정에서 베트남과 이라크에 인명과 자원을 헛되이 소모했다.

테러리즘에 대한 정치적 대응으로 시작된 1차 세계대전은 영국의 과도한 확장을 촉진했다. 1910년까지만 해도 영국과 독일의 왕족들은 함께 휴가를 보내기도 하면서 절친하게 지냈다. 그러나 1914년에는 이들의 자녀들이 자녀가 프랑스 참호에서 서로를 살육했다. 영국은 1차 세계대전이 시작될 때에도 과도한 확장 상태였지만, 전쟁이 끝난 시점에는 막대한 외채 탓에 상황이 더욱 악화했다. 1939년 영국은 파운드화의 국외 유출을 차단했고, 이후 40년 동안 외환거래를 통제했다. 영국은 이제 경쟁력을 상실했다. 2차 세계대전의 여파로 영국은 병력을 유럽지역으로 서서히 철수했다. 1960년대에는 '수에즈 동쪽'에서도 제국의 이권을 지키지 못하게 되면서 제국을 온전히 유지하기는 더 어려워졌다.

제국의 이권 중 하나가 싱가포르였다. 사자의 도시Lion City라는 싱가포르의 명칭은 싱(사자)과 푸라(도시)라는 산스크리트어를 직역한 표현으로서, 말레이 연대기에 나오는 건국 설화에서 유래한다. 팔렘방(인도네시아 수마트라섬) 왕자 상 닐라 우타마가 섬을 탐사하려고 상륙하던 중 사자를 보았는데, 이를 길조로 여겨 14세기에 그 이름을 딴 왕국을 이곳에 세웠다고 한다(그가 본 것은 사자가 아니라 말레이 호랑이었을 것이라고 한다. 인도대륙 동쪽으로는 사자가 나타난 적이 없었기 때문이다. 그러나 호랑이는 1930년대까지도 싱가포르에 출몰했다). 영국은 1824년 싱가포르를 차지했다.

1969년 영국이 싱가포르에서 철수하기 전날 밤, 영국 장교들은 래플즈Raffles에서 술판을 벌이면서 "이제 싱가포르는 끝장났다"라고 말했다. 50만 명이 사는 싱가포르는 절대 빈곤에 빠져 발전의 희망도 보이지 않는 지옥이 될 것이라고 모두가 생각했다. 그러나 쇠퇴하는 대영제국으로 돌아간 이 장교들은 지난 40년 동안 싱가포르에서 펼쳐진 놀라운 성공 신화를 멀리서 넋을 잃고 바라보게 되었다. 현재 싱가포르는 세계적인 부국으로 손꼽히며, 1인당 외환보유고는 아마도 세계 최고일 것이다.

지옥이 된 곳은 영국이었다. 지금까지 초강대국이었던 영국은 1976년 국채 매각에 실패하자, IMF에 구제금융을 요청하는 수모를 당하게 되었다. 1918년 해가 지지 않던 대영제국은 1세대 만에 경제가 혼란에 빠졌고, 3세대 만에 파산했다.

영국이 회복할 무렵, 미국은 세계의 초강대국이 되어 반세기 넘게 경제·군사·지정학적으로 권력을 휘두르고 있는 중이다. 1979년 선출된 마거릿 대처는 마침내 영국을 회생시켰다. 여러 긍정적인 변화도 일으켰다. 그러나 사실은 1979년부터 북해에서 석유가 나오기 시작했기 때문이다. 유전 광구가 발굴되면 경제는 당연히 호전된다.

대처는 재정의 고삐를 죄는 한편, 1939년 이래로 유지했던 외환 통제를 철폐했다. 1964년 내가 옥스퍼드에 도착했을 때, 파운드화는 자유롭게 환전되는 통화가 아니었다. 파운드화를 사거나 팔 때에는 엄격한 규제를 받았다. 일정 금액 이상은 국외로 반출할 수도 없었다. 파운드화는 끊임없이 위기에 시달렸다. 매주 경제학 개별지도 시간마다 결국은 파운드화의 최근 문제를 논의하게 되었다. 당시 환율은 파운드당 2.80달러였는데, 분명히 파운드화가 과대평가된 것이었다. 취약한 영국 경제가 제대로 반영되지 않았다. 영국은 파산 직전이었고, 모든 분야에서 경쟁력을 상실하고 있었다. 어느 누구도 영국에 투자하려 하지 않았고, 영국도 외국에 투자할 여력이 없었다.

나는 옥스퍼드에 다니면서 은행에 외국인 계좌를 개설했다. 내가 계좌에 넣은 달러는 외국 자금으로 표시되었으며, 나는 원할 때마다 달러를 넣거나 뺄 수 있었다. 은행에서는 내가 넣은 외국 자금을 기록했다. 영국을 떠날 때 내가 넣은 돈보다 많은 금액을 가져가지 못한다. 내 계좌는 매우 엄격하게 통제받았다. 처음부터 내 계좌에는 돈이 많지 않았지만, 나는 매 주말 필요한 금액 이상으로는 자금을 빼지 않으려고 조심했다. 영국 정부가 파운드화를 평가절하한다면 반드시 주말에 할 것으로 확신했기 때문이다. 21세의 순진한 청년이 보기에도 파운드화는 취약했다. 2년 동안 나는 주머니에

2실링(1실링=1/20파운드) 6펜스 이상을 넣고 다닌 적이 없었다.

영국은 무역수지가 악화되고 국가 부채가 증가하면서 상황이 갈수록 나빠졌고, 결국 내 예측이 맞아떨어졌다. 그러나 영국 정부가 파운드화를 평가절하한 시점은 내가 떠난 다음 해였다. 내가 예측한 방향은 맞았지만, 시점은 틀렸다. 이렇게 방향은 맞고 시점은 너무 앞서는 현상이 이후 나의 투자경력 내내 반복되었는데, 이는 유리할 때도 있었고 불리할 때도 있었다. 파운드화는 2.40달러로 평가절하되었지만, 오래 버티지 못했다. 1970년대에 변동환율제가 도입되자, 파운드화는 1.06달러까지 떨어졌다. 이 기간에 환율이 더 점진적으로 바뀌었다면, 영국 산업은 환율 변동에 적응해서 경쟁력을 더 키웠을 것이다. 그러나 환율은 무너졌다.

대처의 집권 기간에 시티 오브 런던(런던의 금융 중심지)은 다시 국제 금융의 중심지가 되었고, 이후 영국은 20~25년 동안 번창했다. 그러나 이제 북해 석유가 고갈되고 있다. 영국은 다시 석유를 수입하고 있다. 지금은 금융이 세계경제의 주도권을 상실하고 있으므로, 시티 오브 런던도 말라붙고 있다(앞으로 20~25년 동안 금융 부문은 실적이 매우 나쁠 것이다). 영국은 엄청난 부채에 허덕이면서 다시 쇠퇴하고 있다.

2010년 나는 가족과 함께 옥스퍼드에 다시 방문할 기회가 있었다. 나는 베일리얼대학에서 올리버 스미시스Oliver Smithies 강연을 요청

받았다. 영국에서 태어나 베일리얼에서 공부하고 2007년 노벨 의학상을 받은 유전학자 올리버 스미시스가 후원하는 강연이었다. 나는 옥스퍼드 재학생들에게 나의 미래 전망을 나누어달라는 부탁을 받았다. 그러나 내 딸들에게 방문 목적을 물으면, "보트를 주려고요"라고 대답할 것이다. 그 배경을 설명하겠다.

옥스퍼드에서 정말로 중요한 스포츠는 '노젓기' 하나뿐이다. 그리고 가장 중요한 노젓기 행사는 이른바 '조정경기'다. 옥스퍼드 케임브리지 조정경기는 1829년에 처음 시작되었다. 매년 봄 3월 마지막 토요일이나 4월 첫 토요일 템스강에서 8명씩 출전하여 노젓기 경쟁을 벌였다. 나는 예일에서 3년 동안 타수(키잡이)를 하면서 조정경기에 대해 읽고 들은 바가 있었으므로, 옥스퍼드에 왔을 때 그 중요성을 잘 알고 있었다. 이 경주에 참가하는 사람은 영국에서 일종의 국민 영웅으로 대접받는다. 영국의 어느 술집에 가도 술 한 잔 정도는 공짜로 마실 수 있다(2010년에는 약 25만 관중이 4.5마일 조정경기 구간을 메웠고, 영국에서만 TV 시청자 수가 600만 명을 넘어섰다. BBC는 150개가 넘는 국가에 생방송으로 중계했다).

옥스퍼드의 여러 대학에서 온 수백 명의 학생들이 블루보트Blue Boat라는 아홉 자리를 놓고 매년 봄 경쟁을 벌인다. 블루는 대학 스포츠를 가리키는데, 결승전에 진출하는 옥스퍼드와 케임브리지 선수들을 의미하기도 한다. 그래서 조정경기에 참가하는 양쪽 선수 모두 푸른색 복장(옥스퍼드는 짙은 청색, 케임브리지는 밝은 청색)을 입는다.

옥스퍼드 생활 2년 차에 내가 블루보트 타수로 선발되었을 때, 나는 조정경기가 열린 137년 동안 선발된 두 번째 미국인이었다. 공교롭게도 첫 번째 미국인 역시 예일과 베일리얼에서 공부한 사람이었다. 그가 타수로 참가했던 1951년에는 옥스퍼드가 패배했다. 짐 로저스가 선발되었다는 발표가 나가자, 베일리얼에 있던 예일 졸업생들 사이에서 대소동이 벌어졌다. "맙소사. 저 친구 때문에 옥스퍼드가 또 지게 생겼어."

나는 하마터면 자리를 빼앗길 뻔했다. 일단 선수로 선발되면 청색 블레이저, 고유의 청색 스카프와 스웨터, 흰 바지, 검은 신발을 착용해야 한다. 나는 검은 신발이 없었고, 적갈색 정장 구두 한 켤레뿐이었다. 나는 검은 구두와 갈색 구두를 모두 살 형편이 못 되어서, 둘을 겸할 수 있도록 짙은 갈색 구두를 샀다. 그때 옥스퍼드대학 보트클럽 회장 덩컨 클레그가 내게 와서 말했다. "그 갈색 구두는 벗어야겠네."

나는 대답했다. "갈색이 아니라 짙은 갈색이야."

나로서는 비싼 돈을 주고 산 구두였다.

그는 말했다. "안 돼. 그 구두는 곤란해."

그래서 내가 말했다. "난 돈이 없어. 지금까지 복장을 갖추느라 거금을 지출했다고. 신발 한 켤레 더 장만할 형편이 못 돼. 신발 때문에 자리를 내놓아야 하더라도 나는 방법이 없어."

결국 나는 갈색 신발을 신도록 허락받았다.

1966년 우리는 조정경기에서 3.25정신(艇身) 차이로 케임브리지를 물리쳤다. 1년 전인 1965년에는 조정경기 역사상 처음으로 두 대학의 후보선수들끼리 예비 시합을 벌였다(예비 시합은 지금까지도 이어지고 있다). 나는 옥스퍼드 이시스 보트의 타수를 맡았다(후보선수 보트의 이름은 런던을 관통하는 템스강 지류의 이름을 따서 이시스로 지었다). 1965년에도 나는 블루보트에 선발될 가능성이 있었다. 그러나 불미스러운 사건 때문에 나는 하마터면 조정경기를 완전히 포기할 뻔했다.

옥스퍼드와 케임브리지의 모든 스포츠는 순수 아마추어였으므로(유니폼도 직접 사서 입었다), 옥스퍼드의 노젓기 코치는 모두 자원 봉사자였다. 그해 선수들을 감독하는 결승전 코치는 샘 맥킨지라는 호주인이었는데, 조정 세계 챔피언 출신이었다. 그는 돈을 노리는 사기꾼이었지만, 양계 업계에서는 탁월한 솜씨를 인정받는 전문 병아리 감별사였다. 결승전에 진출할 선수 선발은 맥킨지와 보트클럽 회장인 학생 조수(노잡이) 마일즈 몰런드가 맡게 되었다.

크리스토퍼 도드Christopher Dodd는 내가 맞닥뜨렸던 문제를 그의 저서 『The Oxford and Cambridge Boat Race(옥스퍼드와 케임브리지 조정경기)』(1983년)에서 자세히 설명했다.

"짐 로저스는 베일리얼대학에서 이시스의 키를 잡으며 즐겁게 생활하던 중, 1월에 아버지로부터 편지를 받고 충격과 혼란에 빠졌다. 그는 며칠 동안 고심했으나, 자신은 물정 모르는 외국인에 불과함을 깨달았다. 그래서 그는 문제해결의 가장 쉬운 길은 그 자리에서 물러나는 방법이라고 판단했다. 상대가 어느 정도의 양식을 지니고 있는지 전혀 모르는 상태에서 게임에 끼어들고 싶지 않았다. 그는 코치 데이비드 하디에게 가서 이시스 선수 자리를 포기하겠다고 말했다. 하디는 낌새를 채고 조사를 벌였다. 그는 로저스를 불러 그만두는 이유를 캐물었다. 하디는 도무지 이해할 수가 없었다. 로저스는 역할을 잘 해내고 있었기 때문이다. 그러자 로저스는 그에게 편지를 보여주었다.

앨라배마에 사는 짐 로저스의 아버지가 보낸 편지였다. 그는 옥스퍼드가 어디에 있는지도 모르고 조정경기가 무엇인지도 모르지만, 맥킨지가 하는 말의 취지는 이해했다. 그 편지에는 옥스퍼드, 조정경기, 아들의 생활에 관한 잡담이 두세 문단 들어 있었다. 결론은 맥킨지의 계좌에 네 자릿수의 돈을 입금해주면, 로저스의 블루보트 자리를 보장한다는 말이었다. 편지의 끝부분에 로저스의 아버지는 아들에게 '이 사람이 미친 거니, 아니면 내가 미친 거니?'라고 썼다."

이 일은 내가 옥스퍼드에 와서 겨우 몇 달밖에 지나지 않은 때에 일어난 일이었다. 다른 선수들은 오랫동안 서로 알고 지낸 사이였다. 나는 상황을 전혀 파악하지 못했지만, 무슨 일이 벌어지든 개입하고 싶지 않았으며, 이 난관에서 벗어나는 길은 물러나는 방법뿐이라고 생각했다. 그것이 부작용이 가장 작은 방법이었다. 그러나 하디는 내게 그만두지 말라고 했다. 그는 이 편지를 보트 클럽 지도교수 겸 회계 담당자인 법학 교수 베레 대비지와 키블Keble대학

회계관 그리고 보트클럽 회장에게 가져갔다. 항상 갖고 다니는 포도주병을 홀짝이면서 그는 내게 말했다. "맥킨지는 우리와 부류가 전혀 다른 사람이야." 맥킨지는 결국 해고당했다.

이시스 조수 8명과 나는 케임브리지와 벌인 경기에서 승리했다. 우리는 그해 여름 열리는 헨리 로열 레가타Henley Royal Regatta 경기에 출전할 때에도 선수를 그대로 유지하기로 했다. 영국의 중대 행사인 이 조정경기는 7월에 닷새에 걸쳐 열리는데, 당시 필립 왕자가 후원을 한 덕에 행사 명칭에 '로열'이 붙었다. 조정경기에 참가하려고 세계 곳곳에서 선수들이 몰려들 정도로 인기 절정의 스포츠다. 이 대회에 선수로 참가하는 것만으로도 영광이다. 나는 예일에서 이 행사에 대해 들어 내용을 모두 알고 있었다. 사실은 이 행사에 푹 빠져 있었다. 그러나 내가 이곳에서 경기에 참가하리라곤 전혀 생각하지 못했다.

가장 권위 있는 행사는 남자 에이트Men's Eight(8인승) 그랜드 챌린지 컵Grand Challenge Cup으로, 1839년 행사가 시작된 이래 계속 개최되고 있다. 우리는 그해(1965년) 에이트 종목 중 서열 2위인 템스 컵Thames Cup에 출전하기로 했다. 참가하는 것만으로도 흥분했던 나는 우승하면서 전율했다. 그리고 템스 컵에서 금메달을 따면서 신기록까지 세웠고, 난생처음 기네스북Guinness Book of Records에 내 이름까지 올렸다.

현재 베일리얼대학에는 남자 선수와 여자 선수가 있으며, 남자

에잇의 1번 보트는 비랜드 로저스Beeland Rogers, 여자 에잇의 1번 보트는 해피 로저스Happy Rogers다. 나는 2007년 여자 선수들에게 큰딸의 이름을 딴 해피 로저스를 기증했다. 그 직후에 남자 선수들에게 작은딸의 이름을 딴 비랜드 로저스를 기증했다. 남자 보트는 2009년 옥스퍼드의 '에잇 위크Eights Week'에 맞춰 도착했다. 에잇 위크는 '옥스퍼드-케임브리지 조정경기' 다음으로 중대한 옥스퍼드의 조정경기 행사로서, 남자는 7종목, 여자는 6종목에 보트 158척이 출전하여 나흘 동안 경기가 진행된다. 일부 대학에서는 남녀 각각 5팀씩 출전하기도 한다.

2008년에는 베일리얼 남자 1번 에잇이 52년 만에 처음으로 우승을 차지했다. 그리고 2010년에는 해피 로저스를 탄 베일리얼의 여자 1번 에잇이 30년 만에 처음으로 우승했다(이들은 2011년에도 우승했다). 남자들은 2009년에도 우승했으나, 이후에는 성적이 저조했다. 그러나 내 두 딸의 보트가 모두 우승을 차지했다는 것에 만족한다.

2010년 여자 에잇의 우승을 축하하는 만찬 행사가 내가 맡은 스미시스 강연 일정과 겹친 덕분에, 나는 아내 페이지와 두 딸을 데리고 축하행사에 참석했다. 큰딸 해피와 작은딸 베이비 비는 가장 좋은 옷을 차려입고 보트의 이름을 붙이는 공식 행사에 참석했다. 나는 이들이 우승한 해를 기념하는 뜻으로 여자 선수들에게는 2010년 발행 금화를 수여했고, 남자 선수들에게는 2008년 발행 금화를 수여했다. 그 금화는 해피가 건네주었다. 이어서 해피는 '해피 로저스 II'라는 두 번째 보트도 기증하겠다고 발표했다.

강당에 모인 베일리얼 학생들이 내 설명을 듣고 당황하는 것도 놀랄 일이 아니다. 충분히 이해가 된다. 나는 물론 그들도 지금은 내가 공부하던 시절과 많이 달라졌다는 사실을 알고 있었다. 그러나 그동안 일어났던 변화(특히 금융업종의 성장)가 이제 다시 원점으로 돌아가고 있다는 사실을 그들은 실감하지 못했다.

내가 옥스퍼드에서 지낸 두 번째 해에 경제학과 지도교수 월프레드 베커먼Wilfred Beckerman이 내게 말했다. "여기에는 자네 같은 사람이 하나도 없네. 자네를 어떻게 가르쳐야 할지 모르겠어. 이곳 사람들 대부분은 주식시장에 전혀 관심이 없다네. 우리가 아는 한 시티 오브 런던은 하찮은 곳에 불과해. 세계경제와도 상관이 없고, 심지어 영국경제와도 관계가 없는 곳이지. 아무도 관심이 없어."

1960년대에는 베일리얼대학 교수 대부분이 사회주의자였다. 정부에 조언하는 학자들에게 자유시장은 아무 의미가 없었다. 내가 옥스퍼드에 온 1964년, 런던의 금융 중심지 시티 오브 런던은 거의 무시당하고 있었다. 베일리얼에서 가장 총명하고 뛰어난 학생들은 공직자와 학자가 되고자 했다. 시티 오브 런던의 일자리는 멍청한 사람들의 몫이었다. 경제학과 지도교수의 말이 옳았다. 시티 오브 런던은 월스트리트와 마찬가지로 변두리였다.

2010년 내가 강연하러 다시 방문했을 때에는 확실히 시대가 바

뛰어 있었다. 런던은 다시 세계의 금융 중심지가 되었고, 그것도 세계를 선도하는 금융 중심지가 되었다. 내 강연에 참석한 학생들은 투자은행 근무를 열망했다. 허락만 해준다면 이들은 기숙사에서 헤지펀드라도 운용할 태세였다.

이들은 그동안 내가 했던 일을 하고 싶다고 말하면서, 무슨 공부를 해야 하느냐고 물었다. 나는 철학을 공부하고, 역사를 공부하라고 말했다. 이들은 시티에서 일하면서 부자가 되고 싶다면서, 이와 관련해서는 무슨 공부를 해야 하느냐고 다시 물었다. 부자가 되고 싶다면, 시티는 조만간 다시 변두리가 될 것이기 때문에 그곳에 가서는 안 된다고 답해주었다. 그리고 금융의 시대는 끝났으므로, 대신 농업을 공부하라고 말했다. 부자가 되고 싶으면 농부가 되어야 한다고 조언해주었다.

1958년에는 매년 미국에서 배출되는 MBA가 5,000명이었지만, 지금은 20만 명이 넘는다. 나머지 나라에서도 매년 수만 명이 배출된다(1958년에는 한 명도 없었다). 앞으로 수십 년 동안 경영학 학위는 쓸모가 없을 것이며, 돈과 시간 낭비가 될 것이다. 수십 년 전과는 달리, 지금 금융계는 엄청난 부채를 짊어지고 있다. 새로운 통제, 규제, 세금이 부과되면서 금융업무의 비용이 증가하고 있다. 1930년대 말에 그랬던 것처럼, 각국 정부가 금융계를 대하는 태도도 갈수록 비우호적이다.

MBA보다 농업과 광업 학위를 따는 것이 더 현명한 선택이다.

지금은 농업을 공부하는 사람보다 홍보를 공부하는 사람이 많다. 광산공학을 공부하는 사람보다 체육이나 스포츠경영학을 공부하는 사람이 많다. 그러나 장래에는 금융보다 농업이 훨씬 더 수익성 높은 부문이 될 것이다. 머지않아 주식중개인들은 택시운전을 하고, 똑똑한 주식중개인들은 농부 밑에서 트랙터 운전을 할 것이며, 농부들은 람보르기니를 몰고 다니게 될 것이다(람보르기니는 원래 트랙터 회사였다. 1948년 페루치오 람보르기니Ferruccio Lamborghini는 람보르기니 트라토리Lamborghini Trattori를 설립하여 남아도는 자동차 엔진과 군용부품으로 첫 번째 트랙터를 만들었고, 이 회사는 곧 이탈리아의 대형 농업장비 제조업체가 되었다. 그는 1963년 아우토모빌리 람보르기니Automobili Lamborghini를 설립했다. 내가 항상 들었던 말이 있다. 람보르기니가 자동차를 사려고 엔조 페라리Enzo Ferrari에게 갔을 때, 페라리는 트랙터 운전사가 페라리 타는 꼴을 보고 싶지 않다고 조소했다. 필요는 발명의 어머니이다. 이를 계기로 람보르기니는 차를 직접 만들게 되었다).

그동안 상품시장은 장기 강세장을 연출했다. 지난 1970년대의 상품과 농산물 강세장에서는 식량 가격이 극적으로 상승하여 막대한 재고가 축적되었다. 1980년대에는 세계 식량 재고가 소비량의 약 35%로 역사상 최고 수준이었다. 그 결과 가격이 급락했다. 예를 들어 1974년 파운드당 66센트였던 설탕이 1987년에는 2센트로 폭락했다. 미국을 비롯한 세계 곳곳의 농부들이 고통을 겪자, 윌리 넬슨 같은 음악가는 농부를 돕기 위한 음악회를 열기도 했다. 농업 부문이 재난을 당하자, 장차 농부가 되려던 미국인들까지 MBA 학위를 받아 월스트리트로 진출했다. 돈이 몰려들고 활발하게 돌아가는 곳이 월스트리트이기 때문이다.

그러나 이제는 시대가 바뀌었다. 지금 미국 농부의 평균 연령은 59세다. 10년 후에도 살아 있으면 69세가 된다. 일본 농부의 평균 연령은 더 높아서 67세다. 일본의 농장은 말라가고 있다. 일본을 돌아다녀 보면 텅 빈 거대한 농장들이 눈에 많이 띈다. 이렇게 연로한 농부의 자녀는 도쿄나 오사카에서 주식중개인으로 근무한다. 상황이 매우 절박해지자, 광신적 애국주의로 악명 높은 일본 정부조차 실험적으로 중국 농부들이 일본에서 농사짓도록 허용하고 있다. 인도는 상황이 더 나빠지고 있다. 농사로 생계를 유지하기가 매우 어려워진 탓에 지난 15년 동안 인도의 농부 수십만 명이 자살했다. 2011년 5월 〈포브스〉 기사에 의하면, 인도에서는 평균 30분마다 농부 한 사람이 자살한다고 한다.

식량 가격이 상승해서 농사의 수익성이 개선되지 않는다면, 현재 늙어가는 세계의 농부들은 대체되지 않을 것이다. 식량 가격은 상승할 것이고, 상승할 수밖에 없다. 최근 몇 년 동안 세계 식량은 생산량보다 소비량이 더 많았다. 1980년대에 매우 많았던 식량 재고가 지금은 역사적 저점까지 감소하여 소비량의 약 14%가 되었다. 세계는 극적인 식량 부족에 직면하고 있다. 식량 가격은 상승 중이다. 아무리 불평해도 소용없다. 식량 가격이 대폭 상승하지 않으면, 우리는 전례 없는 일을 겪게 될 것이다. 어떤 가격에도 식량을 구하지 못하게 된다는 말이다.

현재 상품의 강세장은 1999년에 시작되었다. 이 글을 쓰고 있는 현재(2013년), 강세장이 14년째 이어지고 있다. 모든 강세장이 그렇듯이, 강세장은 거품이 붕괴하면서 끝난다. 칵테일파티에서 사람들이 대두거래로 거금을 벌었다고 말하면, 그때는 시장에서 나와야 한다. 그러나 강세장은 여러 해 더 이어질 것이다. 세계경제가 회복되면 수요가 증가하므로 상품, 원자재, 천연자원 가격이 상승할 것이다. 그리고 경제가 회복되지 않더라도 정부가 함부로 돈을 찍어낼 것이므로, 역시 가격이 상승할 것이다. 정부가 돈을 찍어내면 투자자들은 화폐 가치 하락을 피하려고 하기 때문에 은, 쌀, 에너지, 기타 실물자산 가격이 항상 강세를 보였다. 이와 관련된 다른 한 가지 이야기는 나중에 하겠다.

2010년 베일리얼 강연에 참석한 학생 중 여전히 금융계로 진출하려는 사람들에게, 나는 철학과 역사 공부가 나의 투자에 꼭 필요했던 이유를 설명해주었다.

"인생에서 성공하고 싶으면, 여러분 자신을 더 잘 알아야 합니다. 진실을 이해하려면 매우 깊이 생각해야 하기 때문입니다."

나의 철학 공부는 깊은 사고력 개발에 도움이 되었다. 철학 공부 덕분에 스스로 생각할 수 있었고, 기존 사고의 틀에서 벗어날 수 있었다. 온갖 개념과 '사실'을 독자적으로 조사할 수 있었다. 주변을 살피면서 빠뜨린 것도 발견할 수 있었다. 오늘날 사람들은 전통적 사고에 갇히기 쉽다. 국가, 문화, 종교 같은 개념은 사람들의 인식 과정을 제약하기 때문에, 통념과 남들의 의견을 되풀이하는 편이 쉽고 편하다. 다른 사람들과 다르게 생각하기는 쉽지 않다. 그러나 철학은 생각하는 방법을 가르쳐주고, 이 과정에서 의심하는 방법도 가르쳐준다.

다른 것은 몰라도 이것만은 역사를 통해 확실히 배울 수 있다. 오늘 이론의 여지없이 확실해 보이는 사안도, 내일이면 매우 다르게 보인다는 사실이다. 매우 안정적이고 예측 가능한 사회도 엄청난 격변을 거쳤다. 1914년 중앙유럽의 반짝이는 보석이었던 광대한 오스트리아-헝가리 제국은 세계 부(富)의 중심지였다. 당시 빈Vienna 증권거래소는 회원 수가 무려 4,000명이었다. 그러나 오스트리아-헝가리 제국은 4년 만에 사라졌다. 아무 해나 선택한 다음, 그 10~15년 뒤를 살펴보라. 예를 들어 세계가 평화, 번영, 안정을 구가하던 1925년을 선택해보자. 1935년은 어떠했는가? 1940년은? 지난 50년에서 10년 단위로 끊어 첫해를 선택해보자. 1960년, 1970년, 1980년, 1990년, 2000년. 각 연도에 자리 잡았던 통념은 이후 10~15년 동안 산산이 부서졌다.

옥스퍼드에서 공부할 때 나는 돈이 없어서 원하는 만큼 여행을 하지는 못했지만, 처음으로 여행을 통해서 보상을 받았다. 영국은 학기 중에 6주 휴가가 두 번 있었는데, 한 번은 크리스마스였고, 한 번은 부활절이었다. 첫 크리스마스에는 자금 사정상 고향에 갈 수 없어서, 두 미국인의 차를 얻어 타고 모로코로 여행을 떠났다. 그들과는 마드리드에서 헤어졌다. 두 사람은 남쪽으로 향했고, 나는 히치하이킹으로 리스본으로 갔다가, 다시 지브롤터로 내려가 두 사람과 합류하여 옥스퍼드로 돌아올 예정이었다. 두 사람이 탄 연락선이 지브롤터에 도착했을 때, 그 차에는 젊은 미국 여자 세 사람이 타고 있었다.

그 중 한 사람은 필라델피아에서 온 아름다운 유대인 아가씨로 이름은 로이스였다. 펜실베이니아대학을 갓 졸업한 그녀는 가족과 함께 유럽 여행을 하는 중인데, 의사인 그녀의 친척이 코펜하겐 미국 대사관 소속이라서 그곳에 머물고 있었다. 그녀는 덴마크로 가는 길이었다. 그러나 약 300킬로 북쪽으로 되돌아가는 길에 차가 고장 났다. 나는 로이스에게 다소 고생스럽더라도 히치하이킹으로 파리까지 함께 가자고 설득했다. 파리에서 그녀는 기차로 코펜하겐으로 가고, 나는 옥스퍼드로 가면 될 터였다. 우리는 3~4일 길에서 함께 밤을 보냈고(그녀는 스키복 바지 두 벌을 입고 잤다), 파리에서 헤어지기 전 우리는 기차역으로 가는 길에 함께 식사를 했다.

나는 그녀에게 말했다. "아직 가면 안 돼요. 접시를 다 비우지 않았잖아요."

그녀는 대답했다. "나는 스물한 살이에요. 접시에 담긴 음식을 다 먹지 않아도 돼요."

"어렸을 때 부모님이 굶주리는 중국 어린이들을 생각하라는 말씀을 안 하시던가요?"

"내가 어렸을 때 우리 부모님은 굶주리는 앨라배마 어린이들을 생각하라고 말씀하셨어요."

옥스퍼드에서 내가 두 번째 크리스마스를 맞을 때, 로이스는 그곳에 아파트를 임대했다. 여름에 우리는 함께 히치하이킹으로 유고슬라비아로 갔고, 그다음에는 3주짜리 학생 여행에 합류해서 공산권 5개국을 돌아보았다. 우리는 동독, 폴란드, 체코, 우크라이나, 러시아를 여행했다. 이 여행을 통해서 나는 처음으로 철의 장막 이면의 생활을 보았고, 암시장이 실제로 돌아가는 모습도 보았다.

러시아 루블화는 환전이 되지 않았다. 시장에서 루블화를 살 수도, 팔 수도 없었다. 소련에 루블화를 반입하거나 반출하는 것은 불법이었다. 그러나 아메리칸 익스프레스 런던 사무소에는 루블화가 있었으며, 러시아 암시장에서처럼 공식 환율보다 5배나 유리하게 살 수 있었다. 우리는 런던에서 루블화를 잔뜩 사서 로이스의 브래지어에 넣은 다음 러시아로 몰래 반입했다. 러시아는 상품과 서비스가 부족하긴 해도, 가격이 서구보다 훨씬 쌌다. 몇 년 뒤 차로 세계일주를 할 때, 나는 외딴 지역의 국경을 넘을 때마다 가장 먼저 암시장을 찾아보았다. 나는 세 번째 크리스마스를 맞으면서 로이스와 결혼했고(그녀의 부모는 내가 유대인이 아니라서 몹시 불만스러워했다), 월스트리트로 돌아가는 것을 목표로 정했다.

Chapter 03

10년 S&P500 상승률 48%, 퀀텀펀드 수익률 4,200%

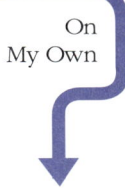

On My Own

1966년, 징병에서 벗어날 수 있는 사람은 마렝고 카운티에는 아무도 없었다. 징병위원회는 한 명의 여성이 총괄하고 있었다. 그녀의 두 아들은 전쟁에 징집되어 둘 다 전사했다. 나는 전쟁에 적극 반대하는 입장이었다. 짐작해보건대 그녀 역시 처음에는 전쟁을 반대했을 것이다. 그러다가 두 아들을 잃은 후 오히려 전쟁을 지지하게 되었을 것이다. 월스트리트로 가기 전에 나는 2년간 병역 의무를 해결할 생각이었다.

장교 후보생 학교에 등록한 나는 병과를 선택할 수 있어서 육군 병참부대를 골랐고, 신병훈련소를 거쳐 버지니아주 포트 리에 있는 학교로 갔다. 당시 로이스는 콜롬비아대학에서 박사 과정을 밟고 있었는데, 틈나는 대로 뉴욕으로 와서 나와 함께 지냈다. 장교 후보생 학교를 수석으로 졸업한 덕분에 나는 배속부대를 선택할 수 있었다. 나는 뉴욕 브루클린에 있는 병참부대 포트 해밀턴을 원했고, 그대로 배속되었다. 나는 그곳에 배치된 다른 젊은 중위와 함께 장교회관을 관리했다.

어느 날 나는 부대장과 대화하던 중, 군 복무를 마치면 월스트리트에서 근무할 생각이라고 말했다. 그해 1968년에는 주가가 천장을 뚫고 상승하고 있었다. 사람들은 저마다 주식으로 큰돈을 벌었다고 우쭐대고 있었다. 내 얘기를 듣고 있던 부대장은 내게 투자를 도와달라고 부탁했고, 나는 흔쾌히 도와주기로 했다. 그때까지 나는 내가 투자를 잘한다고 생각했다. 다행히 나는 그의 돈을 잃지 않았다. 실제로는 조금 벌었다. 1968년 8월 제대할 때, 나는 이익을 보태어 그의 투자금을 현금으로 돌려주었다. 이후 그가 그 돈을 어떻게 했는지는 알지 못한다. 1968년 후반에 강세장은 정점을 기록했다. 이후 월스트리트는 무너졌고, 긴 약세장이 시작되었다. 그래도 내가 제대할 때 부대장은 어떤 손해도 보지 않았다.

나는 시장 역사상 가장 삭막한 10년 중 하나로 꼽히는 1970년대의 첫해 월스트리트에 발을 들여놓았다. 1970년의 다우지수 붕괴는 1930년대 이후 최악이었다. 나는 2년 동안 세 회사에서 분석가로 근무한 다음, 유서 깊은 독일계 유대인 투자 회사 '안홀드 앤 블라이흐뢰더Arnhold and S. Bleichroeder'에 채용되었다(게르손 폰 블라이흐뢰더

Gerson von Bleichroeder는 비스마르크를 도운 은행가였다). 1937년 나치가 득세하자 이 회사는 뉴욕으로 옮겨왔고, 나는 그의 가족이 운영하는 작은 사무실에서 날개를 활짝 펴게 되었다.

월스트리트가 아름답고 짜릿한 이유는 상황이 끊임없이 바뀌기 때문이다. 월스트리트에서는 항상 사건보다 한발 앞서야 한다. 사건은 끝나는 법이 없다. 마치 거래량 및 시간과 연결된 4차원 퍼즐과도 같다. 매일 출근해보면 퍼즐 조각들의 위치가 바뀌어 있다. 누가 죽었거나, 전쟁이나 파업이 발생했거나, 기상 상태가 바뀌었다. 어떤 식으로든 상황이 변한다. 자동차는 설계 단계를 거쳐 공장에서 생산되면 일정 기간 시장에서 판매된 다음 사라지므로, 일종의 생애 주기가 있다. 그러나 투자에는 이런 생애 주기가 없기 때문에 투자자는 끝없이 시험을 당한다. 말하자면 투자는 멈추지 않고 끝없이 이어지는 도전, 게임, 전쟁이다.

나는 투자의 모든 순간을 사랑했다. 투자는 나의 천직이었다. 나는 줄곧 일했고, 일주일에 7일을 근무했다. 나는 주말에도 주식시장이 열리길 바랐을 정도로 투자를 사랑했다. 단 한 주 만에 10개 도시에 있는 10개 기업을 방문하기도 했다. 투자에 아무리 시간을 쏟아 부어도 과하다는 생각이 들지 않았다. 아내 로이스는 당연히 내가 일하는 방식을 매우 싫어했다. 사무실에서 하루에 15시간씩 일하는 동안, 아내는 콜롬비아대학에서 월스트리트를 규탄하는 학생 데모에 참가했다. 아내는 월스트리트에서 한몫 잡아보려는 이 미친 야심가를 이해하지 못했다. 그리고 내가 블라이흐뢰더로 가게 되었을 때 우리는 이혼했다(로이스는 졸업할 때까지도 동료 학생들과 마찬가지로 세상물정을 몰랐다. 그녀는 졸업하면서 자동차 구입자금 대출을 받으려 했지만, 부모나 40세인 오빠나 보증을 서주지 않았다. 그래서 내게 부탁했지만, 나도 거절했다).

나는 4년 반 뒤에 재혼했으나, 일에만 몰두한 탓에 이 결혼도 오래가지 못했다. 특별히 자랑할 일은 아니지만, 나는 이른바 '관계 유지의 명수'였던 적이 한 번도 없다. 나는 57세에 페이지와 결혼하기 전까지는 어떤 여자와도 관계가 오래 지속되지 않았다. 처음 두 번의 결혼을 포함해서 관계가 늘 평탄하지 않았다. 그러나 페이지는 확실히 다르다. 우리 부모님은 다섯 아들을 낳았는데, 지금까지 이혼한 사람은 나 하나뿐이다.

형제들과 이야기해보니, 이성 교제에 대해 부모님으로부터 조언을 받은 사람이 아무도 없었다. 우리가 물어보았더라도, 부모님은 아무 조언도 해주지 못했을 것이다. 두 분은 10대에 결혼했고, 두 분 모두 데이트 경험도 많지 않았다. 나는 교육을 충분히 받지 못했지만(나이 들어서야 자각했다), 내 딸들은 잘 배우길 바란다. 모든 부모는 자녀에게 인간관계의 기본을 가르쳐야 한다. 나도 아이들이 크면 통찰과 조언을 주고 싶다. 내가 어렵게 경험해서 배운 바를 나눠주고 싶다.

월스트리트에서는 누구나 열심히 일한다. 그러나 성공하는 사람은 거의 없다. 강세장에서는 거금을 버는 사람이 많지만, 정상 시장에서는 거금을 벌기가 어려우며, 약세장에서는 더욱 어렵다. 사람들은 대부분 금융계에서 퇴출당한다. 생존하려면 인내력이 절대적으로 필요하지만, 판단력도 그만큼 중요하다.

월스트리트에서 성공하려면 호기심이 강해야 한다. 바위를 들쳤을 때, 밑에서 무엇이 나올지 누가 알겠는가? 그리고 회의적이어야 한다. 바위를 들쳤을 때 투자자가 듣는 이야기는 대부분 부정확하다. 정부든, 기업이든, 개인이든 지식이 부족하거나 정보가 왜곡되기 때문이다. 누구의 말도 함부로 믿어서는 안 된다. 모두 스스로 조사해야 하고, 스스로 확인해야 한다. 모든 정보원을 이용해야 한다. 100명이 같은 시간에 한 방에서 똑같은 정보를 들어도, 올바른 판단을 내리는 사람은 3~4명에 불과하다.

내가 월스트리트에서 근무를 시작했을 때에는 주식에 투자하는 사람이 거의 없었다. 1960년대 말까지도 연금과 기금 같은 기관투자가와 개인 모두 주로 채권에 투자했다(통화와 상품? 당시 월스트리트에는 이런 단어의 철자를 아는 사람조차 거의 없었다). 1960년대 말 포드 재단에서 의뢰한 연구 결과가 발표되었다. '보통주'에서 나오는 배당과 자본이득은 채권만큼 매력적이다. 그러므로 보통주는 적절한 투자 대상이라고 결론지었다. 재단의 신뢰도가 높았던 덕분에, 이 연구를 믿고 투자자들이 시장으로 들어오면서 신세계가 열렸다.

수십 년 전만 해도 보통주 투자가 흔하지 않았다는 사실을 요즘 MBA들은 상상도 못한다. 그러나 1980년대에 강세장이 시작되고서야 상황이 본격적으로 바뀌었다. 지금은 거의 모든 기관이 자금 대부분을 주식에 투자한다. 그러나 1964년에는 뉴욕증권거래소에서 매매가 활발한 날에도 거래량은 300만 주에 불과했다. 오늘날 300만 주는 한 종목의 1회 거래량이다. 300만 주는 개장 전에, 그것도 아침 식사를 하기 전에 나오는 거래량이다. 지금은 주간 거래량이 약 50억 주이고, 나스닥에서도 매주 약 50억 주가 거래된다.

그러나 당시 사람들은 뉴욕증권거래소에 상장된 주식 외에는 아는 주식이 없었다. 외국에 투자하는 미국인도 거의 없었다. 2차 세계대전을 치르면서 나머지 나라들은 대부분 폐허가 되었으므로, 부강한 미국에 살던 사람들은 외국에서 투자 기회를 찾으려 하지 않았다. 사람들의 시야가 이렇게 편협해졌던 이유는 많지만, 해외 투자를 가로막은 가장 큰 걸림돌은 당시 미국을 포함한 여러 나라의 외환 통제였다.

1962년 독일경제가 성장하고, 일본경제의 자립도가 높아지며, 다른 나라들의 경제가 개선되자 막대한 달러가 미국에서 유출되기 시작했다. 미국이 수입하는 상품이 증가함에 따라, 무역수지 적자가 확대되었다. 1963년 지혜가 부족했던 미국 의회는 미국 거주자가 외국에 투자하는 자금에 대해 15% 세금을 부과하는 이자평형세를 도입했다. 예를 들어 폴크스바겐 주식을 100달러에 사면, 주식

값으로 100달러를 내고, 미국 정부에 세금으로 15달러를 내는 식이었다. 이는 국외 투자를 막기 위해 도입한 세금이었고, 기대했던 대로 효과가 있었다. 기회가 있었는데도 외국에 투자하는 사람은 거의 없었다. 세계경제는 호황이었지만, 미국은 구경만 하고 있었다.

나는 옥스퍼드 재학 시절부터 국제 투자에 관심이 많았다. 이때부터 세계에서 진행되는 상황을 눈여겨보기 시작했다. 1968년 군제대 후 내가 덴마크 크로네화 투자에 대해 이야기했을 때, 주위 사람들은 내 말을 전혀 알아듣지 못했다. 똑똑하고 노련하다는 사람들조차 모두 멍한 표정을 짓고 있었다. 이들은 덴마크가 어디에 있는지도 모르는 듯했다. 국제 투자 전문회사는 월스트리트에 두 곳뿐이었는데, 그중 하나가 안홀드 앤드 블라이흐뢰더였다(나머지 하나는 칼 막스 앤드 코Carl Marks & Co였다).

나는 블라이흐뢰더에 채용되어 부사장 조지 소로스와 함께 일하게 되었다. 내가 직장을 옮기려던 시기에 그는 젊고 총명한 사람을 찾는 중이었다. 누군가의 소개로 우리는 서로를 발견하게 되었다. 그는 세계관이 나와 같았다. 나보다 12살 많은 소로스는 헝가리에서 자라 20대 중반까지 영국에서 살았고, 국제 투자 경험이 있어서 우리는 훌륭한 팀이 되었다. 우리는 블라이흐뢰더에서 더블 이글Double Eagle 헤지펀드를 운용하면서 국내외의 수많은 기회를 이용하고 있었지만, 금융계의 기술적 변화와 새로운 규제 탓에 분사하여 독자적으로 펀드를 운용할 수밖에 없었다. 그래도 안홀드 앤드 블라이흐뢰더를 우리의 주요 중개 회사로 유지했다.

우리는 작은 사무실을 얻고 네덜란드령 앤틸리스 제도에 세련된 역외 헤지펀드인 퀀텀펀드Quantum Fund를 설립했다. 고객은 이자평형세를 내지 않는 외국 투자자들이었다. 전 세계의 주식, 상품, 통화, 채권을 제약 없이 매매하거나 공매도했다. 우리는 남들이 손대지 않은 지구상의 온갖 시장을 조사하여 투자했다. 나는 자본, 상품, 원자재, 정보의 세계적인 흐름을 최대한 파악하기 위해 쉬지 않고 일했다.

1974년에 살아남은 헤지펀드는 몇 개에 불과했다. 헤지펀드의 수는 원래부터 많지 않았지만, 월스트리트에서 돈을 벌기가 매우 어려웠던 탓에 대부분 사업을 접었다. 살아남은 몇 개도 주로 미국에 투자했다. 우리 펀드가 유일한 국제 헤지펀드였다. 가장 똑똑하다는 헤지펀드 매니저들 중에서도 당시 외국에 투자하는 사람은 아무도 없었다. 이들 중 지도 위에서 벨기에를 찾을 수 있는 사람도 많지 않았으므로, 투자는 어렴도 없었다.

최초의 헤지펀드는 1949년 알프레드 윈슬로 존스Alfred Winslow Jones가 만들었다. 이 펀드는 1950년대와 1960년대에 큰 성공을 거두었다(존스는 지금도 활동 중이다). 우리는 존스가 제시한 구조를 그대로 사용했으며, 다른 사람들도 이 구조를 따르고 있었다.

헤지펀드와 뮤추얼펀드의 가장 큰 차이점은 이름에서도 알 수 있듯이 헤지를 할 수 있느냐 여부이다. 헤지펀드는 공매도를 할 수 있지만, 미국 뮤추얼펀드는 주식을 사기만 한다. 따라서 항상 매수 포지션만 잡을 수 있다. 이들은 SEC(증권거래위원회) 규정에 따라 낮은 보수만 받으며, 자금을 차입할 수 없으므로 신용매수를 하지 못한다. 하지만 헤지펀드는 신용매수를 할 수 있고, 보수도 원하는 대로 받을 수 있다. 우리는 운용 보수로 연 1%를 받았고(뮤추얼펀드라면 0.5%), 성과 보수로 (당시의 표준이었던) 발생 이익의 20%를 받았다.

헤지펀드는 공매도를 할 수 있기 때문에 이론적으로는 시장이 좋은 해나 나쁜 해나 항상 돈을 벌 수 있다. 바로 이런 이유 때문에 성과 보수를 받는 것이다. 운용을 잘하면 헤지펀드는 막대한 돈을 벌 수 있다. 이익이 없으면 투자자들은 성과 보수를 지급하지 않는다. 그러나 이익이 많으면, 투자자들은 성과 보수도 20%를 기꺼이 지급한다.

2차 세계대전 후 존스는 투자자들에게 이렇게 말했다.

"나는 똑똑한 사람입니다. 나는 이 펀드를 만들어서 돈을 벌 겁니다. 내가 좋은 성과를 올리면, 여러분은 저에게 많은 돈을 주어야 합니다. 저에게 투자를 맡기려면, 대가를 지불해야 한다는 뜻입니다."

뮤추얼펀드는 성과 보수를 받지 못한다. 그러나 법률 조항에 의하면 투자자 수가 99명 이하일 때에는 공모펀드로 분류되지 않기 때문에, 보수체계를 원하는 대로 구성할 수 있다. 그래서 헤지펀드는 투자자 수가 적게 운용된다.

소로스는 시점 선택과 트레이딩 감각이 탁월했지만, 나는 트레이딩 감각도 신통치 않았고 관심도 없었다. 나는 주로 조사를 맡았다. 나의 관심사는 바위를 들추는 일로서, 세계의 상황을 조사하여 시장의 흐름을 예측하는 일이었다. 나는 1964년 우연히 월스트리트에 오게 되었고, 이 열정으로 보상까지 받았다. 나는 생계만 유지되면 공짜로라도 이 일을 하려고 했다.

급여를 대폭 깎이면서도 이 일을 맡았다. 내 급여는 75%나 줄어들었다. 그러나 돈은 상관없었다. 내 두 딸과 여러분 모두에게 나는 이렇게 조언한다. 보수가 얼마나 되는지 물어보기 전에 그 일이 자신에게 맞는지, 그 자리가 자신에게 적합한지부터 판단하라. 적합한 자리에서 자신에게 맞는 일을 한다면, 돈은 따라오기 때문이다. 장담하건대, 돈이 당신을 찾아갈 것이다. 돈은 중요한 문제가 아니다.

우리는 센트럴파크 모퉁이의 콜럼버스 서클^{Columbus Circle} 밖에 작은 사무실을 얻어 비서를 포함해서 세 사람이 근무했다. 일은 순조롭게 풀려나갔다. 우리는 무엇이든 다 했다. 전 세계의 주식, 채권, 통화, 상품에 투자했고, 공매도와 차입도 했다. 우리는 금융시장에서 할 수 있는 모든 일을 했다. 다른 사람들이 외환 통제나 역사관 부족으로 하지 않거나 하지 못하는 일도 우리는 거침없이 했다. 미국은 지리적으로 고립된 지역이었고, 지금도 어느 정도는 고립되어 있다. 미국은 2차 세계대전 후 여윳돈이 있는 유일한 나라였다. 미국은 다른 나라들과 거래가 많지 않았다. 그럴 필요가 없었다. 미국은 전쟁에서 승리했다. 미국 투자자들이 전쟁으로 폐허가 된 독일, 프랑스, 이탈리아, 일본에 대해 생각할 이유가 있겠는가?

세계를 향한 끝없는 호기심을 채우기 위해서 나는 닥치는 대로 조사했다. 우리는 세계에 기회가 있으며, 기회를 발견하면 투자하기로 의견을 모았다. 역사, 지리, 전통, 부조리 어느 것에도 속박당하지 않았다. 기회가 보이면 세계 어디든지 투자했다. 부채를 대규모로 사용했으므로 위험이 컸지만, 다행히 문제가 발생하지 않았다. 우리의 판단은 빗나갈 때보다 적중할 때가 확실히 더 많았다.

우리가 처음 충격을 받은 시점은 1971년이었다. 당시 닉슨 대통령은 달러를 금으로 바꿔달라는 외국 정부의 요청을 거절하여 금태환을 정지시켰다. 동시에 그는 임금과 물가를 통제하고 수입 상품에 10% 추가 세금을 부과했다. 우리는 일본 주식 매수 포지션을 취했고, 일본은 계속 호황이었다. 그런데도 놀라울 정도로 소외된 시장이었다. 주식은 싸고, 경제는 성장했으며, 통화는 건전했다. 우리는 일본에 대해서는 매수 포지션이었고, 주로 미국 주식에 대해서는 매도 포지션이었다.

닉슨은 일요일 밤에 금 태환 중단을 발표했다. 그 주에 우리가 매수한 일본 주식시장은 20% 하락했고, 우리가 매도한 미국 주식시장은 지붕을 뚫고 상승했다. 큰 손실을 본 한 주였다. 그러나 우리가 보유한 북해 석유가 손실을 상쇄해주었다. 북해에서는 석유가 계속 나오고 있었고, 우리는 유럽 석유 회사에 투자하고 있었다. 이들은 북해에서 거액을 벌어들이며 번창하고 있었다.

석유는 가장 중요하면서 가장 널리 거래되는 상품인데도, 1980년대에 들어서면서 비로소 상품거래소에서 거래되기 시작했다. 그 이전 수십 년 동안은 중개인이나 에너지 회사 사람들이 전화로 거래했다. 종이, 철강, 우라늄처럼 시장은 거대하지만, 매매 수요가 부족해서 거래소에 상장되지 않은 상품도 있다. 사람들은 수백 년째 사용 중인 석탄에 대해서도 거래소에서 매매할 필요성을 느끼지 못한다.

에너지 가격이 극적으로 상승하기 2년 전인 1971년부터 퀀텀펀드는 석유와 천연가스에 투자하기 시작했다. 내 분석에 의하면 에너지 부족 상태가 심각해지고 있었다. 그해 나는 천연가스 파이프라인을 설치하기 위해 30년 만기 채권을 발행하는 회사로부터 투자 설명서를 받았다. 이 투자 설명서에 의하면, 당시 이 회사의 천연가스 재고량은 8년 공급량이었다. 무엇인가 변화가 없으면, 8년 뒤에는 천연가스가 바닥난다는 뜻이었다. 업계의 천연가스 재고는 오래 전부터 계속 감소 중인데, 이는 천연가스를 추출해도 돈벌이가 되지 않았기 때문이다.

1956년 미국 대법원이 주 간 파이프라인을 통과하는 천연가스의 가격을 연방정부가 책정하는 행위가 합법이라고 판결하자, 이후 가스 가격이 매우 낮아졌다. 1956년에 나는 열네 살이었으므로 대법원은 몰랐지만, 미국 남서부의 유전들은 알고 있었다. 부모와 함께 외가가 있는 오클라호마로 가는 길에 루이지애나와 텍사스 유전지대를 지나간 적이 있기 때문이다. 나는 곳곳에서 타오르는 불길을 보았는데, 석유를 뽑아내면서 나오는 가스를 태우는 불길이었다. 천연가스 가격이 낮아서, 이런 가스를 저장할 가치가 없었기 때문이다. 당시에 석유도 가격은 쌌지만, 수익성은 훨씬 좋았다.

물론 당시에는 전혀 이해하지 못했지만, 불타오르는 유전을 본 기억은 1971년에도 생생했다. 나는 대형 시추 회사 헬머리치 앤드 페인Helmerich & Payne의 사업 보고서를 읽었다. 업력이 수십 년인 이 회사의 사업 보고서에 의하면, 지난 15년 동안 미국 굴착 장치의 수가 해마다 감소했다. 1956년 이후 석유와 가스의 재고가 꾸준히 감소하는 것을 보며 미국과 더 나아가 세계에 심각한 에너지 문제가 다가오고 있다는 생각이 뚜렷해졌다.

나는 헬머리치 앤드 페인 회장을 만나러 갔다. 그는 나를 옆에 앉혀놓고 말했다(당시 나는 29세였다).

"잘 들어두게. 이 사업은 끔찍해. 자네에게 경고하고 싶네. 나는 지금 가족사업이라서 하고 있고, 그만둘 생각도 없네. 하지만 자네는 정말 이 사업에 투자해서는 안 돼."

내가 읽은 사업 보고서에서도 그는 사업의 하락세를 되돌릴 방법이 없다고 설명했다. 석유나 가스 굴착이 수익성이 나빠서 굴착 장비의 숫자가 오래전부터 감소 중이라고 썼다. 나는 이 말에 더 흥분했다. 어디를 가나 공급이 말라붙는 모습을 볼 수 있었다.

우리는 이 모든 회사에 투자했다.

나는 펀드를 운용하는 친구(하버드 경영대학원 출신인데, 옷소매에도 하버드 경영대학원이라고 쓰고 다니던 친구다)에게 내가 파악한 내용을 알려주었다. 그는 내 분석을 무시했다. 2년 뒤인 1973년 중동전이 벌어진 다음, OPEC 아랍회원국들이 석유 금수조치를 시작하고 나서 우리는 우연히 만났다.

그가 말했다. "자네는 참 운도 좋아."

내가 대답했다. "무슨 말이야? 내가 그렇게 된다고 말했잖아. 그렇게 되는 이유도 설명해주었고. 실제로 말한 대로 되었는데 운이 좋다니 무슨 소리야?"

그는 고집을 굽히지 않았다. "전쟁만 나지 않았어도 유가가 그렇게 상승하진 않았을 거야."

그래서 나는 처음부터 모두 다시 가르쳐주었다.

"석유 금수조치는 5개월 후에 해제되었는데도 유가는 계속 상승 중이잖아? OPEC는 1960년 설립된 이후 해마다 장관들이 모여서

유가 인상을 결의했지만, 당혹스럽게도 유가는 내려가기만 했지. 그러나 이번 1973년에는 유가 인상이 먹혔어. 이유가 뭘까? 석유 부족이 심해졌기 때문이야. 그동안 석유 시추를 아무도 안 했거든. 그래서 석유 재고가 바닥 수준이야. 이제 사람들이 투자하기 시작하니까 시장이 반응해서 유가가 상승하는 거야.

내 펀더멘털 분석은 적중했어. 아무리 오래 투자해도 펀더멘털이 빗나가면 소용없어. 그러나 펀더멘털을 정확하게 파악하면 호재가 줄줄이 쏟아져. 운이 좋았다고? 너도 행운을 잡고 싶으면 공부를 하면 돼. 파스퇴르가 말했잖아. '행운은 준비된 사람에게만 찾아온다'라고."

중동전이 시작되자 이집트 공군이 이스라엘 제트기들을 격추하고 있다는 소식이 들렸다. 이스라엘 공군이 훨씬 우세한데도 격추당한다는 사실을 나는 도무지 이해할 수가 없었으므로, 그 이유를 알아보기 위해 항공편으로 미국 전역의 방위산업체들을 방문하기 시작했다. 이집트군은 소련에서 받은 첨단전자장비를 사용하고 있었다. 당시 파산 상태였던 록히드Lockheed는 캘리포니아에서 진행하는 스컹크 웍스Skunk Works라는 첨단개발 프로젝트를 진행하며, 정밀무기들을 국방부에 공급하고 있었다.

나는 록히드와 노스럽Northrop 등을 조사했다. 워싱턴에 갔더니 비둘기파 의원들(위스콘신 출신 민주당 상원의원 윌리엄 프록스마이어William

Proxmire 등)조차 국방부의 첨단전자장비 구입을 지지한다는 이야기가 들렸다. 베트남전 이후 정부의 방위비 지출이 감소하자, 당시 방위산업의 주가가 하락하였고(일부는 1~2달러에 거래), 내 조사에서도 매우 싼 것으로 밝혀졌다. 그래서 우리는 이런 주식을 대량으로 사들이기 시작했다.

이 무렵 한 달에 한 번 저녁 식사를 하면서 투자 정보를 교환하는 젊고 유능한 투자자 집단에서 나를 모임에 초대했다. 나는 이들 중 몇 사람에 대해 들은 바가 있어서, 이 모임에 참석하게 된 것이 무척 기뻤다. 모임에서 나는 2달러 선에 거래되던 록히드에 투자한 이유를 설명했다. 이때 테이블 한쪽 끝에서 내 생각이 터무니없으며, 그런 투자 전략을 혐오한다고 떠드는 소리가 들렸다. 그는 당시에 몇 개뿐이던 헤지펀드를 보유하고 있었는데, 이론적으로는 유능한 인물이었다. 나에게는 첫 모임이었기 때문에 나는 몹시 당황하였다. 그는 내 또래인 브루스 워터폴Bruce Waterfall이었는데, 모겐스 워터폴Morgens Waterfall에 다니고 있었다(그는 2008년 사망했다). 록히드는 이후 2년 동안 100배 상승했다. 나는 앞으로도 워터폴이 보였던 반응을 잊지 못할 것이다. 내가 투자한 종목에 대해 설명할 때마다 누군가는 항상 그와 같은 반응을 보였기 때문이다.

퀀텀펀드는 통념을 거슬러 투자했다. 모든 은행과 펀드들은 주가수익비율이 100~200배에 이르는 이른바 니프티 피프티 Nifty Fifty(멋진 50종목)라는 대형 우량주가 지극히 안전하다고 믿으면서 장기 보유했지만, 소로스와 나는 이 주식들을 공매도했다. 우리는 파운드화도 공매도했다. 금값이 폭등하던 1980년에는 금도 공매도했다. 유쾌하고도 짜릿한 시절이었다. 우리는 해마다 이익을 냈다. 그것도 누구나 월스트리트가 끔찍하다고 생각하는 약세장 기간에 말이다. 1980년까지 10년 동안 S&P500의 상승률은 47%이었는데, 어머니가 지역은행 예금통장에서 받는 이자율 수준이었다. 이 기간 퀀텀펀드의 수익률은 4,200%였다.

Chapter 04

당신이 똑똑하다면, 왜 부자가 되지 못했는가?

Beating the Bear Market

1970년대 중반, 나는 펀드매니저 제프 타르 부부가 '센트럴 파크 웨스트'에서 연 파티에 참석했다. 타르 부인이 내 직업을 묻기에, 나는 월스트리트에서 근무한다고 말했다. 그녀는 즉시 위로의 말을 건넸다.

"요즘 힘드시겠어요."

시장이 오랜 기간 끔찍했고, 앞으로도 계속 끔찍할 듯했다. 1964년 말에 800이었던 다우지수가 1982년에도 800이었으며, 18년 동안 기록적인 인플레이션이 이어졌다.

나는 자신 있게 말했다.

"힘들지 않습니다. 아주 재미가 좋습니다. 공매도했거든요(I'm short.-키가 작다는 뜻도 됨)."

나를 위아래로 훑어본 그녀의 표정은 이렇게 생각하는 듯했다.

'당신 키가 작은 것은 알았는데, 그게 재미가 좋은 것과 무슨 상관이지?'

166센티미터인 나의 키에 대해 남의 시선을 의식한 적도 있었지만, 그것은 오래전 일이었다. 키에 대한 불안감은 입대 무렵에 사라졌다. 나는 장교 후보생 학교 학급에서 키가 가장 작았지만(항상 키 순서로 정렬했다), 학급에서 성적이 1등이었던 덕분에 리더가 되었다. 이후에도 금전적으로나 연애에서나 독립과 성공을 거두었으므로, 나는 나의 키를 더욱 대수롭지 않게 생각했다. 나보다 키가 커서 불안해하는 여자 친구 태비서에게 나는 걱정하지 말고 "똑바로 서"라고 말했다. 그녀에게 내 키 때문에 걱정할 필요가 없다고 정확히 설명해주었다.

당시에는 헤지펀드가 거의 없었고, 헤지펀드가 공매도를 이용해서 위험을 헤지한다는 사실도 그다지 알려지지 않았다. 그때 이런 관행을 모르는 사람이 타르 부인뿐만이 아니었다. 리처드 닉슨 대통령 역시 공매도 개념을 전혀 이해하지 못했다. 공매도에 대한 설명을 듣자, 닉슨 대통령은 공매도가 반(反)미국적이라면서 맹렬히 비난했다. 역사상으로 보더라도 공매도를 비애국적 행위로 간주한 정치 지도자는 닉슨이 처음이 아니었다. 나폴레옹 보나파르트는 공매도자들을 반역죄로 감옥에 처넣기도 했다.

사람들은 공매도에 대해 이렇게 생각한다.

주식을 10달러에 사서 25달러에 팔아 이익을 얻는다. 그러나 공매도는 이 과정을 거꾸로 해서 이익을 얻는다. 주식을 25달러에 판 다음 10달러에 산다. 갖고 있는 주식이 없는데 어떻게 팔 수 있을까? 누군가에게 주식을 빌리면 된다. JP모건에서 100주를 빌려 현재 시장가격인 25달러에 파는 것이다. 나는 주가가 하락하리라 생각하기 때문에 주식을 판다. 주가가 10달러로 하락하면, 나는 100주를 사서 JP모건에 돌려준다. 은행은 100주를 돌려받았고, 나는 이익을 얻었으므로, 세상은 계속 돌아간다.

공매도는 시장에 꼭 필요하다. 유동성과 안정성을 높여주기 때문이다. 시장에는 매수자와 매도자 모두 필요하다. 매도자가 없으면 주가가 치솟는다. 매수자가 없으면 주가가 폭락한다. 예를 들어 사람들이 모두 닷컴 열풍에 휩쓸려 시스코 주식을 사려 한다고 가정하자. 이 주가가 20달러에서 80달러로 상승한다. 이때 공매도자들이 시장에 들어온다. 이후 주가는 90달러로 상승한다. 공매도자가 없다면, 주가는 110달러까지 상승할 것이다. 공매도자가 없으면 매도자가 전혀 없을 것이고, 유동성도 사라지며, 시장이 미쳐버릴 것이다. 이처럼 공매도는 시장의 열기를 누그러뜨리는 기능을 한다.

공매도자들의 판단이 틀렸다고 가정해보자. 이들은 팔았던 주식을 되사서 갚아야 하며, 즉시 시장에서 퇴출당한다. 그리고 주가는 공매도와 상관없이 제 길을 찾아간다.

이번에는 공매도자들의 판단이 옳았다고 가정해보자(지금까지 공매도자들이 대부분 월스트리트 투자자들보다 실적이 좋았다). 주가가 폭락세를 보이기 시작한다. 모두가 공포에 질려서 빠져나가려고 아우성이다. 모두가 팔겠다고 비명을 지른다. 주식이 폭락하면 사는 사람이 없다. 그런데 다행히 주식을 사는 사람들이 있다. 바로 공매도자들이다. 이들은 주식을 사서 빌렸던 곳에 돌려주어야 하기 때문에 팔았던 주식을 되사야 한다. 따라서 주가가 폭락하더라도 낙폭이 공매도자들 때문에 감소한다. 예를 들어 3달러까지 폭락할 주식이 8달러까지만 하락하는 것이다.

이런 이유로 공매도자들은 시장에 보탬이 된다. 덕분에 사람들은 정점에서 110달러에 살 주식을 90달러에 사고, 폭락기에 3달러 대신 8달러에 팔 수 있다. 공매도는 시장에서 거듭 시험받고 유용성이 입증된 다음, 약 400년 전부터 유행하기 시작했다.

정치인들은 수세기에 걸쳐 공매도자들을 희생양으로 삼으면서 그 유용성을 입증했다. 시장 상황이 악화하면, 정치인들은 이를 사악한 투기꾼들의 탓으로 돌렸다. 주가지수가 1,000에서 500으로 폭락하고 사람들이 대량으로 해고되며 기업들이 줄줄이 파산할 때, "오 하느님, 내가 일을 그르쳤으니 책임을 지고 사퇴하겠습니다"라고 말하는 정치인은 아무도 없다. 이는 월스트리트의 사악한 공매도자들 탓으로 돌린다.

2008년 CNBC와 인터뷰하는 동안, 내가 모기지 회사 패니메이Fannie Mae를 공매도한 사실이 알려졌다. 나는 1~2년 동안 패니메이가 협잡꾼이며 파산 직전이라고 줄곧 말했다. 나는 4년 전 발간한 『상품시장에 투자하라Hot Commodities』에서도 패니메이와 프레디맥 양쪽에서 스캔들이 터질 것이라고 썼다. 실제로 2008년에 스캔들이 터졌고, 패니메이 주식은 60달러에서 파산을 향해 폭락하고 있었다. 당시는 주가가 20달러 하락한 상태였고, 나와 인터뷰하던 경제 채널 기자 샤론 에퍼슨Sharon Epperson은 폭락이 내 탓이라는 의견을 내놓았다. 나는 최대한 정중하게 그녀에게 말했다.

"제 말을 잘 들어보십시오. 정말로 내가 공매도한 탓에 패니메이 주가가 폭락했다고 생각한다면, 당신은 다른 일자리를 찾아보셔야 할 겁니다."

당시에는 공매도 개념이 다소 생소했으므로, 나는 금융계 종사자가 아니라면 잘 모를 것이라고 생각했다. 그러나 TV 경제부 기자가 모른다는 사실은 충격이었다. 공매도자들은 단지 정보 전달자로서, 그동안 거대한 사기들을 폭로했을 뿐이다. 예를 들어 엔론 같은 범죄기업의 거대한 스캔들을 이들이 찾아냈다.

공매도는 평범한 투자자들이 사용할 기법은 아니다. 폭넓은 지식이 필요하고, 충분한 준비도 필요하다. 정통한 투자자만 사용해야 한다. 주식을 10달러에 사면, 그 주가는 0까지만 내려갈 수 있다. 최대 손실률이 100%다. 그러나 주식을 10달러에 공매도하면, 손실은 이론상 무한대가 된다. 주가는 10, 20, 30, 40, 50달러가 될 수 있고, 1,000달러까지 갈 수도 있다. 판단이 빗나가면 공매도로 단기간에 엄청난 손실을 볼 수 있다.

나는 초년병 시절 공매도를 하다가 무일푼이 된 경험이 있다.

1970년 나는 주식시장이 붕괴할 것으로 판단하여, 돈을 모조리 긁어 모아 풋옵션을 샀다. 풋옵션은 일정 기간에, 일정 가격으로 주식을 팔 권리를 말하며, 손실은 풋옵션 매수에 들어간 금액으로 한정된다. 옵션에 돈을 지불하지만, 주가가 하락하면 몇 배나 이익을 얻을 수 있다. 그리고 5개월 뒤 주식시장이 붕괴했다. 수십 년 역사를 지닌 기업들이 줄줄이 파산했다. 1937년 이후 최악의 시장붕괴였다. 시장이 바닥을 치던 날, 나는 풋옵션을 팔았다. 나는 투자원금을 3배로 늘렸다.

이때 나는 코흘리개인 주제에 내가 투자에 통달했다고 생각했다. 이제는 시장이 반등할 터이므로, 기다려야겠다고 생각했다. 내가 나이에 비해서 영리했는지는 모르겠지만, 과연 시장은 반등했고, 2개월을 기다린 다음 풋옵션으로 번 돈을 모두 동원해서 공매도했다. 나는 프리미엄을 주고 풋옵션을 사는 대신, 하락할 것으로 예상하는 기업 6개를 골라 공매도했다. 그리고 2개월 뒤, 나는 완전히 털려버렸다.

6개 기업의 주가가 계속 상승하자, 나는 공매도 포지션을 청산할 수밖에 없었다. 계좌에 증거금이 부족해서, 주가가 하락할 때까지 버틸 수가 없었기 때문이다. 나는 공매도를 유지할 지구력이 없었다. 그들이 틀렸고 내가 옳다고 주장하면서 버틸 자금이 없었다는 말이다. 나는 포지션을 뒤집어야 했고, 투자금을 모두 날렸다. 계좌가 깡통이 되기 전에 포지션을 청산당했다. 월스트리트에서 신용거래를 할 경우 계좌가 깡통이 되기 전에 반드시 증권 회사 중개인이 나의 포지션을 뒤집어 청산하기 때문이다.

이후 2~3년 안에 내가 공매도했던 6개 기업이 모두 파산했다. 나는 천재였다. 이때 "당신이 똑똑하다면, 왜 부자가 못 되었는가?"라는 말이 떠올랐다. 이는 똑똑한데도 부자가 되지 못한 완벽한 사례였다. 나는 너무 똑똑해서 무일푼이 되어버렸다. 나는 시장의 능력을 알지 못했다. 케인스의 말로 잘못 알려진 월스트리트 격언 하나를 뼈저리게 실감했다.

"당신의 증거금보다 시장의 광기가 더 오래간다."

그런데 케인스는 똑똑하면서도 부자였다. 그는 역대 최고의 주식 투기자 중 한 명이었다. 그는 투자에 통달했으며, 케임브리지 킹스 칼리지에서 기부금 펀드와 자기 돈으로 늘 투기하여 큰 성공을 거두었다. 1946년에 사망할 당시 그의 재산은 50만 파운드가 넘었는데, 현재 가치로 1,600만 달러가 넘는 금액이다.

나는 똑똑했던 탓에 알거지가 되었다. 그러나 값진 경험이었다. 시장에 대한 나의 무지를 깨우쳐주었기 때문이다. 나에 대해서도 많은 것을 배우게 되었다. 나중에 콜롬비아대학에서 잠시 객원교수로 지내는 동안, 나는 이 교훈을 학생들에게 나누어주었다. 나는 학생들에게 실패를 두려워하지 말라고 말해주었다. 인생에서 실수를 저지를까 걱정하지 말라고 말했다. 적어도 한 번 돈을 잃어보는 편이 좋고, 두 번이면 더 좋다. 그러나 돈을 잃으려거든 직장 초년병 시절에 잃어야 한다. 투자액이 2만 달러일 때 파산하는 편이 2,000만 달러일 때 파산하는 것보다 낫다. 일찌감치 파산하면 파멸을 맞지 않는다.

파산은 자신의 무지를 깨우쳐주므로 유용한 경험이 될 수 있다. 한두 번의 파산을 극복할 수 있다면, 장기적으로 더 크게 성공할 확률이 높아진다. 한 번, 두 번, 세 번 파산을 극복한 다음 크게 성공한 사람들의 이야기는 헤아릴 수 없이 많다. 마이크 블룸버그는 살로먼 브라더스에서 해고당했다. 이것이 그에게 최고의 사건이었다. 이후 그는 회사를 만들어 기업정보를 제공하면서 세계적인 거부가 되었다. 실수로부터 배울 수 있다면, 파산은 어떤 문제도 되지 않는다.

내가 6개 회사 주식을 공매도하면서 저지른 명백한 실수는 내가 아는 바를 모두가 안다고 가정한 것이었다. 이후 나는 기다리는 법을 배웠다. 그러나 광기는 상상을 초월하는 수준까지 치솟을 수 있으며, 모두가 갑자기 광기를 깨닫는 순간이 언제가 될지는 나도 가늠하기 어렵다.

요즘은 맨해튼 칵테일 파티장에서 헤지펀드와 공매도를 모르는 사람을 찾아보기가 어려울 정도다. 1980년대와 1990년대에 강세장이 펼쳐지면서 헤지펀드와 뮤추얼펀드가 엄청나게 증가한 덕분에, 대부분 미국인이 시장을 따라가는 퇴직계좌를 보유하게 되었다. 2010년 미국자산운용협회Investment Company Institute의 조사에 의하면, 세계의 뮤추얼펀드 수는 약 7만 개이고, 미국만 해도 7,500개가 넘는다. 2011년 갤럽 조사에 의하면, 주식시장에 투자했다고 응답한 미국인이 54%였다. 금융위기가 발생하기 전인 2007년에 이 비율은 65%였다.

주식시장에 투자한 미국인이 절반을 넘어가는데도, 투자에 대한 지식도 없고 목적도 전혀 없는 사람이 얼마나 많은지 놀랄 지경이다. 이들이 돈을 잃는 것도 당연하다. 이들은 투자를 전혀 모르는데도 대박을 기대하면서 투자를 시작한다. 나는 이들에게 은행에 예금해서 1~2% 이자나 받으라고 조언한다. 1~2%를 손해 보는 것보다는 낫기 때문이다. 내 말을 못 믿겠다면 몇 년 해보기 바란다. 장담하는데, 그 차이를 이해하게 될 것이다.

사람들은 어디에 투자해야 하느냐고 끊임없이 내게 묻지만, 내 대답은 항상 똑같다. 내 말에 귀 기울이지 말고, 다른 사람 말에도 귀 기울이지 마라. 투자에 성공하려면 자신의 지식이 풍부한 분야에만 투자해야 한다. 누구에게나 전문 분야가 있다. 자동차든, 패션이든, 누구나 많이 아는 분야가 있다.

자신이 많이 아는 분야가 무엇인지 모르겠다면, 한 걸음 물러서서 자신의 일상생활을 돌아보라. 병원의 환자 대기실에서 어떤 잡지를 보는가? TV를 켜면 어떤 프로그램을 보는가? 이렇게 하면 곧 자신의 관심 분야, 많이 아는 분야를 찾아낼 수 있을 것이다.

이제 당신은 투자에 성공할 채비를 갖추었다. 자동차에 열정적이라면, 자동차 산업에 관한 글을 모조리 읽어라. 그러면 중요하고도 긍정적인 변화가 언제 일어날지 알게 될 것이다. 다음에는 그 변화를 추적하라. 발견하는 대로 더 찾아 읽어라. 기존 시스템보다 더 우수하고 저렴한 연료분사 시스템이 새로 개발 중인지도 모른다. 이 시스템이 생산되면 시장점유율이 증가할 것이다. 아니면 새 고속도로가 개통될 수도 있다. 그러면 사람들이 전에는 갈 수 없었던 곳으로 차를 몰고 갈 수 있다. 아마도 그곳에는 새 호텔과 쇼핑센터가 들어설 것이다. 기본 전략은 이런 식이다.

기존 지식을 중심으로 지식을 확장해나간다. 누군가 전화로 기막힌 새 컴퓨터 프로세스가 나왔다고 말해도 무시해버려라. 컴퓨터에 대해서는 전혀 모르지 않는가? 당신이 아는 것은 자동차다. 자신이 아는 것과 자신이 발견한 변화에 집중하라. 당신은 자동차에 대한 열정 덕분에 항상 관련 기사를 읽을 것이므로, 다가오는 주요 변화를 나나 월스트리트 사람들보다 훨씬 먼저 파악할 것이다.

적절한 용어로 생각하라. 이것은 새로운 것, 이것은 다른 것, 이것은 방향 전환 등 새롭거나 다른 것은 미래에 어떤 결과를 도출한다. 아주 가까이 다가오는 일을 생각해야 한다. 호재가 발생하면, 당신은 월스트리트의 누구보다도 먼저 알게 될 것이다. 지금이 사야 할 시점인지 알 수 있다. 또 지금이 팔아야 할 시점인지도 알 수 있다. 몇 년 전 당신이 발견한 중대한 변화의 흐름이 바뀌고 있다는 사실을 누구보다도 먼저 보기 때문이다. 즉 누군가 더 싼 제품을 만들고, 중국이 더 나은 제품을 만들며, 경쟁이 치열해졌다는 사실을 먼저 알게 된다. 그러면 당신은 월스트리트 사람들보다 훨씬 먼저 매도 시점을 알게 될 것이다.

당신이 자신의 관심과 열정에 따라 정보를 얻고, 자신의 지식을 활용했다. 기존 지식을 중심으로 영역을 확장하여 엄청난 성공을 거두었다. 10년 뒤 돈을 10배로 늘렸다. 이제 주식을 팔기로 한다. 그러나 이때가 매우 위험한 시기다. 왜냐하면 자신이 정말로 똑똑하고 정말로 열정적이라고 생각하는 시기이기 때문이다. 투자가 아주 쉽다고 생각하는 때이기도 하다. 이때 당신은 커튼을 열어젖히고, 창밖을 내다보며, 해변으로 가야 한다. 결코 투자만은 생각하지 말아야 한다. 지금이 가장 취약한 시기이기 때문이다. 당신은 "다른 투자 대상을 찾아내서 다시 투자해야겠어. 투자는 환상적이야. 아주 쉬워"라고 생각하게 될 것이기 때문이다. 내가 풋옵션으로 투자 원금을 3배로 늘린 다음 생각한 것처럼 말이다.

이것이 사람들이 저지르는 커다란 실수다. 간혹 아무 일 없이 노는 편이 가장 현명한 판단을 내릴 수 있다. 사실 크게 성공한 투자자들은 대부분의 시간에 아무 일도 하지 않는다. 활동과 실행을 혼동해서는 안 된다. 앉아서 기다릴 때를 알아야 한다(나는 지금 앉아서 기다리고 있다).

당신은 10년 전에 주식을 산 다음, 이후 10년 동안 아무것도 하지 않았다. 진행 상황을 지켜보면서, 이후 변화가 있는지 확인하기만 했다. 이것이 돈 버는 방식이다. 이제 주식을 판 다음에는 가만히 있는 것도 못지않게 중요하다. 참을성 있게 기다려라. 한쪽 구석에 쌓이는 돈이 보일 때까지 기다려라.

집 주위를 돌아다니다가 한쪽 구석에 쌓인 돈을 발견하면, 가서 집어오기만 하면 되지 않겠는가? 투자는 이렇게 해야 한다. 자신의 풍부한 지식을 바탕으로 철저하게 확신하면서, 매우 싸서 구석에 쌓인 돈을 집어오는 것처럼 실패할 염려가 없는 기회를 발견할 때까지 기다려야 한다. 성공하는 투자자들은 바로 이렇게 한다. 이들은 무턱대고 돌아다니지 않는다. 워런 버핏은 보유 종목을 거의 바꾸지 않는다. 나는 몇 년간 이어지는 장기 추세에 따라 투자하기 때문에, 포지션을 많이 바꾸지 않는다.

평생 투자 기회가 25회뿐이라고 말한다면, 당신은 투자에 지극히 신중해질 것이다. 사람들 대부분은 이리저리 돌아다닌다. 이것도 해야 하고, 저것도 해야 하며, 여기서 최신 비밀정보를 주워듣고, 저기서 처남으로부터 무슨 이야기를 듣는다. 당신이 단기 트레이더라면 얼마든지 그렇게 하라. 그러나 성공적인 단기 트레이더는 아주 드물다. 하지만 당신이 투자자라면 평생 투자 기회가 25회뿐인 것처럼 신중해야 한다. 그렇게 해야 투자로 돈을 벌 수 있다.

주식, 채권, 상품, 기타 어디에 투자하더라도 증권 회사에 계좌가 있어야 하며, 중개인을 정해야 한다. 중개인은 파산한 사람만 아니면 상관없다. 중개인에게 조언받을 일은 없기 때문이다. 그는 당신이 투자하려는 종목에 대해 당신만큼 알지 못한다. 아마 이름조차 들어보지 못했을 것이다. 호재를 가장 먼저 파악하는 사람이 당신이라는 사실을 명심하라. 당신은 그에게 XYZ 주식을 100주나 1,000주 사달라고 말하기만 하면 된다. 그리고 앉아서 기다리면서 통찰력을 발휘해 끊임없이 조사하고 확인해야 한다. 주가는 항상 오르내리며, 세상도 계속 바뀌기 때문이다. 항상 지불 능력을 유지하고, 처음에 내린 판단이 정확한지 계속 재평가해야 한다.

이제는 판단력이 과거 어느 때보다도 중요하다. 200년 전에는 칠레에서 혁명이 일어나면, 3~6개월 뒤 배가 항구에 도착한 후 칠레에 구리가 없다는 사실이 알려진 다음에야 구리 가격이 변하였다. 당시에 구리 광산이 많은 칠레에 혁명이 일어난다는 사실을 먼저 알았다면, 구리뿐 아니라 구리 가격이 영향을 미치는 온갖 상품에 투자해 막대한 재산을 모을 수 있었다. 워털루에서 웰링턴이 나폴레옹을 물리쳤다는 소식을 런던에서 전서구로 입수한 유럽 은행가 네이선 로스차일드Nathan Rothschild는 막대한 이득을 보았다. 그러나 정보를 빨리 입수하더라도, 정확한 활용 방법을 알아야만 돈을 벌 수 있다. 지금은 모든 정보를 순식간에 입수하는 시대다. 모두가 거의 같은 시점에 똑같은 정보를 입수한다. 차이는 판단력에서 나온다.

큰돈을 벌고 싶다면 분산투자를 해서는 안 된다. 중개인들은 모든 사람에게 분산투자를 하라고 권유한다. 그러나 이는 자신을 보호하려는 목적이다. 10개 종목에 분산투자하면, 몇 종목은 실적이 좋을 것이다. 무일푼이 될 일은 없겠지만, 큰돈을 벌 일도 없다. 종목 선택을 잘해서 7개 종목이 상승하고 3개 종목이 하락하면 실적이 좋겠지만, 그래도 부자가 되지는 못한다. 부자가 되는 방법은 좋은 종목을 발굴해서 집중투자하는 것이다. 그러나 자신의 판단이 옳다고 강하게 확신할 수 있어야 한다. 판단이 틀리면 빠르게 망하는 길이 되기 때문이다. 그래서 중개인들은 분산투자를 권한다. 고객이 파산하면 소송당할 수 있기 때문이다.

부자가 되고 싶으면, 좋은 종목 몇 개를 발굴해서 집중적으로 투자하라. 1970년이라면 상품을 사서 10년 동안 보유한 후 1980년에 상품을 팔아 일본 주식을 보유한 다음, 1990년에는 일본 주식을 팔고 기술주를 사서 2000년에 기술주를 팔았다면 지금쯤 엄청난 부자가 되었을 것이다. 그러나 1970년에 분산투자해서 시장평균 수익을 얻었다면, 지난 30년 동안 큰돈을 벌지 못했을 것이다. 물론 분산투자하면 안전하지만, 부자가 되지도 못한다. 큰돈을 벌고 싶은 투자자는 돌아다니지 말고 잘 아는 분야에 머물면서 집중적으로 투자해야 한다. 물론 당신이 스스로 생각하는 것만큼 똑똑하지 않다면, 완전히 무일푼이 될 수도 있다.

그러나 앞에서 말했듯이 내 말에 귀 기울이지 마라. 당신 자신이 아는 바를 따르라.

　강세장만 오면 사람들은 자신이 똑똑하다고 생각한다. 강세장에서 자신이 똑똑하다고 착각하는 사람이 얼마나 많은지 놀라울 정도다. 나는 월스트리트에서 근무를 시작했을 때, 운 좋게도 매우 훌륭한 고용주 두 사람을 만났다. 한 사람은 '뉴버거 버먼Neuberger Berman'이라는 회사를 경영하는 전설적인 트레이더 로이 뉴버거Roy Neuberger였다. 나는 이곳에서 잠시 근무한 다음 '안홀드 앤드 블라이흐뢰더'로 옮겼다. 뉴버거는 내게 어떤 퇴직자들에 대해서 말해주었다. 그들은 회사에 많은 돈을 벌어주었지만, 이후 거금을 잃었다. 그 이유는 그들이 처음에 왜 돈을 벌었는지 전혀 이해하지 못했기 때문이었다. 그들이 돈을 번 것은 기술주 열풍으로 촉발된 1960년대 말 강세장 덕분이었다. 그들은 자신들이 정말로 똑똑하다고 생각했다. 돈 벌 자격이 있다고 생각했다. 그러나 실제로 그들은 시장을 전혀 이해하지 못했다. 시장을 보는 역사적 관점도 없었고, 시장의 등락을 보는 직관력도 없었다.

　대형 강세장은 모두 거품으로 끝난다. 모두가 대중매체를 읽고 통념을 따라가며, 똑똑한 투자자는 이 기회를 이용한다. 그러나 시장에 거품이 부풀었을 때에는 원칙이 통하지 않으므로, 매매 시점을 판단하기가 어렵다. 이 주제를 다룬 유명한 책이 1841년에 출간된 찰스 맥케이Charles Mackay의 『대중의 미망과 광기Extraordinary Popular Delusions and the Madness of Crowds』인데, 여기서 이를 모두 설명한다. 17세기 네덜란드의 튤립 열풍에서부터 1세기 뒤 남해 회사 거품사건과 미시시피 스캔들 그리고 몇 년 전 닷컴 거품과 주택 거품에 이르기까지, 모든 거품은 똑같은 모습이다.

사람들은 거품 당시에는 상황이 지극히 정상이라고 생각한다. 이런 가격이 합당하다고 생각하며, 계속 상승할 것이라고 믿는다. 바로 이 무렵 어머니가 주식에 투자하고 싶다고 내게 전화를 하셨다. 어머니가 아는 사람들이 모두 온갖 호재를 이야기했다고 한다. 주식을 사고 싶은 이유를 물어보자 어머니가 대답했다.

"작년에 세 배로 뛰었잖니."

"어머니, 주식은 그런 식으로 하면 안 돼요. 세 배로 뛴 다음이 아니라, 세 배로 뛰기 전에 사야 해요."

그러나 이것이 거품기에 나타나는 현상이다. 주가는 지금까지 상승했다는 이유로 더 상승한다. 어떻게 보면, 강세장이 오면 투자자들은 자신의 어리석음을 깨닫지 못하는 어린아이가 된다. 이런 어린아이들이 거품 경쟁에 뛰어들어 돈을 빌리면서까지 주가를 계속 띄워 올린다. 나 같은 사람들은 현실을 알기 때문에, 큰돈을 벌지 못한다. 반면에 어린아이들은 자신이 돈 버는 이유를 모르기 때문에 큰돈을 벌 수 있다. 그러나 경험이 많거나 똑똑한 사람들처럼 처참한 결말이 온다는 사실을 알지 못한다.

강세장은 경험도 없고 어리석어서 위험을 모르는 어린아이들을 원한다. 그러나 당신은 경험 없고 무지한 어린아이들에게서 벗어날 때를 알아야 하지만, 이는 쉬운 일이 아니다. 상황이 악화할 때 어린아이들과 함께 있어서는 안 된다. 물론 상황이 악화한 다음에는 어린아이들도 자취를 감추겠지만 말이다.

로이 뉴버거는 40대 중반에 월스트리트에서 일을 시작했다. 그는 1929년 봄에 월스트리트에 왔고, RCA를 공매도하여 보유 우량주를 헤지한 덕분에 10월의 대공황에도 살아남았다. 1939년에 그는 뉴버거 버먼을 설립했고, 99세까지 매일 사무실에 출근했다. 2010년 107세에 죽을 때까지 계속 트레이딩을 했다. 그는 한때 신발장사를 한 적이 있는데, 월스트리트가 신발장사와 같다고 내게 말해주었다. 신발장사는 신발을 사서 가격표를 붙여 판매한다. 신발장사는 신발을 수십 년 보유하는 일이 절대 없고, 심지어 몇 달도 보유하지 않는다. 그는 주가가 오르면 주식을 팔았다. 그는 하루나 한 주를 내다보고 주식을 샀다. 그에게 장기보유란 한 달이나 두 달을 의미했다. 그는 월스트리트 최고의 트레이더였고, 'A.W. 존스^{A. W. Jones}'의 중개인이 되었다.

내가 입사했을 때 A.W. 존스는 업력이 20년이었고, 사람들은 A.W. 존스와 뉴버거 버먼에 대해 이야기를 많이 했다. 존스와 뉴버거가 다른 사람들보다 훨씬 똑똑했기 때문이다. 나는 노련한 뉴버거 밑에서 근무하기 전에 잘나가는 신세대 딕 길더^{Dick Gilder} 밑에서도 일했다. 길더가 경영하는 'R. 길더 앤드 코^{R. Gilder & Co}'는 주로 성장

주에 투자했는데, 나는 여기서도 많이 배웠다.

나는 이곳에서 조수로 일하면서 많은 혜택을 보았다고 젊은이들에게 자주 말한다. 다른 사람들을 자세히 관찰하면서 많은 것을 배웠다. 현장훈련On the Job Training처럼 좋은 교육도 없다. 취업전선에 뛰어들어 어렵사리 도제 신분을 벗어나면 큰일을 치러냈다고 생각하는 사람들이 많다. 그러나 도제 기간부터 눈과 귀를 열고 열심히 배우는 것이 가장 현명한 태도이다.

나는 두 사람으로부터 많이 배웠지만, 두 회사에서 나는 물 밖에 나온 고기와 같았다. 딕 밑에서는 온종일 성장률을 분석했고, 로이 밑에서는 분 단위로 시세 테이프를 추적했다. 그러나 나는 트레이더가 아니라 투자자다. 나는 주식을 싸게 산 다음에는 절대 팔지 않는다. 월스트리트에서 돈 버는 방법은 수없이 많다. 음악이든 미술이든 금융이든 자신만의 방법을 찾아내야 한다. 로이와 딕슨이 자신의 방법을 찾아냈듯이, 나도 나의 방법을 찾아냈다.

퀀텀펀드를 설립하고 10년이 지난 후 나는 다시 다시 나의 방법을 찾아나설 때가 왔다고 생각했다.

나는 성공을 꿈꾸던 10대 시절부터 35세가 되면 은퇴하겠다는 말을 즐겨 했다. 그 뒤 월스트리트에서 성공을 구가하던 시절에도, 나는 이 계획을 거리낌 없이 이야기했다. 나는 친구들에게 내가 평생 한 가지 일만 하지는 않을 것이며, 다양한 직업을 가져볼 생각이라고 말하곤 했다. 75세가 되어서도 월스트리트 사무실에 앉아 시세 테이프를 들여다보고 싶은 생각은 없다. 다양한 삶을 살고 싶었다. 그러면 벌어들이는 돈은 줄어들지 모르지만, 확실히 흥분되는 삶을 즐길 것이다.

친구들에게 모험에 대한 욕구를 드러내면서, 오토바이를 타고 세계일주를 하고 싶다는 말을 오래전부터 계속해서 해왔다. 이는 내가 세운 여러 목표 중 하나였으며, 지금이 적절한 시점이었다. 로마 감찰관 아피우스 클라우디우스Appius Claudius the Blind는 말했다.

"사람은 누구나 자신의 행운을 스스로 설계한다."

내가 인생의 그 시점까지 성취한 모든 일이 이 명제에 확신을 부여했다. 세계일주를 두 번 한 후, 현재 나 자신에 더 큰 의미를 부여하게 된다면, 이는 로마 공화국에서 가장 유명한 고대 도로 '아피아 가도Appian Way'를 처음 건설한 아피우스 클라우디우스 덕분이다.

1979년 나는 월스트리트를 떠나기로 마음먹었다. 마음속으로는 이미 자유를 맛보기 시작했다. 그러나 연말경 시장에 큰 시련기가 왔다. 그때까지 퀀텀펀드는 투자 실적이 매우 좋아서, 평소처럼 많은 돈을 벌었다. 나는 투자가 너무 재미있어서, 떠날 생각을 접고 계속 머물렀다. 당시 나는 37세였고, 목표로 삼았던 은퇴 시점을 넘겨버렸다. 나는 은퇴할 마음의 준비가 되어 있었고, 오랜 기간 더 머물 생각이 아니었다. 하지만 떠나려는 최종 결심을 아직 굳히지 않은 단계에서 갑자기 모든 일에 흥미를 잃고 말았다.

그해 SEC는 우리의 '컴퓨터 사이언스 코퍼레이션Computer Sciences Corporation' 투자를 조사했다. SEC는 내 동업자 조지 소로스가 주가 조작에 가담했다고 주장했다. 그는 공매도 혐의로 기소당했는데, 다가오는 주식공모에서 더 낮은 가격에 주식을 되사서 공매도 포지션을 청산하려는 뜻으로 의심받았다. SEC는 그에게 동의판결에 서명할 기회를 주었다. 회사의 잘못을 인정하지는 않지만, 다시는 그런 일을 하지 않겠다고 약속하는 문서였다. 나는 우리가 잘못하지 않았는데도 왜 그런 문서에 서명을 해야 하느냐고 그에게 물었다. 왜 우리가 주가를 조작한 것으로 해석되는지 이해되지 않았다. 그러나 소로스의 대답을 듣고 나는 깜짝 놀랐다.

"실제로 그렇게 했거든."

나는 말했다.

"조지, 나에게는 평판이 100만 달러보다 더 소중해."

나는 그의 대답을 분명히 기억한다.

"내게는 그렇지 않다네."

그는 농담처럼 말했지만 진심이었다. 그에게는 돈벌이가 무엇보다도 중요했다.

1980년 봄부터 시작된 일련의 사건으로 상황이 악화됐는데, 이는 소로스와 내가 생각하는 우선순위가 달라지고 있다는 첫 신호였다. 나는 당시 상황이 마음에 들지 않았다. 회사가 커지고 있었고, 그때 직원을 8~10명 정도 두고 있었다. 운용자산이 2억 5,000만 달러가 넘었는데, 사업을 시작할 때 포트폴리오가 1,200만 달러였던 점을 고려하면 상당한 규모였다. 나는 일에 더 관여하게 되었고, 일부 관행은 못마땅했다. 일부 직원 채용에 대해서도 회의적이었는데, 나는 그런 모험을 하고 싶지 않았다.

이 모든 일이 1980년 봄에 시작되었다. 그 이전에는 이례적인 일이 없었지만, 이제는 내 평판이 더럽혀질 수도 있었다. 15년 전 옥스퍼드에서 키잡이 하던 시절, 아버지로부터 편지를 받았을 때의 느낌이 떠올랐다. 나는 비슷한 윤리적 딜레마에 직면했다. 이번에는 어떤 논쟁으로도 상황이 바뀌지 않으리라는 생각이 곧바로 명확하게 떠올랐다. 나는 맞서보기도 하고, 도전도 해보았지만, 아무 소용이 없었다. 그의 지분이 더 많았기 때문이다. 그래서 나는 계획대로 은퇴한 후 새로운 인생을 추구하겠다고 말했다.

내가 퀀텀을 떠난 것은 어떤 면에서 우리 가문의 행동양식이었다. 내가 어렸을 때 할아버지는 우리 선조 한 분이 미국 기업가 코넬리어스 밴더빌트Cornelius Vanderbilt와 동업을 했는데, 윤리 문제로 결별했다고 말해주었다(나는 예일대학에 입학했을 때, 1894년 밴더빌트 2세가 기부한 돈으로 지은 밴더빌트 홀을 배정받았다. 밴더빌트는 우리 선조가 떠난 다음에도 혼자서 사업을 매우 잘해낸 듯하다). 아버지도 비슷한 이유로 큰아버지와의 사업관계를 끊었다. 나도 가문의 전통을 잇는 듯했다.

앞에서 말했듯이, 나는 월스트리트에서 쉬지 않고 일했다. 그토록 일을 사랑했다. 독립기념일 주간이었던 7월 3일 7시경, 나는 예일대학 동기였던 버튼 매클레인으로부터 전화를 받았다. 그는 미국에서 가장 오래된 개인은행인 '브라운 브라더스 해리먼 앤드 코 Brown Brothers Harriman & Co.'에서 일하고 있다. 우리는 절친한 사이였지만, 대학 이후 인생에서는 다른 길을 갔다. 그는 아내 샬롯과 가정을 꾸려 네 자녀를 키웠다. 나와는 달리, 매클레인에게 우선순위는 일이 아니었다.

그가 말했다.

"주말 연휴에 해변으로 와서 우리와 함께 지내는 게 어때?"

나는 대답했다.

"안 돼. 일해야 해. 할 일이 있어."

그는 말했다.

"내일은 독립기념일인데, 무슨 소리야?"

내가 대답했다.

"그래도 할 일이 있어. 안 하면 돈을 날리게 돼."

내 말을 들은 그는 서운했을 것이다.

그는 내가 퀀텀을 떠날 때, 나에게 가장 먼저 전화해준 사람이었다. 그가 말했다.

"은퇴나 실직이나 그런 거 했다면서?"

나는 대답했다.

"나 은퇴했어. 내가 잘못을 저지르지 않는 한, 죽을 때까지 다시는 일 안 해도 돼."

　시간은 가까운 친구 사이에서도 쏜살같이 흘러간다. 10년이 흘렀고, 이어서 30년이 또 흘렀다. 그 이후 매클레인과 나는 연락이 끊겼다. 그러나 나는 아직도 그의 전화를 기억한다. 나는 마음의 눈으로 그를 볼 수 있다. 그는 지금도 계속 돈이 들어가는 네 자녀와 자동차를 창밖으로 내다보면서, 내가 어떻게 37세에 은퇴할 수 있었는지 궁금해할 것이다. 만사를 제쳐두고 열정적으로 몰두할 일을 찾아낸 나는 행운아임을 실감했다.

Chapter 05

내 말에 귀 기울이지 마라, 당신이 아는 바를 따르라

Investment Biker

나는 1969년 처음으로 오토바이를 샀다. 월스트리트에 진출하고 첫 번째 아내와 이혼한 직후였다. 세계일주를 하려고 산 오토바이는 아니었다. 250cc BMW였는데, 세계일주용으로는 힘이 많이 부족했다. 나는 이 오토바이를 타고 역사를 쓰지는 않았지만, 미국 반체제 문화 역사의 중요한 순간에는 참여했다.

1969년 여름, 나는 〈평화와 음악의 3일 3 Days of Peace & Music〉 록 페스티발이 우드스탁에서 열린다는 소식은 간간이 들었다. 하지만 입장권을 살 정도로 관심이 끌리지는 않았다. 나는 캐츠킬에서 진행되는 상황을 라디오 보도로 듣고 나서야 들떠서 행사에 참여하기로 했다. 8월 15일 금요일 퇴근 즉시 나는 오토바이에 올라타고 페스티발 장소로 향했다. 사람들이 행사장에 접근하지 못하도록 경찰이 이미 방책을 쳐놓은 상태라서, 나는 현지 주민들 집의 뒷마당을 가로질러 돌아갔다. 한 여자는 내게 소리를 지르면서 집에서 뛰쳐나왔는데, 그럴 만도 했다. 그 여자의 복수인 듯 나는 300~400미터도 못 가서 타이어가 터지고 말았다. 나는 타이어를 갈아 끼우고 계속 행사장으로 달렸다.

무대 둘레에 울타리를 쳐놓았는데, 나는 울타리를 넘어 안으로 들어갔다. 보안요원들은 모두 녹색 재킷을 입고 있었는데, 검은 바탕에 흰색으로 기타 목에 비둘기가 앉은 모양의 우드스탁 로고가 새겨져 있었다. 날씨가 몹시 더워서 이들은 재킷을 울타리에 걸쳐놓았는데, 그 재킷 중 하나를 훔쳐 입고 무대로 걸어갔다. 당시 그곳은 혼란의 도가니여서, 누구든 마음만 먹으면 무엇이든 훔쳐 달아날 수 있었다.

나는 공연시간 내내 무대 위에 있었다. 내가 한 짓에 나도 놀랐지만, 내가 얻은 특별한 지위를 포기하고 싶지 않았으므로 매우 신중하게 행동했다. 때때로 사람들이 무대 위로 기어오르려 하면, 나는 "안 됩니다. 물러 서세요"라고 말했다. 나는 본분에 충실한 보안요원이었다.

나는 무대에서 가장 좋은 자리를 차지했다. 모든 공연자와 얼굴을 마주할 수 있었으며, 게다가 음식까지 얻어먹었다. 환상적이었다. 약 50만 명이 몰려들었는데도, 당시 이 행사가 중요한 역사적 사건이라고 생각한 사람은 아무도 없었다. 우리는 모두 멋진 시간을 보낸다고 생각할 뿐이었다. 사람들은 그냥 즐긴 후 집으로 돌아가면 될 뿐이었다.

공연은 8월 18일 월요일까지 이어졌지만, 나는 월요일에 출근해야 했기 때문에, 일요일 오후에 뉴욕으로 돌아왔다(지미 헨드릭스는 월요일 아침이 되어서야 무대에 올랐기 때문에 그의 공연은 보지 못했다). 사무실에서는 모두가 우드스탁 이야기뿐이었다.

이야기 중 나는 동료에게 "나 거기 갔었어"라고 말했다.

그러자 사람들 모두 나를 불결하다는 듯 바라보았다.

"뭐라고? 왜 그런 곳에 갔어? 거기 끔찍했잖아."

이런 반응에 나는 초년병 시절부터 월스트리트의 통념을 거부하게 되었다.

나는 지금도 우드스탁 재킷을 갖고 있다. 주기적으로 꺼내보면서, 언젠가 아이들에게 보여줄 생각을 한다. 아이들에게는 얼마나 의미가 있을지 모르겠지만. 아이들이 우드스탁에 관한 글을 읽거나, 친구들이 읽을지도 모른다. 그리고 한 아이가 "와, 우리 아빠가 거기서 보안요원으로 근무했는데"라고 말할 수도 있을 것이다.

중국과 소련을 제외해야 한다면, 당시의 세계일주는 언급할 가치조차 없다. 나는 월스트리트에서 은퇴하고 나서 모험을 떠나기 전까지, 당국에 두 나라의 입국 허가를 받느라 대부분의 에너지를 소진했다. 허가를 기다리는 동안 나는 학교로 돌아갔다.

월스트리트에서 은퇴한 직후 한 파티에서, 나는 콜롬비아 경영대학원 학장 샌디 버튼을 만났다.

그가 말했다.

"우리 학교에서 한 과목 강의해주시지요?"

나는 대답했다.

"저는 경영대학원이 그다지 유용하다고 생각하지 않습니다. 특히 사업을 하려는 사람들에게는요."

나는 월스트리트에서 첫 여름을 보낼 때, '도미닉 앤드 도미닉'의 고위 파트너가 해준 조언을 오래도록 명심하고 있었다. 그는 내게 경영대학원에 가는 것은 시간 낭비가 될 것이라고 말해주었다. 나는 지금도 경영대학원에 다녀봐야 얻을 것이 없다고 생각한다. 내가 그해 여름 트레이딩 데스크에서 배운 것이, 미국 경영대학원에서 내가 2년 동안 배웠을 것보다 더 많았다.

나는 학장에게 말했다.

"저는 강의에 정말 관심이 없습니다. 십중팔구 강의도 신통치 않을 테고요."

학장이 미소 지으며 말했다.

"그렇지 않을 겁니다. 오셔서 한 과목 가르쳐주시지요?"

은퇴생활 중 내가 배우겠다고 결심한 두 가지는 테니스와 스쿼시였다. 콜롬비아대학은 우리 집에서 겨우 몇 블록밖에 떨어져 있지 않았고 체육관도 훌륭했다. 하지만 재학생 외에는 동문, 교수, 교직원들만 이용할 수 있었다. 그리고 내 짐작으로는 기숙사 건립비용을 기부한 몇몇 인사들 정도만 예외로 인정해주었을 것이다. 그래서 파티에서 만나고 얼마 지나지 않아 나는 학장에서 전화를 해서 이렇게 말했다.

"저의 제안을 말씀드리겠습니다. 한 학기 동안 무료로 한 과목을 가르치는 대신, 체육관을 평생 이용하고 싶습니다."

그는 곧바로 내게 다시 전화해서, 놀랍게도 "좋습니다. 그렇게 하시지요"라고 말했다.

대학 졸업 후 16년 동안 대학에 발을 들여놓은 적도 없고, 교수법도 전혀 모르는 내가, 외래교수가 되어 경영대학원에서 학생들을 가르쳤다. 학생들의 평균 연령은 약 26세였다. 학생 수는 15명이었는데, 모두 실무 경험이 있었다. 나는 학생들에게 이렇게 말했다.

"나는 여러분이 내 부하직원이라고 생각하면서 이 과목을 가르치겠습니다. 나는 리서치 센터장이자 펀드 투자 책임자이고, 여러분은 내 밑에서 일하는 분석가가 될 것입니다. 나는 여러분에게 분석할 회사를 나누어주고, 분석 방법을 가르쳐주겠습니다."

나는 학생들에게 내가 기업분석에 착수하는 방법을 말해주었다. 스프레드 시트도 나누어주었다. 나는 대기업 회장 두 사람을 강의실로 초빙해서, 마치 내가 그의 사무실을 방문한 펀드매니저나 분석가인 것처럼 질문을 던졌다. 내가 어떤 회사에 투자할 것인지 검토할 때 물어보는 것과 똑같은 질문을 던졌다. 이어서 학생들에게 자유롭게 질문하도록 했다. 그다음 과제는 이 회사의 주식을 살지, 팔지, 공매도할지, 가만 놓아둘지를 한 페이지에 정리해서 제출하는 것이었다(나는 보고서 분량이 한 페이지가 넘거나 제출 기간보다 늦으면 받지 않았다).

몇 주 뒤에는 학생들에게 각자 분석할 산업을 선택하게 했다. 내가 승인하면 어떤 산업이든 고를 수 있었다. 예를 들면 항공산업 분석을 선택할 수도 있었다. 그리고 학생들 앞에 서서 나와 대화를 나누면서 자신의 생각을 밝혀야 한다. 그는 자신의 분석을 바탕으로 델타를 사고 사우스웨스트를 공매도하는 등 항공산업에서 돈을 가장 잘 버는 방법을 설명해야 한다. 모든 학생이 3회씩 발표를 했으며, 나는 이런 식으로 수업을 진행했다.

나는 학생들에게 소크라테스식 대화법으로 가르치겠다고 말했지만, 대부분 학생에게 소크라테스가 누구인지부터 설명해야 했다. 학생들은 모두 내가 엄격한 선생이라고 말했다. 나는 요구 사항이 매우 많았다. 게다가 학점도 매우 인색했다. 심지어 과락생도 나왔다. 나는 학생들에게 이렇게 말했다.

"잘 들으세요. 내가 이 수업을 준비하느라 매주 몇 시간씩 할애하는 것처럼, 여러분도 최소한 일정 시간을 투입해서 내가 흥미를 느끼게 해주리라 기대합니다."

학생들 모두 불평을 쏟아냈다. 이렇게 어렵고 이렇게 공부를 많이 시키는 과목은 어디에도 없다고 주장했다. 그때 소크라테스에게 일어난 마지막 사건이 떠올랐다. 그는 독살당했다. 학기말에 학생들이 교수를 평가하는 시점이 왔을 때, 나는 최악의 평가를 예상하면서 학장 사무실에 앉아 있었다. 그러나 평가 결과를 보고 나는 울음을 터뜨렸다. 가장 훌륭하다고 극찬하는 평가를 받은 것이다. 지금까지 나에게 그렇게 좋은 평을 해준 사람은 아무도 없었다. "내가 들어본 과목 중 최고의 과목입니다. 무슨 방법을 쓰든 다시 모셔 와야 합니다." 나는 제정신이 아니었다. 그들은 나 때문에 혹사당했는데도, 나에게 고마워했다.

강의는 매우 재미있었다. 내가 기대했던 것보다 더 재미있었다. 그래서 강의를 더 하기로 마음먹었다. 나는 4~5학기를 더 가르쳤다. 내가 강의하던 1987년에 주식시장이 붕괴했다. 10월 19일 월요일, 내 생일이었다. 나는 그동안 붕괴를 예측해왔지만, 그토록 엄청난 붕괴일 것이라고는 생각하지 못했다. 미국 주식시장이 하루에 20% 넘게 폭락했다. 나는 그동안 시장이 너무 앞서간다, 상승세가 지나치다, 정말로 과열되었다고 강한 목소리를 냈고, 어느 날 월스트리트 사람들이 출근해보면 지수가 300포인트 폭락해 있을 것이라고 공개적으로 주장했다. 그러나 실제 폭락세는 훨씬 더 충격적이었다. 주식시장이 512포인트나 하락했다. 하루 낙폭으로는 미국 주식 역사상 최대였다. 나는 당연히 공매도를 해두었으므로, 내게는 생애 최고의 생일이 되었다.

모든 사람이 나의 붕괴 예측을 알고 있었으므로, 대중매체에서도 내 이야기를 많이 다루었다. TV 방송국에서도 내 강의실에 찾아왔다. 내 말을 인용한 신문기사가 경영대학원 게시판에 붙었는데, 한 교수가 찢어버렸다. 주식시장에 관한 과목을 가르치는 교수였는데, 그는 주식시장이 급상승하면서 폭락을 향해가는 동안 학생들에게 이렇게 말했다. "로저스는 바보야. 그는 알지도 못하면서 떠들어 대고 있어. 박사 학위도 없으면서." 그의 기분이 좋았을 리가 없다.

오늘날 미국의 중등교육이 세계 최고라고 주장하는 미국인들은 많지 않을 것이다. 실제로 미국인 대부분이 오늘날 미국의 초등교육과 중등교육이 매우 절망적이라는 견해에 동의할 것이다. 그러나 이들은 미국의 고등교육만은 독보적이라고 주장할 것이다. 아마도 한때는 그랬을 것이다.

한때 미국 대학에는 탁월한 선생들이 있었고, 이들 중 몇몇은 정상에 오른 최고가 되었다. 그러던 중 종신 재직권이 등장했다. 종신 재직권은 정신없이 돌아가는 학계에서 성공의 기회가 되었지만, 그동안 탁월하게 가르치는 것만으로는 절대 얻을 수 있는 것은 아니었다. 책의 출간과 연구, 교내 정치가 종신 재직권을 얻는 길이다. 종신 재직권을 추구하는 과정에서 강의는 흔히 방해물로 취급된다. 한 교수는 내게 이렇게 말했다.

"종신 재직권 덕분에 인생이 환상적입니다. 학생들은 딱하게 됐지만 말입니다."

최악의 경우, 종신 재직권은 무능한 선생들의 도피처가 된다. 미국 학계는 종신 교수들이 장악하고 있다. 이들은 연구하기 위해 도서관으로 간다. 대부분 교수는 직접적으로 말하지 않지만, 도움이 필요하거나, 학점에 불만을 제기하거나, 과제물을 제출하려고 찾아오는 학생들은 교수의 진짜 업무에 걸림돌이 될 뿐이다.

7년 동안 일해서 평생 일자리를 보장받는 직업은 세상 어디에도 존재하지 않는다. 대학을 제외하면 말이다. 의사가 되어도, 법률회사 파트너가 되어도 계속해서 실적을 내야 한다. 그러나 35세에 대학에서 종신 재직권을 받으면, 다시는 실력을 입증할 필요가 없다. 대학에 불을 지르거나 살인을 하지 않는 한, 평생 일자리가 보장된다. 그리고 대학교수 자리는 실적을 내보일 필요가 없다는 점에서, 조직폭력단이 운영하는 건설현장이나 정치 후원자와 유사하다. 나는 1년 동안 정교수로서 일하는 시간을 계산해보았더니 평균적으로 매주 5시간만 일하면 내 책무를 다할 수 있었다.

종신 재직권은 미국 교육계에서 비교적 최근에 도입한 제도다. 그 근거로 내세우는 학문적 자유는 지금 보기에 터무니없다. 종신 재직권이 있어야 회계학 교수가 강의실에서 자신의 정치적 견해를 보호받을 수 있는가? 물리학 교수라면? 자산과 부채에 대해서도 정치적 신념이 필요한가? 떨어지는 물체에 작용하는 중력에 대해서는? 교수가 다른 교수로부터 보호받을 필요는 있을지 몰라도, 이것이 종신 고용의 근거가 될 수는 없다.

종신 재직권이라는 예외주의 탓에 현재 미국 고등교육계에 거대한 거품이 형성되었다. 바로 지금 프린스턴대학에 다니려면 매년 5만 6,000달러가 들어간다. 이는 수업료와 숙식비만 포함된 비용이다. 그곳까지 가는 항공료는 포함되지 않았다. 맥줏값도 포함되어 있지 않았다. 4년 과정을 마치려면 최소 25만 달러가 들어가며, 학비는 매년 올라간다.

머지않아 1964년 내가 예일에 다닐 때 들어간 비용의 50배가 될 것이다. 터무니없이 비싼 수업료를 내고서도 다닐 만한 가치가 있다는 아이비리그대학과 스탠퍼드 등 명문대학들의 주장에 사람들 모두 넘어갔다. 그리고 주택거품에 모두가 속아 넘어갔듯, 세상 사람들도 지금까지는 이들의 선전에 속아 넘어갔다. 세상의 어떤 거품이든, 사람들이 그 거품에 휩쓸리는 데에는 항상 '그럴듯한' 이유와 '확실한' 근거가 있다. 3~4년 뒤에는 프린스턴대학에 다니기 위해서는 연 6만 5,000달러가 필요하게 될 것이다.

나는 이런 명문대학 중 두 군데를 다녔다. 예일과 옥스퍼드다. 나는 이곳에 다니던 매 순간을 사랑했다. 기막히게 멋진 시간을 보냈다. 덕분에 오늘의 내가 되었다. 그러나 단지 교육만을 원한다면, 얼마든지 신청하여 좋은 교육을 받을 수 있다. 이제는 누구나 이 방법을 안다. 오늘날 명문대학들이 파는 것은 상표에 불과하다. 그러나 상황이 악화되면 명문대학의 상표를 받기 위해 그렇게 큰 비용을 감당할 사람들은 갈수록 줄어들 것이다.

프린스턴이 아시아 대학으로 자리 잡고자 한다면, 학비를 감당할 수 있는 똑똑한 외국 학생들로 강의실을 채우면 된다. 현재 옥스퍼드는 우수한 중국 학생들로 모든 강의실을 채울 수 있다. 이들의 부모는 학비 전액을 기꺼이 그리고 손쉽게 댈 수 있다. 그러나 명문대학에 다니려고 학자금 대출을 받는 미국 학생들은 20만 달러에 이르는 부채를 떠안고 대학을 졸업하게 된다. 이는 명문대학들이 학교 이름을 내세우면서 약속하는 훌륭한 미래가 아니다. 미국 파산법에 의하면, 학자금 대출은 생각도 안 된다. 미국에서 파산하면 거의 모든 것을 탕감받을 수 있다. 그러나 당신을 애초에 파산으로 몰고 간 부채의 원인인 학자금 대출만은 탕감받을 수 없다.

내 예상대로 서구가 계속 경제난에 시달린다면, 명문대학들은 응시생들을 모집하기가 매우 어려워질 것이다. 비용 상승에 맞춰 대학들이 계속 수업료를 인상한다면 수업료를 감당하지 못하는 미국인들이 증가할 것이며, 외국 학생들은 가까운 곳에 있는 더 좋은 학교를 찾아갈 것이다. 지난 20년 동안 발표된 대학 순위를 보면, 전에는 없었던 아시아 대학들이 많이 눈에 띈다. 유서 깊고 교육이 훌륭한 대학들이다. 이제 치열한 경쟁이 다가오고 있다.

그리고 오늘날 아이들에게는 제2의 천성인 기술이 있다. 컴퓨터로 편리한 시간에 효율적으로 스페인어를 배울 수 있는데, 무슨 이유로 아침 일찍 억지로 일어나 매주 세 번씩 수업 들으러 가겠는가? 미국에 값비싼 스페인어 종신 교수가 3,000명이나 필요한가? 프린스턴의 스페인어 교수가 스페인어를 가장 잘 가르칠까? 인터넷을 이용하면 스페인어를 훨씬 더 빠르게, 십중팔구 더 낫게 그리고 확실히 더 싸게 배울 수 있다. 회계학, 물리학, 미적분학도 마찬가지다. 우리에게 필요한 것은 훌륭한 선생이다. 종신 교수든 아니든, 훌륭한 선생이 인터넷으로 가르치면 되지 않는가? 훌륭한 선생 두세 사람이 인터넷으로 가르치면, 학생 수백만 명이 최고의 교육을 받을 수 있지 않을까?

일부 고등교육기관은 이미 너무 늦었을 것이다. 미국의 여러 엘리트대학들은 지금 파산 직전이다. 이들은 비용 구조를 떠받칠 수가 없다. 최고 인력이 매주 5시간이나 10시간 일해서는 어떤 사업도 버틸 방법이 없다. 그런 식으로는 파산을 피할 수 없다. 특히 종신 재직권에 기대어 열심히 일하지 않는 사람들을 해고할 수 없는 시스템이라면 더더욱 그렇다. 게다가 아이비리그대학들은 전통적으로 노동에 지나치게 관대하다. 이들은 더러운 자본주의자로 비치고 싶지 않다는 이유로 파산을 축복으로 보기 때문이다. 자동차 산업에서 이런 모습이 나타났다. 계약기간이 끝나면 노동조합 사람들이 몰려들었고, 자동차 회사들은 굴복했다. 이들은 계속 창고를 열어 나누어주었고, 결국 자동차 산업은 파산했다.

문제는 대학을 사업가가 아니라 학자들이 경영한다는 사실이다. 대학들은 경영이 부실하며, 이제는 기부금으로도 이들을 구할 수 없다. 기부금 중에는 부실자산이 많다. 대학들은 지난 20년 동안 공개시장에서 거래되지 않는 목재나 부동산 등 비유동성 자산에 투자를 많이 했으며, 특히 비공개기업에 대한 투자가 치명적이다.

거품 기간에 금융기관들은 이른바 '티어 3$^{Tier\ 3}$' 자산을 보유했는데, 이런 자산의 가치는 가정에 불과하다. 예를 들어 모기지^{Mortgage}(주택담보대출)의 시장가치는 '모형 평가$^{Marked\ to\ Model}$' 방식이었다. 컴퓨터 프로그램에서 어떤 증권의 가치가 96으로 나오면, 96으로 적었다. 무디스와 S&P가 그 증권이 AAA라고 말했으므로 96은 AAA로 평가되었다. 그러나 이제는 우리도 알듯이, 이런 증권은 대부분 쓰레기다. 그리고 이런 증권이 기부금에서 큰 비중을 차지한다.

하버드를 비롯한 모든 엘리트대학들은 이런 자금을 직접 운용하지 않는다. 잘 나가는 사모펀드 회사가 투자를 권유하면, 하버드는 1억 달러를 맡긴다. 펀드매니저는 새 벤처에 투자하거나 회사를 산다. 그는 어떤 식으로 운용하든 모형에 따라 실적을 평가하고, 하버드는 이 평가를 그대로 받아들인다. 그러나 패니메이와 씨티은행 등 모형에 따라 실적을 평가하는 모든 기관처럼, 이 펀드매니저도 평가 가치를 높여야 여러모로 유리하다. 그런데도 하버드는 이 평가를 자랑스럽게 받아들인다.

강세장일 때 이들은 모두 막대한 돈을 벌었다는 생각에 돈을 거침없이 지출했다. 이들은 모든 사람의 급여를 인상해주었다. 하버드는 보스턴에 광대한 토지를 사들였다. 예일도 많은 땅을 사들였다. 이들은 돈이 넘치니까 확장할 때이며, 인심도 쓸 수 있다고 생각했다. 그러나 이들 모두 금융시장 붕괴라는 진실의 순간과 맞닥뜨렸고, 일부 대학은 자금을 빌리기 시작했다. 이들은 명성과 AAA 등급을 바탕으로 채권을 공모하기 시작했고, 시장은 이런 채권을 사들였다.

여러 대학이 설립 이후 처음으로 재무상태표에 부채를 올리게 되었다. 이제 이들은 채권 원리금을 상환해야 한다. 게다가 펀드매니저들도 자금을 차입하여 포트폴리오를 운용하고 있다. 이들은 신용으로 증권을 샀다. 이것은 기업과 기관들이 곤경에 빠져드는 전형적인 방식이다. 이들은 아무 문제없다는 말을 듣고 자금을 차입한다. 그러나 상황은 갈수록 악화하고, 이런 상태가 고착화하며, 이들은 심각한 문제에 빠졌음을 실감하게 된다. 특히 대학은 비용을 절감할 수 없기 때문에 더 큰 문제가 야기된다. 노조와 종신 교수들이 있기 때문이다.

게다가 부외(簿外) 채무도 많다. 예를 들면 교수뿐 아니라 대학에 10년 이상 근무한 직원은 자녀 수에 제한 없이 대학 학비를 지원해야 한다는 터무니없는 요구를 하고 있다. 자녀가 3~4명인 직원에 대해서는 미래 채무가 100만 달러를 넘어간다. 그리고 비상장 주식 거래과정에서 재무상태표에는 드러나지 않아도 지속적으로 자금을 차입하게 된다. 물론 경제가 좋을 때에는 상관없다. 그러나 상황이 악화하여 자금이 더 필요해지면 문제가 발생한다. 모든 대학에 이런 채무가 수없이 많다.

    대학의 자금 관리자들이 모두 똑똑한 것은 아니다. 연금기금 관리자들도 마찬가지다. 여러 주 연금과 시 연금이 파산했다. 언제든 또 약세장이 오면(십중팔구 멀지 않았다), 똑같은 모습이 더 많이 나타날 것이다. 역사가 수십 년에서 수백 년에 이르는 하버드, 프린스턴, 스탠퍼드대학이 파산한다면, 세계는 큰 충격을 받을 것이다.

    2008년과 2009년 시장이 붕괴했을 때, 대학들은 지출을 줄일 수밖에 없었다. 이들은 전통적으로, 예를 들어 기부금의 5% 식으로, 기부금의 일정 비율을 운영경비로 지출했다. 그러나 시장 붕괴 탓에 4,000만 달러였던 기부금이 갑자기 2,400만 달러로 줄어들었고, 이들은 비용 절감 방안을 찾기 시작했다. 그러나 이미 최소 비용을 인상해놓았고, 재무상태표에는 영구 부채를 올렸으므로 심각한 상황이었는데도, 이들은 시장이 회복될 것으로 생각하고 부채를 더 늘렸다. 이들이 믿는 똑똑한 펀드매니저들이 만사가 잘 풀릴 것이라고 장담했기 때문이다.

    우리는 이런 모습을 여러 차례 보았다. 그러나 상황이 급격히 악화되고 사람들이 사태의 심각성을 이해할 무렵에는 대개 너무 늦어버린다. 리먼 브라더스와 베어스턴스가 그랬다. 물론 이런 상황이 주는 이점은 종신 재직권을 없앨 수 있다는 점이다. 아시아 대학들은 이런 문제(엄청난 급여, 노조에 대한 막대한 채무, 종신 재직권)가 없으므로 크게 발전할 것이다.

집을 떠나 수백 수천 명의 젊은이와 함께 생활하면서 배우려는 현재의 대학진학 거품이 터진 다음에도, 미국 대학교육의 일부 요소는 살아남을 것이다. 학교생활 대부분이 기숙사 컴퓨터로 진행되더라도 스포츠팀, 토론 동아리, 사교행사는 계속 이어질 것이다. 강의가 인공위성으로 중계되더라도, 강당 역시 생존할 것이다. 하지만 도서관은 사라지거나 테니스장으로 바뀔 것이다.

터무니없는 비용구조와 기술이 결합하여 '창조적 파괴'가 일어나면서, 새로운 교육 방식과 교육의 중심지가 떠오를 것이다. 인류의 역사 내내 그러했던 것처럼 우리는 과거 모로코, 팀북투Timbuktu(서 아프리카 말리 공화국의 도시), 포르투갈, 이탈리아, 아시아 등에서 세계적으로 유명했던 대학의 이름조차 기억하지 못한다.

콜롬비아대학에서 가르치는 동안, 나는 중국 정부로부터 오토바이로 중국을 횡단해도 좋다는 허가를 받았다. 1988년에 떠난 이 중국 횡단을 PBS(미국 공영방송)에서는 〈장거리 여행The Long Ride〉이라는 제목으로 다큐멘터리를 만들었다. 파키스탄과 인도까지 가로지르는 5,000마일에 이르는 여정이었다. 3개월에 걸친 모험을 마치고 돌아오자, 콜롬비아 경영대학원 학장이 내게 말했다.

"우리 학교에서 당신에게 제안을 하려고 합니다."

그는 내가 거절할 수 없는 굉장한 제안이라고 설명했다. 콜롬비아대학에서 도대체 얼마나 대단한 제안을 하겠다는 말인지 나는 전혀 짐작도 못했다. 그는 이렇게 말했다.

"우리는 당신을 정교수로 임용하고자 합니다."

정교수 임용은 모닝사이드 하이츠Morningside Heights(맨해튼의 콜롬비아대학 인근 지역)는 물론 모든 대학에서 굉장한 일이었다. 학자들은 정교수가 되려고 평생에 걸쳐 연구하고 로비하며 싸운다. 우드로우 윌슨(1856~1924, 미국의 제28대 대통령) 이후 지금까지 다양한 사람들이 했던 말들이 떠올랐다. 정치학자이자 콜롬비아대학 교수 월리스 스탠리 세이어Wallace Stanley Sayre는 "학계의 정치가 그토록 부도덕한 것은 그 위험이 매우 낮기 때문이다"라고 말했는데, 이는 1970년대에 세이어의 법칙으로 자리 잡았다.

나는 정교수직 제안을 받아들였지만, 대학에는 1년만 더 머물 수 있었다. 강의를 시작한 직후 모스크바로부터 오토바이로 소련을 횡단해도 좋다는 허가가 나왔기 때문이다. 이제 나는 세계일주를 할 수 있게 되었다. 이것이 내가 10년 동안 준비하면서 기다려온 일이었다.

나는 콜롬비아대학 생활을 즐겼다. 학교 밖 활동에 매우 바빴던 탓에 대학 사람들과 교제할 시간은 부족했지만, 수업 시간 외에도 학생들을 도와주기 위해 나는 상당한 시간을 할애했다. 학교에서 가르치는 동안, 나는 〈짐 로저스와 함께 돈 좀 벌어봅시다!The Profit Motive with Jim Rogers〉라는 TV 쇼 사회도 맡았다.

매주 5일 저녁 특별 출연자와 인터뷰하는 '파이낸셜 뉴스 네트워크FNN'의 프로그램이었다. FNN은 최초의 경제전문 방송사였으므로, CNBC가 이 회사를 인수했을 때에는 일시적으로나마 이 분야에서 독점적 지위를 누릴 수 있었다.

몇 년 뒤 나는 경제담당기자 빌 그리피스와 함께 CNBC의 〈마이 포트폴리오My Portfolio〉의 공동진행을 맡게 되었다. 당시는 경제 프로그램이 시행착오를 거치던 초창기였고, 휴대전화도 도입 초기였다. 빌과 나는 생방송으로 전화를 받아 설명해주는 방식으로 프로를 진행했는데, 생방송 중에 갑자기 휴대전화가 울린 탓에 둘 다 깜짝 놀랐다.

"당신 전화군요."

빌이 말했다. 나는 휴대전화의 벨소리도 끄지 않았고, 출연자 대기실에 놓고 오지도 않았던 것이다. 게다가 바로 다음으로 한 행동은 나의 무지를 여지없이 드러내고 말았다. 생방송 중에 휴대전화를 받았던 것이다. 내게 안부를 묻는 어머니의 전화였다.

"네가 괜찮은지 궁금해서 전화했단다. 그동안 아팠잖니."

"어머니, 지금은 TV 방송을 진행 중이라서 통화할 수가 없어요."

나는 방송사고를 냈다. 하지만 담당 PD는 나보다 훨씬 재치가 있는 사람이어서 즉시 방송을 중단하고 광고를 내보냈다. 아직도 내게 이 이야기를 하는 사람들이 있다.

나는 다섯 번째 오토바이 1,000cc BMW R100RT를 타고 마침내 세계일주의 꿈에 도전하게 되었다. 러시아에서 허가가 나왔을 때, 나는 콜롬비아대학과 FNN을 그만두고, 1990년 봄 BMW 오토바이를 타는 여자친구 태비서 이스터브룩과 함께 여행을 시작했다.

나는 몇 년 전 오랜 친구인 그녀의 어머니를 통해서 태비서를 만나게 되었다. 태비서는 내가 만나본 여성 중 모험심이 가장 강한 여자였다(당시는 현재의 아내 페이지 파커를 만나기 전이었다). 그녀는 내 오토바이 뒷좌석에 타고 함께 파키스탄과 인도를 횡단했다. 애머스트Amherst대학을 졸업한 그녀(내 나이의 절반에도 한 살 못 미쳤다)는 맨해튼 어퍼웨스트사이드에서 자랐으며, 당시 뉴욕의 소규모 재단에서 기부금 관리자로 근무하고 있었다.

태비서의 아버지 닉은 하버드대학 재학 시절 여름방학에 비밀리에 BMW 오토바이를 사서 유럽 여행을 했다. 그는 이 오토바이를 숨겨놓은 채 부모에게는 한마디도 하지 않았다. 그랬던 그가 자신의 딸이 오토바이로 세계일주를 한다는 것에는 완강하게 반대했다. 혹시라도 해피나 베이비 비가 내게 이런 터무니없는 이야기를 꺼내면 나는 어떤 반응을 보일지 궁금하다.

태비서와 나는 1990년 3월 말 아일랜드에서 여행을 시작해서, 유럽을 가로질러 중앙아시아로 간 다음, 동쪽으로 중국을 향했다. 그후 일본에 들렀다가 서쪽으로 시베리아를 횡단하여 유라시아로 들어갔다. 우리는 폴란드를 거쳐 아일랜드로 돌아온 다음, 남쪽으로 서유럽을 가로질러 북아프리카에 도착하고 나서, 아프리카 대륙 중심을 따라 곧장 아래로 내려갔다. 남아프리카에서 우리는 오토바이를 배에 싣고 호주로 건너갔다가 뉴질랜드에서 배로 태평양을 건너 아르헨티나로 간 다음, 남아메리카, 중앙아메리카, 멕시코를 관통하고서 미국을 횡단하여 뉴욕으로 왔다.

여기서 잠시 머물고 나서 우리는 미국과 캐나다를 지나 알래스카 앵커리지를 거쳐 예일대학 동기였던 렌 베이커의 고향 북부 캘리포니아에서 여행을 마쳤다. 우리는 길에서 모두 22개월을 보내면서 10만 마일을 달려 기네스북에 기록을 올렸다. 그리고 6개 대륙에 걸쳐 50여 개 국가를 통과했다.

나는 외딴 지역의 국경을 통과할 때만큼 그 나라의 진상이 드러나는 때도 없다는 사실을 알게 되었다. 국경을 통과할 때 가장 먼저 생각해야 하는 것은 뇌물을 주어야 하는가이다. 매사가 공명정대하고 간단한가? 통관 절차가 효율적으로 진행되는가? 그리고 통관 절차가 10분이면 끝나는가, 아니면 온종일 걸리는가? 국경을 통과한 다음 가장 먼저 하는 일이 환전이므로, 현지 통화에 대해서도 감을 잡게 된다. 물론 어디에나 공식 환전소가 있으며, 나는 항상 소액을 환전한다. 정부가 운영하는 공식 환전소에서 주는 돈은 위조지폐가 아니므로, 내가 암시장에서 환전할 때 받는 현지 통화가 가짜인지 비교할 수 있기 때문이다. 그다음으로 나는 암시장을 찾아나서는데, 때로는 암시장이 나를 찾아오기도 한다.

한 나라를 꿰뚫어보려면 암시장은 필수 요소다. 암시장이 존재하면, 암시장 환율에 프리미엄이 대폭 붙었는지 금방 알 수 있다. 암시장은 사람의 체온과 같다. 사람의 체온을 재보면 몸에 이상이 있는지 알 수 있다. 어디에 이상이 있는지는 알 수 없지만, 문제가 있다는 사실은 알 수 있다. 고열이라면 심각한 문제가 있다는 뜻이다.

암시장도 마찬가지다. 한 나라에 암시장이 존재한다면, 그 나라에 무슨 문제인지는 몰라도 문제가 있다는 신호다. 암시장 환율에 프리미엄이 잔뜩 붙어 있다면, 즉 공식 환율과 암시장 환율의 차이가 크다면, 문제가 심각하다는 뜻이다. 한 나라에 관해서 알고 싶다면, 그 나라 장관보다도 암시장 사람과 이야기해보면 더 많이 배울 수 있다.

국경 지역을 벗어나면 곧바로 그 나라의 도로 상태가 드러난다. 교통신호등이 있는가? 상점은 모양을 갖췄는가, 아니면 판잣집인가? 진짜 호텔이 있는가, 아니면 무늬만 호텔인가? 국경을 통과할 무렵에는 그 나라에 관해서 많이 파악하게 된다. 자신이 세상 물정에 아무리 밝다고 생각해도, 때로는 매우 놀라운 사실을 발견할 수도 있다.

태비서와 나는 튀니지와 알제리에서 아프리카 중심부를 가로질러 내려와 보츠와나 국경에 도착했을 때, 겨우 한 시간 남짓 만에 아프리카의 다른 나라들과 전혀 다르다는 사실을 명확하게 깨달았다. 러시아와 아시아의 수많은 곳에서 본 것과 확연히 달랐다.

암시장도 없고, 뇌물도 없었으며, 모든 일이 효율적이었다. 고속도로, 교통신호등, 도로표지 모두 양호했다. 쇼핑센터들도 미국 소도시 쇼핑센터와 크게 다르지 않았다. 수도에 도착해보니 진짜 호텔도 있었다. 한동안 다른 곳에서는 구경도 못한 호텔이었다.

뉴욕을 떠나기 전, 나는 여행 중 투자 포트폴리오를 어떻게 관리할지 결정해야 했다. 다행히 내가 낙관한 몇몇 섹터는 매일 점검할 필요가 없었으므로, 내 자산 대부분을 공익기업 주식, 국채, 외환에 배분해두었고, 여행에 대비해서 상당 부분은 현금으로 남겨두었다. 내 예상이 맞으면 돈을 벌겠지만, 예상이 빗나가더라도 거덜 나지는 않도록 구성했다. 공매도 포지션을 줄였고, 선물 포지션은 모두 청산했다. 이번 여행의 목적이 투자는 아니지만, 나는 언제든 여행할 때에도 유망 기회에 관심을 기울인다. 보츠와나에서 주식시장을 발견한 나는 곧바로 투자를 시작했다. 나는 거래소에 상장된 모든 종목에 투자했다.

나를 큰손으로 오해할까 봐 밝혀두는데, 당시 보츠와나 증권거래소에 상장된 기업은 겨우 7개였다. 나는 7개 종목을 6~7년 전까지 보유했다. 신주가 발행되거나 주식 배당을 받을 때마다 나는 더 사들였다. 보츠와나는 국토는 매우 넓고 인구는 적은데, 세계 최대 규모의 다이아몬드 광산을 보유하고 있었다. 나는 2007~2008년까지 보츠와나 투자분을 계속 재투자했으나, 신흥시장 투자가 과열

상태라고 판단하고 모두 처분했다. MBA 2만 명이 유망 신흥시장을 찾아 세계 곳곳을 누비고 있었다. 그래서 나는 18년 동안 막대한 이익을 얻고서 보츠와나 주식을 팔아버렸다.

태비서와 나는 1992년 늦여름 마지막 여행 일정을 마치고 돌아왔다. 내가 여행에 관한 책 『월가의 전설, 세계를 가다 Investment Biker』 집필을 마쳤을 때, 태비서는 국제관계 학위를 받기 위해 대학원에 진학했다. 아마도 상아탑 안에서만 연구한 교수들보다도, 이제는 그녀가 더 잘 가르칠 수 있을 것이다. 이후 그녀가 어떻게 되었는지 나는 알지 못한다.

Chapter 06

떠오르는 상품

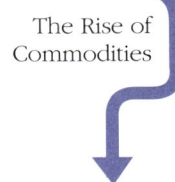

The Rise of Commodities

노스캐롤라이나 샬롯 조폐박물관에서 열린 『월가의 전설, 세계를 가다 Investment Biker』 홍보 강연에서, 나는 장차 내 두 아이의 엄마가 될 여자를 만났다. 그녀의 이름은 페이지 파커였다. 그녀는 샬롯에서 약 200마일 북동쪽에 있는 로키마운트 Rocky Mount 출신이었는데, 내 생각으로는 셀로니어스 멍크 Thelonius Monk의 음악 이후 로키마운트가 배출한 가장 아름다운 존재이다. 27세인 그녀는 샬롯 퀸스 칼리지에서 기금 조성 업무를 담당하고 있었다. 그녀는 대학 총장의 권유로 『월가의 전설, 세계를 가다』를 읽었는데, 총장은 내가 이곳에 올 예정이니까 행사에 가보라고 말했다고 한다.

나는 강연을 하기 위해 강당으로 들어가는 길에 문가에 서 있는 그녀를 만났고, 우리는 이야기를 시작했다. 그녀는 이런 말을 했다.

"TV에서 보는 것보다 실물이 더 낫네요." 하지만 그녀는 TV에서 나를 본 적이 없었다. 그녀는 이런 말도 했다. "저는 항상 자동차로 미국을 횡단하고 싶었어요." 내가 "왜 안 하세요?"라고 묻자, 그녀는 이렇게 대답했다. "지금은 현금흐름이 빈약해서 그럴 형편이 못 돼요." 전문 용어까지 적절하게 구사했다. 나는 이튿날 집에 도착해서 그녀에게 전화했다.

"이번 주말에 발레 보러 뉴욕으로 오세요."

그녀가 대답했다. "당신 집으로는 가지 않겠어요. 호텔에 머물겠어요."

뉴욕에 몇 번 와본 그녀는 대부분 맨해튼 사람들이 고물가 탓에 작은 아파트에 사는 것으로 알고 있었다. 나는 내 집이 커서 잠시 머무는 동안 마주칠 일도 없을 거라고 말했지만, 그녀는 내가 미쳤거나 속인다고 생각했다. 그녀는 자기 돈으로 호텔에 머물겠다고 고집했다.

나는 말했다. "좋습니다."

우리는 오후에 파리 국립오페라 발레단Paris Opera Ballet이 공연하는 라 바야데르La Bayadere를 보러 갔다. 나는 발레를 아주 좋아하는데, 놀랍게도 페이지 역시 발레를 사랑했다. 그녀는 계속해서 무용을 해오고 있었다. 우리는 허드슨강을 내려다보며 링컨 센터에서 브로드웨이 위쪽으로 약 40블록을 걸어 리버사이드 드라이브의 내 저택으로 왔다. 우리는 2인승 자전거를 꺼내어 타고 저녁을 먹으러 센트럴파크 보트하우스Boathouse 카페로 갔다. 나는 그녀에게 헨리 레가타Henley Regatta에 갈 계획인데 함께 가자고 말했다. 그녀는 초대를 받아들였고, 우리는 몇 주 후 레가타에 갔으며, 나머지는 짐작하는 대로다. (햇빛을 받으며 갑판 의자에 앉아, 샴페인을 마시고, 생크림을 얹은 딸기를 먹으면서) 헨리 레가타에서 사랑에 빠지지 않는 사람은 영영 사랑에 빠지지 못하는 사람이다.

우리가 데이트한 지 1년 조금 넘어 그녀는 샬롯의 직장을 그만두고 뉴욕으로 이사했다. 1997년 봄 그녀는 뉴욕에 아파트를 마련했고, 마케팅 회사 임원으로 근무하기 시작했다. 그때 나는 그녀에게 완전히 빠져 있었다. 1년 뒤에는 그녀에게 청혼했다. 이어서 3년짜리 밀레니엄 어드벤처 계획이 진행되었다.

자동차(주문 제작한 4륜구동 벤츠) 세계일주로, 내가 오토바이로 달렸던 거리의 절반을 달리는 여행이었다. 나는 한 밀레니엄이 끝나고 새로운 밀레니엄이 시작되는 역사적 순간에 세계의 맥을 짚어보고 싶었다. (당시에는 어디로 가고 싶은지, 어디에 가 있을지도 몰랐으므로) 우리는 결혼 계획을 확정할 처지가 아니었지만, 결혼식 날짜만은 2000년 1월 1일로 정해두었다.

우리는 1999년 1월 1일 아이슬란드에서 여행을 시작하여 116개국을 차로 돌았다. 사우디아라비아, 미얀마, 앙골라, 수단, 콩고, 동티모르 등 사람들이 좀처럼 가지 않는 나라도 방문했다. 우리는 정글, 사막, 교전 지역, 전염병 지역, 눈보라 지역도 통과했다. 사하라 사막에서 유목민과 낙타와 함께 야영했고, 시베리아의 척박한 불모지에서는 러시아 노동자와 조직폭력배와 함께 맥주를 들이켰다. 인도 알라하바드Aallahabad에서는 144년마다 찾아오는 역사적인 마하 쿰브 멜라Maha Kumbh Mela에 참여해서 갠지스 강물에 우리 죄를 씻어 냈다. 나는 누에, 이구아나, 뱀, 흰개미, 기니피그, 호저, 악어, 메뚜기도 먹어보았다. 멋진 모험이었을 뿐만 아니라, 내 평생 교육의 연장이었다.

아프리카의 서해안을 따라 내려갔다가 동해안을 따라 올라오면서 30여 개 국가를 방문했다. 우리는 아프리카에서 아라비아와 인도 대륙을 가로질러 인도차이나, 말레이시아, 인도네시아로 갔다. 이 여행에서 우리는 세계 30개 내전 지역 중 약 절반을 통과했다. 페이지는 시베리아와 몽골, 유럽 여러 나라를 통과하는 동안 몇 달에 걸쳐 휴대전화와 이메일로 결혼준비를 할 수밖에 없었다.

우리는 3년 반 전 사랑에 빠졌던 헨리 레가타에서 밀레니엄 전환기에 백마가 끄는 마차를 타고 동화 같은 결혼식을 치렀다. 마침내 15만 2,000마일을 달려 최장 연속 자동차 여행으로 기네스북에 또 기록을 올리면서 2002년 1월 5일 뉴욕으로 돌아왔다.

여행 기간 내내 아프리카, 시베리아, 미국, 어디에서든 차를 세우기만 하면, 우리가 주문 제작한 연노란색 하이브리드 벤츠가 사람들의 시선을 사로잡았다. 여행이 끝날 무렵 캘리포니아 팔로알토의 스파고^{Spago}에서 저녁을 먹은 다음(볼프강 퍽의 레스토랑은 2007년 문을 닫았다), 나는 밖에서 우리 차를 구경하던 한 사내와 이야기를 나누었다. 그동안 우리가 했던 일을 설명해주자, 그는 "모두가 꿈꾸는 삶을 사시는군요"라고 말했다.

화려하고 흥분되는 세계 여행이야말로 지난 3년 동안 우리가 만난 수많은 사람이 공유하는 환상이었다. 때마침 우리가 돌아온 다음 진행된 독립 여론조사에서도, 세계인의 첫 번째 꿈은 모든 일을 그만두고 차에 올라타 세계 여행을 떠나는 것으로 밝혀졌다.

"나는 항상 세계여행을 하고 싶었습니다." 그가 말했다. 그는 최근 닷컴 호황 덕분에 돈을 벌었으며, 이제는 그의 소원대로 세계여행을 떠날 형편이 되었다고 말했다. 나는 그렇게 하라고 격려해주었다.

"2인승이네요!"

그가 우리 차를 보며 신기하다는 표정으로 말했다.

"두 분이 항상 나란히 타고 다니셨다는 말씀인가요?"

주행거리계는 14만 5,000마일을 가리키고 있었다.

"그렇습니다." 내가 대답했다.

"3년이나요? 그러고서도 여전히 함께 다니시나요?"

그는 못 믿겠다는 눈치였다. 그는 약혼녀와 해안을 따라 5일짜리 여행을 떠났는데, 목적지에 도착하기도 전에 파혼했다고 한다.

"나는 덴버에서 내렸고, 그녀는 전속력으로 가버렸습니다."

나는 페이지와 함께 세계일주를 떠나기 전에, 로저스 국제상품 지수Rogers International Commodity Index: RICI 개발에 착수했다.

1990년대 말, 나는 상품의 약세장이 끝나간다는 결론에 도달했다. 『월가의 전설, 세계를 가다』 출간 이후 대중매체에 정기적으로 출연하게 되었는데, 이때 매우 일관되게 이런 주장을 펼쳤다. 나는 상품 강세장이 다가오는 모습을 보았지만, 세계 여행 중에는 상품에 투자하기가 거의 불가능했다. 상품에 투자할 때에는 만사를 제쳐두고 항상 상품에 집중해야 한다. 상품계약에는 만기가 있기 때문이다. 내가 진짜 상품을 떠안게 될지 누가 알겠는가? 나는 그 해결책이 인덱스펀드라고 판단했는데, 투자하기 위해서는 내가 인덱스펀드를 만들어야 했다. 당시에는 상품 인덱스펀드가 없었다. 상품은 여전히 소외된 미지의 섹터였다.

나는 투자경력 기간 내내 세계 전역의 주식, 채권, 통화, 상품에 투자하면서 매수 포지션과 매도 포지션을 모두 잡아보았다. 내가 〈월스트리트저널〉에서 상품기사를 읽기 시작했을 때에는 상품 지면이 한쪽에 불과했지만, 그래도 나는 상품이 중요하다고 생각했다. 내 서재를 둘러보면, 내가 산 첫 번째 〈CRB 연감Commodity Research Bureau Yearbook〉은 1971년 호이다. 따라서 나는 월스트리트에서 정규직으로 근무를 시작한 1968년과 이 책을 산 시점 사이에, 상품에 호기심을 느껴 상품을 다루는 주요 정보원을 찾고 있었던 셈이다.

당시 나는 상품에 투자하여 성공을 거두고 있었지만, 사람들 대부분은 상품에 전혀 관심을 기울이지 않았다. 아마도 문제는 (내가 성공을 거둔 이유는) 내가 상품을 무시해야 한다는 사실을 몰랐기 때문일 것이다. 내가 경영대학원에 진학했다면 상품이 중요하지 않다고 생각했을 것이고, 상품을 쳐다보지도 않았을 것이다. 그러나 경영대학원에 진학하지 않았기 때문에 적절한 투자은행 교육과정도 이수하지 못했다.

앞에서 설명했듯이, 1971년 8월 닉슨이 금 태환을 중단했을 때, 우리 퀀텀펀드가 보유한 주식은 큰 타격을 입었다. 3년 뒤 닉슨이 금 태환을 재개하자, 우리는 상품으로 큰 성공을 거두었다. 대통령직에서 사임하기 1년 전, 닉슨은 세계인의 분노에 대응하여 금 태환을 재개했고, 1933년 프랭클린 루스벨트 대통령이 이전의 약속을 어기고 미국인들의 금 매입을 금지했던 조처를 해제했다.

당시에는 금 가격이 세계시장에서 온스당 35달러에 고정되어 있었다. 미국인의 금 매수가 허용되는 첫 거래일인 1974년 1월 1일, 금 가격은 매수세가 이어질 것으로 기대되어 600% 상승한 200달러까지 치솟았다.

그날 메릴린치는 미국 고객들을 대신해서 금을 사려고 런던 금 시장 입회장에 나타났다. 우리 펀드는 이들에게 금을 팔았다. 우리는 금을 공매도했는데, 큰손에게 넘기려고 모두가 매수세에 가담할 때에는 가격이 이미 시장에 반영되었다고 보았기 때문이다. 그동안 금 가격은 너무 빨리, 너무 많이 올랐다. 메릴린치는 대량 매수세를 기대하고 금을 사재기했다.

사람들 대부분이 어떤 이유인지 모르는 듯한데, 시장은 누군가 사러오는 줄 알면 항상 그에 맞춰 상승한다는 유서 깊은 원칙이 있다. 시장은 매우 똑똑해서, 항상 먼저 움직인다. 그래서 금은 이후 여러 달에 걸쳐 50%나 하락하여 온스당 100달러로 내려갔고, 우리는 막대한 이익을 실현했다.

그러나 100달러도 이전의 35달러보다 훨씬 높은 가격이었다. 1974년에는 금 생산이 거의 50년째 중단된 상태였다. 국제적으로 금 가격이 (처음에는 20달러, 이후 35달러로) 결정될 때에는 금을 생산할 가치가 없었다. 금 가격이 상승하지 않는 한, 금광업자들은 거대한 금맥을 찾아내지 않고서는 큰돈을 벌 수가 없었다. 그러나 금 수요가 증가하고 가격이 치솟자, 마침내 금 생산이 확대되었다. 금광업자들은 바보가 아니다. 어떤 금광업자는 이렇게 생각했을 것이다.

"금값이 온스당 35달러일 때에는 내가 1966년에 발견한 금맥이 채산성이 없었지만, 이제는 100달러를 넘어가고 있으니까 금광을 다시 열어야겠어."

6년 뒤 1980년 봄에는 펀더멘털이 매우 건전해졌으므로 (금 공급이 적었고, 달러의 가치가 떨어졌으며, 미국은 빚더미에 앉은데다가, 심각한 무역적자에 시달렸다), 금값이 온스당 850달러에 이르렀다.

원자재 강세장이 15년 넘게 이어졌다. 가격이 상승하자 생산이 증가했고, 공급이 증가하여 수요를 초과하자 금과 기타 상품의 가격이 다시 하락했다. 그리고서 가격이 거의 20년 동안 하락 상태로 머물렀다.

에너지 섹터에서도 가격 하락이 두드러졌다. 1970년대에는 유가가 1,000% 넘게 상승했다. 이후 새로운 유전에서 추출된 석유가 시장에 들어오기 시작했다. 북해산 석유가 시장에 유입되기 시작한 것이다. 알래스카와 멕시코산 석유도 시장에 들어오기 시작했다. 동시에 현명하게도 세계가 석유 소비를 줄이기 시작했다. 지미 카터가 스웨터 차림으로 난롯가에 앉아 있는 모습이 TV에 나왔고, 사람들은 온도조절기 스위치를 낮추었다. 소형차가 세계 전역을 누비기 시작했다. 수요가 감소하고 공급이 증가하자, 유가가 18~19년 동안 하락했다. 1990년대 내내 원자재 약세장이 이어졌다.

이것이 고전 경제학이다. 고물가에 대한 해결책은 고물가다. 항상 효과를 발휘하는 방법이다.

사실 상품은 주식보다 이해하기 쉽다. IBM은 아무도 이해할 수 없다. 심지어 IBM 회장도 이해할 수 없다. IBM은 종업원, 제품, 부품, 공급자, 경쟁자, 정부, 재무상태표, 노조 등 수십만 가지 요소를 다뤄야 한다. 반면에 면화는 아주 간단하다. 단지 면화가 지나치게 많은지, 아니면 지나치게 적은지만 알면 된다. 면화는 연준의장이 누구인지 상관하지 않는다. 그러나 IBM의 CEO는 알아야 하며, 관심을 기울여야 한다. 물론 면화가 남는지 부족한지를 파악하는 일도 절대 쉽지 않다. 그러나 질문 자체는 단순하며, 이 질문 하나에만 집중하면 된다.

나는 상품펀드를 만들려고 직접 지수를 개발해야 했다. 다른 상품지수가 있긴 했지만, 구조가 부실해서 내 돈을 넣을 수가 없었다. 나머지 지수들도 종목 구성의 다양성이 매우 부족했다. 예를 들어 골드만삭스 상품지수는 약 3분의 2가 에너지였다. 무슨 지수가 이 모양인가? 차라리 석유에 투자하는 편이 나을 것이다.

더 중요한 사실은 지수 구성이 매년 바뀌었다는 점이다. 예를 들어 한 해에는 26%였던 가축의 비중이 몇 년 뒤에는 4%로 바뀌었다. 이런 식이라면 3~4년 뒤에는 어떤 종목을 보유하게 될지 알 도리가 없었다. 골드만삭스 역시 마찬가지였다. 그리고 투자하는 돈은 고객의 돈이 아니라 내 돈이었다. 골드만삭스는 자사 고객들을 상대로 폭넓게 차익거래를 했다. 나는 고객이 없었다. 내게는 나를 대신해서 그리고 나와 함께 투자하는 고객을 대신해서 돈을 벌어줄 상품이 필요했다.

다우존스 상품지수 역시 수시로 구성이 바뀌었다. 게다가 알루미늄의 비중이 밀보다 높았다. 세상에는 알루미늄을 사용하기는커녕 구경도 못해본 사람이 많다. 그러나 밀은 모든 사람에게 필요하다. '로이터/제프리Reuters/Jeffferies' CRB 지수도 살펴보았는데, 오렌지주스와 원유의 비중이 똑같았다. 모든 지수에서 나타난 또 다른 문제는 지리적 편협성이었다. 대부분 지수가 자신의 표준시간대에 거래되는 상품만 반영했다. 이들은 런던과 미국에서 거래되는 상품만 다루었다. 이런 지수를 이용해서 어떻게 제대로 투자할 수 있을지 이해가 되지 않았다. 심지어 도박만도 못했다. 도박이라면 카드 한 벌에 몇 장이 들어 있는지는 알 수 있다.

내가 지수 개발에 착수한 시점이 1998년 8월 1일이었는데, 돌이켜보니 매우 놀라운 시점 선택이었다. 우연히도 19년간 이어진 약세장이 바닥을 치기 4~6개월 전이었다. 나는 시점 선택이 그다지 신통치 않으며, 단기 트레이딩에도 능숙하지가 않다. 그러나 이번에는 내 계산이 정확히 맞아떨어졌다. 내가 그동안 투자에서 거둔 성공은 모두 주요 변화와 추세 전개에 주의를 집중한 덕분이었다. 앞에서도 말했지만, 나의 판단은 대개 1년이나 2년, 심지어 3년까지 앞서갔다. 이번에 적중한 것은 두드러진 예외였다.

이제 상품 약세장이 끝나고, 강세장이 막 시작되려는 참이었다. 로저스 국제상품지수는 원자재에 일관되게 투자하는 광범위 지수로서, 13개 국제 거래소에 상장된 36개 상품으로 구성하였다. 이 지수는 처음부터 다른 상품지수보다 복리수익률이 높았다. 2012년 8월 RICI(로저스 국제상품지수)의 총수익률은 281%였다. 같은 기간 S&P는 총수익률이 62%였다.

나는 페이지와 차로 세계일주하는 동안, 골드만삭스의 이코노미스트 짐 오닐Jim O'Neill이 '브릭스BRIC'라는 용어를 만들어냈다는 전화를 받았다. 2001년 발간된 논문에서 그는 장차 세계의 주도권이 G7에서 신흥국들, 구체적으로는 브라질, 러시아, 인도, 중국으로 넘어갈 것으로 예측했다. 페이지와 나는 (세계 육지 면적의 4분의 1과 인구의 40%를 차지하는) 이 네 나라를 모두 횡단할 예정이었는데, 오닐은 21세기 중반에는 이들의 경제 규모 합계가 현재 선진국들의 경제 규모 합계를 넘어설 것으로 보았다. 물론 그는 아무것도 모르면서 한 말이었다. 이후 나는 계속해서 그에게 지적했으며, 이 책을 쓰는 최근까지도 그의 바로 앞에서 이런 주장을 고수하면 세상에 대한 무지가 드러날 뿐이라고 말했다. 그러나 그는 이 주장을 굽힐 수 있는 처지가 아니다. 이 목마를 타고 유명인사가 되었으므로, 목마가 망가지기 전에는 절대 내리지 않을 것이다.

중국의 성공을 예측했다고 해서 그를 똑똑한 사람으로 인정할 수는 없다(네 나라 중 그가 방문했던 나라는 중국 하나뿐이었다). 그 무렵에는 중국 경제의 발전 추세가 이미 모든 사람의 레이더망에 나타나고 있었다. 나는 1988년 오토바이로 중국을 처음 횡단한 이후 10년 넘게 중국에 관한 글을 쓰고 방송도 하고 있다.

오닐은 브라질의 역사에 무지한 탓에 현재 브라질 경제 번영이 거의 전적으로 상품 강세장 덕분이라는 사실을 무시하고 있다. 그러나 다른 강세장과 마찬가지로, 상품 강세장도 끝나게 되어 있다. 외국인 토지 소유 제한, 외환 통제, 고율의 관세 부과, 강화되는 보호무역주의 등 (정치인들이 필연적으로 손대는 어리석은 정책) 모두가 장차 브라질의 생산성을 떨어뜨릴 나쁜 조짐들이다. 브라질 사람들 자신은 이렇게 말한다.

"브라질은 장차 위대한 국가가 될 것입니다. 브라질은 항상 위대했고, 앞으로도 항상 위대할 것입니다."

그러나 이런 주장을 전혀 입증하지 못하는 이유에 대해서는 이렇게 말한다.

"브라질은 하느님이 선택한 나라이고, 하느님이 가장 사랑하는 나라입니다. 문제는 하느님이 나라 운영을 브라질 사람들에게 맡겼다는 점입니다."

러시아의 경제 번영도 마찬가지로 상품 강세장에 좌우되며, 역시 일시적인 현상에 불과하다. 러시아는 현재 세계에서 최악의 상황에 직면하고 있다. 출산율이 매우 낮아서 인구 문제가 매우 심각하며(인구 노령화가 빠르게 진행 중), 러시아를 떠나는 사람들의 숫자가 증가하면서 상황이 더 악화하고 있다. 구소련에서 불청객으로 살아가는 수많은 러시아 소수민족들을 러시아로 강제 귀환시키지 않는다면, 문제는 더욱 심각해질 것이다.

게다가 러시아 사람들은 기대수명도 다른 나라 사람들보다 짧다. 그런데도 오닐의 주장이 사람들의 관심을 끌었다는 사실이 도무지 이해되지 않는다. 나는 이미 경제가 마비된 러시아는 계속 해체될 것으로 본다. 서로 다른 민족, 종교, 언어로 구성된 러시아 외곽의 여러 지역에서 분리독립 움직임이 일어나고 있다. 러시아 정부의 태도 변화에 대해서는 분명히 낙관적으로 생각하고 있지만, 계속해서 지켜볼 필요가 있다.

반면에 인도에서는 높은 출산율이 오히려 문제가 될 수 있다. 머지않아 인도 인구가 (국토 면적이 3배인) 중국 인구를 넘어설 것으로 예상된다. 인도는 국민을 모두 먹여살릴 능력이 없다. 이미 인도는 현재 인구조차 먹여살릴 수 없는 것으로 드러났다. 인도는 농업 생산성을 높여야 하지만, 정부 정책은 이를 가로막고 있다. 인도 농부들은 토지를 최대 5헥타르(5만 제곱미터)까지만 소유할 수 있기 때문에 대량생산을 통한 규모의 경제가 거의 불가능하다. 농촌 지역의 인프라도 매우 부실해서, 풍년임에도 농산물이 시장으로 운송되기 전에 썩어버리고 만다. 정부가 부패하고 무능한 탓에 인도는 어느 나라보다도 억압적인 관료주의의 늪에 빠져 있다.

오늘날 지도에 나타나는 인도의 모습은 1947년에 이르러서야 만들어졌다. 영국인들이 인도 통치 쇠퇴기에 인도를 빠져나오면서 허둥지둥 만들어낸 모습이다. 다양한 언어와 종교로 이루어진 수많은 소수민족을 한울타리에 넣어 영국이 임시방편으로 국경을 만든 탓에, 인도 안에서는 다툼이 끊이질 않는다. 인도에서 이슬람교도는 여전히 소수파에 불과하나 인구가 10억 명이나 되는 까닭에 인도는 세계에서 손꼽히는 이슬람교 대국이 되었다. 그리고 이슬람교도와 다수파인 힌두교도는 지금도 서로 학살을 자행하고 있다.

그러던 중 1947년 독립했을 때, 인도는 세계에서 비교적 성공적인 민주국가였다. 그러나 민주주의 국가임에도, 아니면 민주주의인 탓에 인도는 잠재력을 전혀 발휘하지 못했다.

중국은 1980년까지도 비틀거리고 있었고, 인도가 훨씬 앞서가고 있었다. 그러나 이후 중국은 인도를 그야말로 압도했다. 중국은 국경을 열고 경제를 세계에 개방했다. 월마트는 중국 전역에 매장을 보유하고 있다. 그러나 보호주의 국가인 인도에서는 외국인들이 매장을 열 수 없다. 왜냐하면 국가안보를 위협하는 것으로 간주하기 때문이다. 중국이 부상함에 따라 인도는 상대적으로 쇠락하고 있다. 인도의 GDP 대비 부채비율은 현재 90%로 증가하여, 높은 성장률을 달성하기가 사실상 불가능하다.

짐 오닐이 인도에 가보지도 않고 인도의 장점을 찬양하는 동안, 페이지와 나는 두 달 반에 걸쳐 자동차로 인도를 횡단했다. 멍청한 사람은 짐 오닐만이 아니었다. '세계경제 전문가' 모건 스탠리의 아시아 회장 스티븐 로치도 2004년 처음 인도에 다녀온 이후 인도를 극찬했다. 그는 아그라Agra시(빠뜨리면 안 되는 명소)에 있는 타지마할Taj Mahal 방문을 설명하면서, 델리에서 이곳까지 차로 다섯 시간이나 걸린 탓에 길에서 다양한 고초를 겪었다고 말했다. 하지만 그 거리는 겨우 200킬로미터였다. 그러나 사흘간의 방문으로는 로치가 알 수 없었겠지만, 델리에서 아그라까지는 언제나 다섯 시간이 걸린다. 그것도 큰 사고가 나지 않을 때 얘기다. 월스트리트에서 현자로 통하는 사람의 전문성이 이 정도 수준이다.

2001년이 되자 월스트리트 사람들은 누구나 인도 출신을 적어도 한 사람은 알게 되었다. 인도 사람들이 파생상품 부서를 도맡아 운영하고 있었기 때문이다. 1990년대 말 나는 두 회사에서 근무하는 고위 임원 두 사람과 점심을 먹은 적이 있다. 두 사람은 트레이딩 부서에서 진행되는 온갖 일에 대해 말하던 중, 파생상품에 관한 이야기를 시작했다.

한 사람이 말했다.

"파생상품을 다루려면 어떻게 해야 하지?"

다른 사람이 대답했다.

"인도 사람을 구하면 돼."

인도에는 대학이 몇 개 없으며, 인구 규모를 고려하면 매우 부족해서, 야심 찬 인도 사람들은 해외 유학을 선택해야 한다. 그래서 학위를 따러 미국으로 오는 사람이 매우 많다. 인도 사람들은 대개 수학과 공학을 전공했고 재무관리에 관심이 많았으므로, 뉴욕 금융회사의 트레이딩룸, 거래관리부서 Back Office, 자산운용부서에서 근무하면서 수학적 재능을 이용하여 당시 인기가 치솟던 파생상품을 만들어내고 있었다.

따라서 2001년에는 모든 회사의 조직도에 인도 사람들이 들어가 있었고, 다소 우둔한 월스트리트 사람들은 인도에서 뭔가 대단한 일이 진행되는 것으로 생각하기 시작했다. 짐 오닐은 인도도 중국처럼 떠오르는 별이 될 것으로 추정했다. 지도를 펼쳐보니 두 나라가 국경을 맞대고 있었다. 둘 다 대국이었고, 인구가 많았다(생각해보니 브라질과 러시아도 그랬다). 그러나 인도에 가보지도 않고 모건스탠리 아시아 회장이 된 스티븐 로치와 마찬가지로, 그도 더는 아는 바가 없었다. 그래도 칭찬할 만한 대상은 칭찬하기로 했다. 마침내 그는 브라질(B)razil, 러시아(R)ussia, 인도(I)ndia, 중국(C)hina의 앞 철자를 따서 브릭스BRICs를 만들어냈다(나는 간혹 두 사람의 의견에 반대하지만, 지금도 두 사람을 여전히 좋아한다. 내가 논평하는 대상은 이들의 투자에 관한 이른바 '국제 지식'이다).

Chapter 07

허드슨 강변 주택

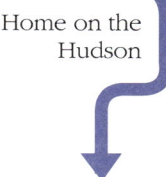

Home on the Hudson

밀레니엄 모험을 주제로 나는 두 번째 저서 『어드벤처 캐피털리스트Adventure Capitalist』를 쓰기로 했다. 여행을 마치고 돌아온 지 17개월 뒤(처음 8개월 동안은 방역제도에 의해 여러 백신을 맞으며 보냈다), 페이지는 뉴욕에서 첫딸인 힐턴 오거스타 파커 로저스(해피)를 낳았고, 나는 처음으로 아빠가 되었다. 둘째 딸 비랜드 앤더슨 파커 로저스(베이비 비)가 태어나기 전, 페이지와 나는 뉴욕 집을 팔고 아시아로 이사할 계획을 세우기 시작했다.

1976년에 구입한 뉴욕 집에서 30년 동안 살았다. 로이스와 결혼했을 때, 나는 로이스가 임대한 맨해튼 아파트에서 살았었다. 당시 로이스는 콜롬비아대학에서 공부했고, 나는 포트 해밀턴에서 복무했는데, 아파트 생활이 도무지 마음에 들지 않았다. 그리고 이혼

후 나는 신문 부동산 광고를 샅샅이 뒤졌고, 주말에는 적당한 주택을 찾기 위해 오토바이를 타고 뉴욕과 인접한 3개 주를 돌아다녔다. 내가 살던 아파트는 리버사이드 드라이브에 있었는데, 위치는 정말 마음에 들었다. 리버사이드 드라이브는 허드슨 강변인 동시에 공원 옆이었다. 나는 강을 내려다보거나 전면에 공터가 있는 집을 찾아, 뉴저지와 코네티컷은 물론 다섯 개 자치구도 모두 돌아다녔다. 나는 둘 다 갖춘 집은 거의 기대하지 않았으며, 그런 집이 있더라도 바로 근처에서 찾으리라고는 전혀 예상하지 못했다.

1976년 말 어느 날 리버사이드 드라이브에서 자전거를 타던 중, 함께 자전거를 타던 여자가 방금 지나온 5층짜리 건물을 가리키며 말했다. "저 집 빈 것 같아요." 일반 주택이 아니라 타운하우스 둘이 맞붙은 건물이었는데, 각각 북쪽과 남쪽에 뜰이 딸려 있었다. 도심 방향 타운하우스에 인접한 건물에도 뜰이 있어서, 남쪽으로 약 12미터 공터가 나왔다. 건물이 큼직하고 아름다워서 인상적인데다가 비어 있었다. 나는 시청에서 부동산 소유주를 찾아낸 다음, 내 주소가 적힌 우편엽서를 동봉하면서 팔려는 물건이라면 내가 관심이 있다는 취지의 편지를 보냈다.

이 부동산은 가톨릭교회 소유였다. 미국에서 가장 오래된 예수회 신학대학인 우드스탁 칼리지 건물이었는데, 1969년 메릴랜드 우드스탁에서 맨해튼으로 이전했으나, 재정난 때문에 (당시 활기차고 멋진 뉴욕시에 신학대학생들을 뺏긴 이유도 있음) 1974년 문을 닫았다. 이후 교회는 건물을 매물로 내놓았으나 팔리지 않았다. 이는 건물의 북쪽 절반은 1930년대에 아파트로 개조하였으나, 남쪽 절반은 1899년에 지은 단독주택 형태로 여전히 남아 있었기 때문이다(당시는 뉴욕이 호황이어서, 거주면적이 900제곱미터에 이르는 거대 주택도 잘 팔렸다). 교회는 이 주택을 아파트와 묶어서 팔 수밖에 없다고 판단했다.

내가 눈독을 들인 것은 남쪽 주택이었다. 그러나 북쪽 아파트까지 묶어서 사면 아파트 매수자를 찾을 수 있을지 걱정스러웠다. 나는 아파트 10가구를 개조할 시간이나 열정, 노하우가 없었다. 당시 나는 월스트리트에서 하루 열다섯 시간씩 일하면서 헤지펀드를 운용하고 있었다. 아파트를 팔거나 임대해서 돈을 벌 수도 있었겠지만, 내게는 엄청난 시간 낭비가 될 터였다. 나는 부동산 사업을 하는 친구 도널드 포터에게 이 건물의 훌륭한 구조를 설명해주었다. 그는 이 건물을 살펴본 다음, 북쪽 절반을 사기로 했다. 당시는 인플레이션이 극심했으므로 전국 부동산이 폭락 중이었고, 금리는 하늘로 치솟았다. 따라서 장기 부동산 담보대출을 구하기도 어려웠으나, 교회는 부동산을 팔게 되어 무척이나 기뻤던 나머지 매우 낮은 금리로 30년짜리 담보대출까지 제공했다. 도널드는 즉시 개조에 착수하였고, 결국 주택조합 형태로 매각했다. 나는 남쪽 주택으로 이사했다.

나는 당분간 집에서 대충 지내본 다음, 수리하고 가구도 들여놓을 계획이었다. 나는 출세하려고 월스트리트에서 발버둥치는 상황이었으므로, 시간도 없었고 이렇게 넓은 공간에서 살아본 적도 없었다. 지금까지는 침실이 하나뿐인 아파트에서 이렇다 할 가구도 없이 살아왔는데, 새로 마련한 집은 20세기 말에 지은 무려 900제곱미터(약 300평)짜리 텅 빈 5층짜리 건물이었다.

나는 집을 산 다음 밤에 살펴보러 간 적이 있었다. 집이 너무 어두워서 플래시를 가져가야 했다. 살펴보고 나서, 나는 길모퉁이 철물점에 가서 전구를 200달러어치나 샀다. 철물점 주인은 한꺼번에 이렇게 많은 전구를 팔아본 적이 없었다. 1977년에는 200달러로는 매우 많은 전구를 살 수 있었는데, 집이 너무 넓어 많은 전구로도 아주 일부의 장소만 밝힐 수 있었다. 어느 날 밤 나는 여자 친구와 그녀의 친구 몇 사람을 집에 데려왔는데, 그 친구 중 한 명이 이렇게 말했다. "이렇게 큰 집이 비어 있으니, 다가오는 참회 화요일Mardi Gras 파티에 안성맞춤이네요."

우리는 그날 모였던 사람들로 '사우스하우스 크루South House Krewe'라는 모임을 만들었다. 변호사, 콜롬비아대학 교수, 은행가와 기자 셋, 월스트리트 사람 둘이었다. 그리고 참회 화요일 가장무도회를 열었다. 이 무도회는 연례행사가 되었고, 뉴욕에 널리 알려졌다. 우리는 각자 몇 사람씩 초대하기로 하고, 멋진 초대장도 보냈다. 예상대로 시간이 흐르면서 무도회에 대한 이야기가 퍼졌고, 초대받지 않은 사람들도 찾아오기 시작했다. 우리는 이들을 돌려보내지 않았다. 너무 야박했기 때문이다. 그래서 무도회는 어떤 면에서 우드스탁 축제처럼 되었다.

예수회가 예배실로 쓰던 방은 거실로 개조했다. 여덟 개 벽난로 중 하나는 제단이었다. 화려한 계단을 따라 올라가면 왼쪽에 식당이 있었고(중간 크기 방), 오른쪽에 있는 육중한 마호가니 문을 열고 들어가면 예배실이었다. 제단은 여전히 그 자리에 두었지만, 벽에서 떼어놓았다(결국에는 벽난로를 다시 열고 벽난로 선반도 설치했다). 우리는 문을 떼어내고 예배실을 개방하여 파티장으로 만들었고, 밴드는 이 거실에서 연주하게 했다. 식당에는 바를 차렸다.

우리는 6년 동안 해마다 파티를 열었는데, 내가 6년 동안 개조 계획을 세우지 못했기 때문이다. 그러나 일단 개조와 실내장식이 진행되면서는 파티를 열 수가 없게 되었다. 그해에도 참회 화요일 날, "파티 몇 시에 시작하나요?"라고 묻는 전화를 여러 통 받았다. 그날 밤 사우스하우스 크루 모임 창립회원들은 우리 집에서 정장차림으로 만찬을 했는데, 무도회 의상을 차려입은 사람들이 찾아와 밤새 초인종을 눌러댔다.

은퇴하고 2년이 지난 1982년, 나는 주택 개조에 착수할 수 있었다. 집의 곳곳에 주로 마호가니와 오크로 만든 아름다운 목공예품이 있었는데, 나는 목수를 고용해서 이들을 복구했다. 때로는 나무의 칠을 먼저 벗겨내야 했다. 예수회 사람들은 주택의 미관에는 관심이 없었다. 이들은 천국으로 가는 일에만 집중했으며, 천국을 지상에 재현하려고 하지 않았다. 그래도 인프라는 탁월하게 관리했다. 건물은 튼튼했고, 파이프와 배선 상태가 모두 매우 양호했다. 청소하고 광을 내는 것만으로 충분했다. 나는 건축가와 실내장식가를 고용했고, 실내장식가와 함께 침실 10개에 가구를 들여놓기 시작했는데, 일부는 서재와 당구장으로 용도를 변경했다. 나는 5층까지 운행하던 엘리베이터를 지붕까지 연장했고, 지붕에 바닥을 깔아 온수욕조, 한증탕, 야외주방을 설치하여 오락 용도의 주거공간으로 만들었다. 뒤뜰에는 바비큐 화덕도 설치했다. 우리 집을 방문한 〈뉴욕 포스트New York Post〉 음식 비평가는 맨해튼에서 본 유일한 붙박이 바비큐 화덕이라며 감탄했다.

나는 이 건물을 미국에서 하나뿐인 주택으로 만들어갔다. 모든 것을 내가 원하는 대로 바꿔나갔다. 한 번은 어떤 부부가 아이들을 데리고 찾아와 오후에 서너 시간 머물렀는데, 어린 소년은 이렇게 물었다. "언제 뉴욕에 돌아가요?" 그의 가족은 아파트에 살고 있었으며, 그가 아는 사람들 모두 아파트에 살고 있다. 그 소년은 뉴욕시를 벗어났다고 생각했던 것이다. 리버사이드 드라이브에 있었는데도 말이다. 이렇게 완벽한 장소는 두 번 다시 못 찾을 듯싶다.

밀레니엄 모험 여행에서 돌아온 이후, 페이지와 나는 중국이 차기 패권국이라고 더욱 확신하게 되었다. 나는 중국을 처음 횡단한 이후, 중국에 관해서 계속 글을 쓰고 강연을 했다. 또 TV에 출연할 때마다 자녀에게 표준 중국어를 가르치라고 조언했다. 이제 나도 아버지가 되었으므로, 내가 했던 조언을 따를 때가 되었다.

나는 줄곧 국제 투자를 하고 세계를 누비며 여행하면서 외국어에 능통하지 못해서 항상 무력감을 느꼈다. 낯선 곳을 방문할 때마다 나는 통역자에게만 의존하는 탓에 중요한 기회를 놓치고 있다는 생각이 들었다. 모두가 알 듯이 통역 과정에서 상당히 많은 의미가 유실된다. 언어 장벽이 내게는 매우 절실하게 다가왔다. 그리고 모든 부모가 자신이 인생에서 부족했던 점이나 놓친 기회를 자녀에게서 보상받으려 하듯이, 나는 두 딸이 이런 약점을 안고 인생을 출발해서는 절대 안 된다고 생각했다.

나는 데모폴리스 고등학교에서 2년 동안 불어를 배웠다. 예일대학에서도 외국어 학점을 이수해야 했으므로, 마찬가지로 고등학교에서 2년 동안 불어를 배운 학생들과 함께 수업을 들었다. 프랑스 사람이 불어로만 수업을 진행했는데, 나는 도무지 알아들을 수가 없었다. 앞에서도 말했듯이, 나는 예일대학에서 불안감을 심하게 느꼈다. 다른 학생들 모두 나보다 좋은 교육을 받았고, 집안도 더 좋았다. 사립고등학교를 나온 사람이 많았고, 부유한 지역 출신이 매우 많았다. 나는 항상 뒤처지는 느낌이었다. 이런 경험 때문에 나는 외국어 교육을 더 중시하게 되었다.

여행하는 동안 나는 언어를 무의식적으로 알고 모국어로 말할 때의 이점, 즉 자연스럽게 본능적으로 말할 때의 이점을 눈으로 보았다. 이러한 점은 외국생활을 통해서 확신하게 되었다. 유죄 판결을 받은 중죄인이더라도 그 나라 언어에 능통하면, 그 나라 말에 서툰 박사, 억만장자, 외교관 못지않은 위치에 서게 된다. 그리고 대화 과정에서 소외될 수밖에 없는 세 사람보다 더 관심을 끌고 신뢰를 얻게 된다고 말이다. 나는 내 아이들이 외국어에 능통한 정도가 아니라 모국어처럼 말하게 하겠다고 결심했다.

어쩌면 내 두 딸이 볼리비아로 이사 가서 평생 중국어를 안 쓰게 될지도 모른다. 2개 언어를 사용한다고 해서 반드시 성공하는 것은 아닐 것이다. 중국어와 영어를 사용하면서도 그다지 성공하지 못한 접시닦이도 있을 것이다. 2개 언어를 완벽하게 구사하면서도 전혀 성공하지 못한 사람을 나는 수백 명이나 만나보았다. 다만 내가 알기에 이중언어 사용은 흔치 않은 능력이며, 똑똑하고 의욕적이며 끈질긴 사람에게는 커다란 이점이 될 것이다. 브라질이 장차 가장 중요한 나라가 된다고 내가 생각했다면, 아마도 두 딸에게 포르투갈어를 가르쳤을 것이다. 그리고 아마도 우리는 남미에서 살고 있을 것이다.

뉴욕에서 우리는 표준 중국어를 쓰는 셜리 니라는 중국인 여자를 해피의 가정교사로 고용했다. 그리고 2006년에는 맨해튼에서 세 살짜리 어린이에게 중국어를 가르치는 유일한 학교인 '세인트 힐다 앤드 세인트 휴고 St. Hilda's & St. Hugh's'에 해피를 입학시켰다. 그러나 이곳 아이들은 일주일에 겨우 한 시간만 중국어로 말했다. 이는 시작에 불과했고, 곧 더 큰 문제들이 드러나기 시작했다. 내가 만난 중국인 중에는 8~9세 된 자녀에게 중국어로 말하면, 자녀는 영어로 대답하는 경우가 많았다. 학교 사람과 친구들 모두 영어로 말했으므로, 아이들은 중국어가 멋지지 않다고 생각했다. 그리고 다른 아이들처럼 고집을 부렸다. 하루는 두세 살이었던 해피가 공원에서 돌아와 말했다. "나 스페인어로 말하고 싶어." 리버사이드 공원에는 스페인어를 사용하는 사람이 많았다. 유모는 거의 푸에르토리코나 중앙아메리카 출신이었으므로, 아이들도 모두 스페인어로 대화했다. 해피는 중국어를 썼으므로 소외감을 느꼈던 것이다.

해피를 뉴욕에서 키우면 중국어를 절대 모국어처럼 말하지 못할 것이 분명해졌다. 해피가 정말로 중국어를 모국어처럼 쓸 수 있으려면, 중국어로만 의사소통이 되는 곳에서 키워야 한다고 우리는 판단했다. 해피가 어느 날 갑자기 "나 중국어 안 할래"라고 말할 수 없는 곳이어야 한다. 중국어를 쓰는 도시에서는 그런 말을 하지 못할 것이다. 이런 판단을 내린 시점은 우연히도 미국이 심각하게 쇠퇴하는 시기와 일치했다. 국가의 부채가 무서운 속도로 증가하고, 외교 정책은 무책임하며, 뉴욕시 재정은 무절제한 모습을 보였다. 장래에는 뉴욕에서 살기가 그다지 즐겁지 않을 터였다. 이 모든 상황을 종합했을 때, 이제 오래 살던 곳을 떠나 아이들에게 새로운 기회를 만들어주는 편이 합리적이었다. 그래서 집을 매물로 내놓고, 아시아에서 살 곳을 찾아보기 시작했다. 전에는 아이들 때문에 이사하는 부모를 비웃던 내가, 이제는 똑같은 짓을 하고 있었다.

Chapter 08

서브프라임 사태의 진정한 이유

The Largest Debtor
Nation in History

집을 팔았을 때, 나는 '판매자의 후회'를 심하게 느꼈다. 이렇게 훌륭한 집에서 다시는 살지 못할 것으로 생각했기 때문이다. 이런 집은 세상에 거의 없다. 나는 계속 생각했다.

"나는 방금 해피의 타고난 권리를 팔아버렸다. 내가 가로채서 팔아버린 것이다. 해피는 다시는 이 집에서 살지 못할 것이다."

나는 매도 계약서에 이 부동산에 대한 우선 구입권을 내가 갖는다는 조항을 넣었다. 다시 살 수 있는 기회를 확보하고 나니, 매도의 고통이 조금 줄어들었다.

2007년 당시 나는 주택시장에 거품이 끼었다고 강하게 주장했다. 내가 집을 보유한 지난 30년 동안 부동산 가격이 계속 상승했으므로, 나는 시장이 정점에 도달했다고 확신했다. 그래서 주택건설

주를 공매도했다. 패니메이도 공매도했다. 매주 TV에 출연해서 주택시장이 붕괴한다고 공개적으로 예측했다.

페이지가 말했다.

"부동산에 대해서 입 좀 다물 수 없어요? 언론에 나올 때마다 주택거품 이야기를 하는데, 멈출 수 없나요? 우린 이 집을 팔아야 하잖아요!"

우리는 시장이 정점에 도달했을 때 집을 팔았다. 우리가 집을 판 직후 시장이 붕괴했다. 오늘 그 집주인이 내게 집을 팔려고 한다면, 십중팔구 내가 산 가격보다 낮은 가격을 제시할 것이다. 그러나 지금은 그 집을 절대로 되사지 않을 것이다. 다시 뉴욕에 사는 것은 상상할 수도 없기 때문이다.

우리는 매년 적어도 한 번은 미국을 방문한다. 그 이유는 90대인 어머니와 장인 장모를 보러 가기 위해서이다. 가는 길에 뉴욕에 사는 친구들도 방문하는데, 뉴욕에서는 호텔에 머문다. 뉴욕은 내가 세상에서 가장 좋아하는 도시였으며, 지금도 내가 좋아하는 도시 중 하나다. 그러나 내가 뉴욕을 무척 사랑하긴 하지만, 명백한 사실을 간과할 수는 없다.

아시아에서 몇 년 살고 보니, 뉴욕 공항으로 갈 때에는 제3세계 공항으로 가는 기분이다. 공항에서 제3세계 택시를 타고, 제3세계 고속도로를 달리며, 뉴욕의 5성급 호텔에 묵어도 제3세계 5성급 호텔에 묵는 기분이다. 뉴욕의 5성급 호텔은 아시아의 5성급 호텔을 따라가지 못한다. 인프라와 교통 등 다른 분야도 모두 마찬가지다. 뉴욕은 이제 예전 같지 않다. JFK공항은 이제 당혹스러울 정도다. 상하이나 홍콩이나 싱가포르에 가보라. 활기 넘치는 전혀 다른 세계가 펼쳐진다.

물론 패권국으로 떠오르는 나라들이 항상 그랬듯이, 중국도 수많은 문제에 직면할 것이다. 미국이 패권국으로 부상할 때에도 그랬다. 커다란 퇴보, 장기 내전, 여러 번의 불황, 인권 탄압, 법 집행 중단, 대량학살, 정치 부패 등 19세기에는 미국인 대부분이 투표조차 할 수 없었다. 시민권이 거의 없었고, 국회의원을 사고팔 수도 있었다. 지금도 국회의원을 사고팔 수 있지만, 당시에는 더 쌌다. 오늘날 국회의원 한 사람을 살 돈으로, 당시에는 네댓 명을 살 수 있었다. 미국이 20세기 최고 성공 국가가 되기 직전인 1907년에는 전체 시스템이 붕괴했다. 마찬가지로 중국도 퇴보할 때가 올 것이다. 그렇더라도 궤도는 명확하다.

아시아에 있으면 흥분을 감지할 수 있다. 문을 열고 나서면 아시아가 전진하는 느낌을 받는다. 미국에서는 이제 사라져버린 역동성과 흥분을 아시아에서는 느낄 수 있다. 전에는 뉴욕에서 이런 기분을 느꼈지만, 이제는 느낄 수가 없다. 그러나 아시아의 모든 지역이 그런 것은 아니다. 델리에서는 그런 기분을 느끼지 못했다. 그러나 홍콩에 가서 음식점에 들어가고, 거리를 걸어보면, 이곳이 바로 그곳이라는 아주 멋진 느낌이 온다. 뉴욕에서도 가끔 그런 기분을 느낄 수 있지만, 이런 기분이 넘쳐나는 아시아만큼은 아니다.

뉴욕은 현재 세계 최대 채무국이자 세계 역사상 최대 채무국의 경제 및 문화적 수도다. 세계 최대 채권국들은 아시아에 있다. 자산도 아시아에 있다. 중국, 일본, 타이완, 한국, 싱가포르, 홍콩이야말로 역동성과 활력이 넘치는 곳이다. 이곳은 저축률과 투자율이 높다. 이 글을 쓰는 현재 중국은 저축률과 투자율은 30%가 넘는다. 싱가포르는 1980년대 내내 40%가 넘은 덕분에 지금과 같은 성공신화를 만들어낼 수 있었다.

카를 마르크스조차 자본, 저축, 투자가 없으면 경제 발전이 어렵다는 사실을 이해했다(마르크스는 국가가 자본을 축적하고 투자하면 국가가 성장하고 국민이 부유해진다고 가정했다. 하지만 이는 완전히 틀린 생각으로 밝혀졌다. 그래도 자본 개발에 대한 생각은 옳았다). 미국의 저축률이 지금은 4%이지만, 지난 10년 동안은 대부분 2% 안팎이었고, 마이너스가 된 적도 두 번 있었다. 1차 세계대전 이후 영국이 그랬던 것처럼, 미국도 자본을 빠른 속도로 소모하고 있다.

1987년까지만 해도 미국은 채권국이었다. 2차 세계대전이 끝나던 1945년, 미국은 거뜬히 일어서서 세계 최대 채권국이 되었다. 그러나 겨우 3세대 만에 미국은 세계 최대 채무국이 되었고, 파산을 면하기 어려워졌다. 2차 세계대전이 끝날 때, 미국은 부채가 많았지만, 축적된 자본도 엄청나게 많았다. 그 이유는 미국인들은 전쟁과 대공황 기간에도 이 돈을 다 쓸 수 없어서, 저축할 수밖에 없었던 것이다. 15년 동안 수요가 억제되어 축적된 상태였다.

2차 세계대전 이후 미국은 유휴설비로 이 수요를 충족시킬 수 있었고, 1960년대 중반까지 개인과 기업의 저축률이 계속 높았던 덕분에, 미국은 재정을 건전하게 유지할 수 있었다. 미국인들이 저축을 소비하기 시작하자 투자가 증가했고, 경제가 성장했으며, 장기간 번영이 이어졌다. 그리고 이 기간에 정부는 부채를 상환할 수 있었다. 그러나 오늘날 미국은 엄청난 부채에 직면하고 있으나, 이에 대처할 저축이 없다.

19세기 말부터 1914년까지 미국은 채무국이었다. 미국이 차입한 막대한 자금은 운하, 공장, 철도 등으로 투입되었다. 현명하게 투자하거나 다른 자산을 보유하기만 한다면, 차입은 문제될 것이 없다. 마침내 미국은 부채를 상환하고 채권국이 되었으며, 건전한 투자로부터 보상을 거둬들여 20세기 최대 성공 국가가 되었다.

그러나 지금 미국은 차입한 돈을 군사장비에 쓰고 있으며, 이런 군사장비는 햇볕 속에서 녹슬고 있다. 군사장비를 만드는 사람은 돈을 벌고 있지만, 그 외에는 이득을 보는 사람이 아무도 없다. 운하나 철도와는 달리, 군사장비는 지속적인 생산의 원천이 되지 못한다. 현재 미국은 차입 자금을 이전 지출에 쓰고 있다(정부 지출의 60%가 넘으며, 정부 세입 총액보다도 많다). 이전 지출을 받는 사람들은 행복하겠지만, 이런 지출은 미래 생산성을 높여주지 못한다.

한 국가가 투자와 저축 대신 소비만 한다면, 자금을 차입해도 아무 소용이 없다. 게다가 (지나친 소비와 부채) 문제를 해결하라고 책임을 맡긴 사람들은, 그 해결책이 더 많은 소비와 부채라고 판단하고 있다.

2008년 금융위기를 불러온 사람들이 여전히 떠들어대고 있다. 어쩌면 내가 투자에서 쓴맛을 본 탓에 그들을 나쁘게 평가하는 것처럼 비칠지도 모르겠다. 그러나 주택거품이 꺼지면서 시장이 붕괴할 때, 나는 이미 대부분 주식을 현금화해놓은 상태였다. 게다가 씨티은행, 모든 투자은행, 주택건설업체, 패니메이를 공매도한 상태였다. 무능한 정치인과 월스트리트 사람들이 사실은 나 같은 사람들을 도와준 셈이다. 수많은 미국인이 평생 모은 돈을 날리는 동안, 의심 많은 투자자는 커다란 이득을 보았다(미국인들에게 엄청난 피해를 주고 구제받은 은행들의 경영진도 큰 이득을 보았는데, 이렇게 파렴치하고도 불공정한 사례는 정치인들 탓이다).

정치인과 관료들은 항상 무능하다고 생각해도 좋다. 지금까지 몇 년째 미국의 한심한 교육 현실을 확인해주는 뉴스가 수없이 쏟아져 나오고 있다. 표준 시험에서 유럽과 아시아 학생들이 미국 학생들을 앞서고 있다. 18~23세 미국 학생 중 지도에서 이라크를 찾지 못하는 사람이 63%이고, 뉴욕주를 찾지 못하는 사람이 50%이며, 미국을 찾지 못하는 사람이 11%다.

다른 조사에 의하면, 미국 독립전쟁이 게티즈버그 전투로 끝났다고 생각하는 미국 학생이 28%이고, "우리는 모든 사람이 평등하게 태어났음을 자명한 진실로 받아들인다"가 미국 독립선언문에 있음을 아는 사람이 절반에도 못 미친다. 나는 지금 조사 결과에 대해 말하고 있다. 권리장전을 구성하는 헌법 개정 다섯 가지를 열거할 수 있는 사람보다, 만화영화 〈심슨네 가족들〉의 다섯 가족 이름을 모두 열거할 수 있는 사람이 더 많다.

이제 이런 학생들이 자라서 의회를 맡고 있다. 이들은 이전 세대 정치인들보다 훨씬 무능하다. 이들 중 3분의 1은 여권을 신청해본 적도 없다(이들은 외국에서 쓸데없는 짓거리를 하려고 곧바로 여권을 발급받는다). 이런 선량(選良)들이 보유한 지식보다 미국 시민권을 신청하는 제3세계 이민자들에게 요구하는 지식(역사, 지리, 윤리)이 더 많을 정도다.

이들의 재무학과 경제학 지식도 형편없기는 마찬가지다. 상원 재무위 위원장 시절 아이오와 출신 공화당 의원 찰스 그래슬리 Charles Grassley가 금융계 사람들을 초청한 만찬에 참석한 적이 있다. 테이블에서 한 사람이 달러 약세를 걱정하면서, 어떻게 할 것인지 그래슬리에게 물었다. 그래슬리는 달러 환율이 자신이 맡은 위원회의 소관 사항도 아닐뿐더러, 걱정거리도 아니라고 대답했다. 테이블에 있던 사람 모두 어리둥절했다. 그에게 달러 약세에 대한 대비책이 없어서가 아니라(나는 시장이 스스로 길을 찾아가도록 내버려두어야 한다는 의견이다), 금융시장에 대한 무지가 드러났기 때문이다.

그는 달러 환율의 흐름을 전혀 모르고 있었을 뿐 아니라, 미국 통화의 가치가 재무위의 소관사항이거나 관심사가 되어야 한다는 사실조차 인식하지 못했다. 게다가 그는 입법부의 원로다. 그는 동료 의원들보다 앞서서 미국 교육 시스템을 거친 사람이다.

미국을 빈사 상태로 몰아넣은 정치인들은 무능력자들로 거대한 오케스트라를 구성했는데, 그중에서도 첫 번째 무능력자는 오케스트라를 19년 동안 지휘한 인물이다. 그는 바로 선출된 관료가 아니라 임명된 관료인 연준의장 앨런 그린스펀이다. 무식한 기자 밥 우드워드는 그의 저서 『마에스트로 그린스펀Maestro』에서 그린스펀을 마에스트로라고 부르며 찬양했다.

공직을 찾는 2류 월스트리트 경제학자였던 그린스펀은 약 15년 동안 워싱턴을 들락거리던 중, 그의 무능함 덕분에 1987년 마침내 레이건 대통령에게 발탁되었다. 그는 이후 세 대통령을 보좌했다. 금융완화를 지지했던 그는 상황이 긴박해질 때마다 돈을 찍어냈는데, 특히 뉴욕 금융계의 과거 동료가 절박한 상황에 몰릴 때에도 돈을 대량으로 찍어냈다.

1987년 주식시장이 붕괴했을 때 돈을 찍어냈고(그도 붕괴에 이바지했다), 1994년 멕시코 페소화 위기 때에도 다시 돈을 찍어냈다. 그는 이후 몇 년 동안 세 번 더 돈을 찍어냈다. 그는 아시아 외환위기 때에도 세계시장에 달러를 홍수처럼 퍼부었다. 당시 월스트리트 헤지펀드인 롱텀 캐피털 매니지먼트Long Term Capital Management가 파산 직전에 몰리자, 자금을 대준 뉴욕 금융 회사 사람들은 그린스펀에게 발작적으로 전화를 걸었다.

콜로라도 스프링스의 치과 기공사나 오마하의 소방관이 연준에 전화해서 그린스펀과 통화하기란 어려운 일이다. 그러나 씨티은행 CEO나 JP 모건 CEO가 전화하면, 그린스펀과 통화할 수 있다. 이제 서구 문명이 끝나게 생겼다고 말하거나 이 사고 탓에 대공황이 오게 생겼다고 말하면, 원래 현명하지도 힘이 세지도 않았던 그린스펀은 눈에 보이는 대로 모두 구제해줄 것이다. 바로 이런 식으로 그린스펀은 금융계에서 요구할 때마다 친구들을 구제해주었다.

그린스펀이 채권자 일부가 파산하게 내버려두었다면, 당연히 문제가 발생했을 것이다. 이후 틀림없이 약세장이 펼쳐졌을 것이다. 미국 기업들은 이미 이익이 줄어들고 있었다. 그러나 시장이 흘러가는 대로 내버려두었더라면, 리먼 브라더스도 여전히 영업 중일 것이고, 베어스턴스도 돌아가고 있을 것이다. 막대한 손실로 타격을 입게 된 리먼 브라더스와 베어스턴스는 무능한 직원들을 대량으로 해고했을 것이다. 재무상태표가 엉망이 되었겠지만, 결과적으로는 더 나았을 것이다. 그러나 그린스펀의 개입 덕분에 회사에 돈이 넘쳐나게 되자 이제 자신감에 넘치는 무능한 인간들은 이 돈을 매우 의심스러운 금융공학에 투입하였고, 결국 회사를 파멸로 몰고 갔다.

그린스펀은 시장이 작동하도록 내버려두지 않았다. 그는 친구들을 구제하는 편이 모두에게 이롭다는 완고한 신념으로 (낙관적 사고를 잔뜩 담아) 시장에 개입했다. 그는 공포감에 사로잡혀 단기적으로 생각했다(그린스펀 박사는 2000년 1월 1일 새 밀레니엄Y2K으로 바뀔 때 세상이 마비될 것으로 생각하여, 새 밀레니엄으로 바뀌는 시점까지 돈을 찍어냈다). 그의 최대 강점은 정치적 능력이었다.

자본주의는 사람들이 곤경에 빠져 실패했을 때 비로소 기능을 발휘한다. 똑똑하고 유능한 사람들이 와서 자산을 인수하여 재구성한 다음, 건전한 토대 위에서 다시 가동한다. 그린스펀은 파산이 발생하지 않도록 받쳐주는 방식을 썼다. 그와 정치인들은 유능한 사람들로부터 돈을 빼앗아 무능한 사람들에게 주면서 이렇게 말하고 있었다.

"정부는 당신 편이오. 이제 정부의 지원을 받으면서, 유능한 사람들과 경쟁해보시오."

이는 도덕적 해이일뿐더러(그렇다고 정치인과 관료들이 지금까지 도덕성을 추구했다는 뜻은 아니다), 경제 논리에도 맞지 않는다. 침체, 파산, 재정파탄은 산불과도 같다. 산불은 산을 완전히 파괴하지만, 덤불과 고목도 깨끗이 없애버린다. 그리고 산불이 꺼지면, 수풀은 더 건강해지는 토양 위에서 더 강하게 다시 자란다. 1942년 경제학자이자 조지프 슘페터Joseph Schumpeter는 이렇게 말했다.

"창조적 파괴 과정은 자본주의의 핵심요소다. 자본주의는 창조적 파괴 안에 존재하므로, 모든 자본가는 창조적 파괴에 관심을 기울여야 한다."

엄청난 돈을 벌어준 구형 휴대전화는 블랙베리의 창의성에 파괴되었고, 블랙베리는 애플에 파괴당하지 않았는가? 당신은 계속 공중전화를 찾아다녀야 하는 지상 통신망의 세계로 돌아가고 싶은가? 클라크 켄트(슈퍼맨)조차 공중전화는 포기했다.

그린스펀이 임기 중, 특히 1998년과 1999년에 시장이 작동하도록 내버려두었다면, 닷컴 거품을 피할 수 있었을 것이다. 월스트리트 금융 회사들은 이른바 산불에 휩싸였을 것이다. 그러나 거품이 붕괴하자 그린스펀은 다시 돈을 찍어냈고, 이 때문에 주택거품과 소비거품이 발생했다. 그러나 그는 돈을 양껏 찍어낼 수가 없었다. 그는 자신의 기량 부족을 깨닫지 못한 채 정책 실패를 숨기려고 지능적인 아이비리그 학자를 발굴하여 영입했다. 그 사람은 바로 프린스턴의 경제학박사 종신 교수로서, 후임으로 연준을 맡게 될 '예스맨' 벤 버냉키였다.

버냉키는 2002년 연준이사회에 합류하고 나서, 워싱턴 내셔널 이코노미스트클럽National Economists Club에서 그의 통화정책 접근법을 개략적으로 밝혔다. 그는 다음과 같은 유명한 말을 남겼다.

"미국 정부는 이른바 인쇄기술을 보유하고 있으므로, 사실상 무비용으로 달러를 원하는 만큼 찍어낼 수 있습니다. 따라서 지폐제도 아래에서 단호한 정부라면 항상 소비를 증가시킬 수 있고, 이로부터 인플레이션을 일으킬 수 있습니다."

그는 젊은 그린스펀이었다. 즉 그린스펀 왕조가 들어선 셈이 되었다. 이 뛰어난 지성 두 사람은 거대한 의자 빼앗기 놀이를 시작했고, 그 결과 2008년 세계 금융시장이 붕괴했다.

그린스펀은 모든 사람에게 돈을 쓰라고 권유했고, 직업이 없는 사람에게도 변동금리 주택담보대출을 받아 계약금 없이 주택을 (가능하면 두세 채) 사라고 격려했다. 그러면서 그는 주택 가격이 절대 내려갈 수 없다는 터무니없는 가정 아래, 금리를 낮춰 주택 구입 광풍을 조장했다. 은행들은 그린스펀의 격려에 부응하여 부실대출을 해주고 이를 증권으로 재포장해서 판매함으로써, 막대한 수수료를 챙기면서 위험을 떠넘겼다. 대학을 갓 졸업해서 시장경험도 없는 26세 풋내기들이 신용평가 회사에서 이런 쓰레기 파생상품에 매주 수백 건씩 AAA등급을 남발했다. 이런 온갖 행태가 진행되는 동안, 나 같은 사람들은 임금님이 벌거벗었다고 폭로했다.

나는 2003년부터 주택거품을 경고했지만(『어드벤처 캐피털리스트』 참조), 광풍이 불 때마다 항상 그랬듯이, 사람들은 회의론자의 말을 믿지 않고, 조롱하거나 무시했다. 나는 거품을 경고하는데 그치지 않고, 내가 말한 방향으로 돈을 걸었다. 내가 씨티은행(주당 50달러)과 패니메이(주당 60달러)를 공매도한 이유와 예상 주가를 설명했을 때, 사람들은 나를 불신했다.

"5달러에 사서 포지션을 청산할 생각입니다."

나는 언론과 여러 분석가에게 계속 이렇게 설명했다. 두 종목 모두 결국 1달러 밑으로 떨어졌다.

나의 주가 예측 이야기는 이 정도로 마치자.

시장에서 지금까지 내내 그러했듯이, 의자 빼앗기 놀이에서도 나중에 들어온 사람이 패자가 된다. 시간이 갈수록 패자가 계속 늘어나다가, 어느 시점에는 한꺼번에 소용돌이치면서 떨어진다. 이 놀이의 거장 그린스펀이 연준을 계속 맡았다면 상황이 더욱 악화되었을 것이다. 하지만 임기가 만료된 그린스펀은 그 역할을 버냉키에게 넘겼다. 그리고 행크 폴슨Hank Paulson 같은 인물도 함께 역할을 맡게 되었다.

행크 폴슨은 서브프라임 위기가 터진 2008년 당시 재무장관이었다. 당시 뉴욕의 모든 은행장이 그에게 쉴 새 없이 전화해서 세상이 끝나게 생겼다고 비명을 질렀다. 실제로 그들의 세상은 끝나가고 있었거나, 끝나가는 것처럼 보였다. 물론 이런 사람들은 파산 가능성이 보이면 정부에 있는 친구들에게 전화한다.

폴슨은 조지 W. 부시 대통령에게 달려가서, 제2의 대공황이 다가오는 중이라고 보고했다. '침체'라는 단어조차 발음을 제대로 못할 정도로 아무것도 모르는 부시는 폴슨에게 "필요한 조처를 하세요"라고 말하면서, 국익에 맞는 방안을 선택하라고 권한을 위임했다. 그러나 폴슨은 2년 전까지만 해도 골드만삭스의 CEO였다. 그는 8년 동안 골드만삭스를 이끌면서 광풍을 일으켜 비우량 주택담보대출로 게걸스럽게 배를 채웠는데, 이제는 그의 직장 동료가 이 쓰레기 증권을 떠넘기지 못하여 질식할 상황이 되었다.

문제는 긴급 구제 여부가 아니라, 그 규모였다. 규모가 얼마가 되든, 폴슨은 버냉키와 티머시 가이트너가 협력해줄 것으로 믿었다. 아무것도 모르던 버냉키는 이후 재난 창출에 큰 역할을 했다. 가이트너는 당시 뉴욕연준(은행 시스템 감독 역할도 맡은 기관) 총재였지만, 버냉키보다도 아는 것이 없었다. 두 사람보다 머리가 나쁜 부시는 8년 동안 국가 자금을 쓸데없는 일에 쏟아부었는데, 5년 동안 이라크에서 쏟아부은 돈만 최소 8,450억 달러에 이른다(미국 재무부가 직접 부담한 비용이 그렇고, 총비용은 3조 달러로 추정된다).

구제자금으로 투입하는 혈세 7,000억 달러 정도는 그에게 아무것도 아니었다. 말하자면 그는 미국이라는 배를 암초로 몰고 가면서 가장 먼저 배에서 탈출했는데, 배에 남은 사람들에 대한 작별인사로 구명보트까지 모두 불살라버린 셈이다.

결국 골드만삭스는 구제받게 되었고, 폴슨은 확정급여형 연금을 계속 받을 수 있게 되었다. 그러나 이 돈은 그가 재무부를 떠나던 시점에 그의 재산이 약 7억 달러인 것에 비하면 얼마 되지 않는다. 이제 돈벌이가 필요 없어진 폴슨은 학계에 자리를 잡았다. 가이트너는 그의 무능함을 높이 산 뉴욕 은행계가 강력하게 추천한 덕분에, 오바마 행정부에서 폴슨 후임으로 재무부장관에 임명되었다.

은행계는 그를 요구하는 대로 무엇이든 들어주는 순진한 약골로 보았던 것이다. 하늘이 무너진다고 말하면 확실하게 그들을 보호해 줄 봉이므로, 워싱턴에 하인으로 심어두기에 적합한 인물이었다. 오바마는 그에 대해서 알고 있었을까? 가이트너가 자신의 소득세 신고 방법도 모른다는 사실이 드러났을 때, 십중팔구 오바마도 우리처럼 놀랐을 것이다. 버냉키 역시 무능함 덕분에 연준의장을 연임하게 될 것이다.

Chapter 09

파산 없는 자본주의는 지옥 없는 기독교

> Capitalism Without Bankruptcy
> Is Like Christianity Without Hell

연준의장은 법에 따라 1년에 두 번 연준의 통화정책을 의회에 보고해야 하며, 기타 수많은 주제에 대해서 수시로 증언해야 한다. 나도 버냉키가 의회에서 증언하는 장면을 보았다. 어디선가 호텔 방에 있을 때, TV가 켜져 있었기 때문에 볼 수 있었다. 달러 약세에 대해서 논평해달라는 요청을 받자, 그는 외국 여행 중인 미국인을 제외하면 전혀 중요한 일이 아니라고 대답했다. 나는 하던 일을 멈추고 그가 알면서 거짓말을 하는 것인지, 아니면 정말로 몰라서 하는 말인지 확인하기 위해 TV에서 그를 매우 자세히 들여다보았다. 그런 식의 답변은 때마침 동쪽을 바라보는 사람을 제외하면, 일반 미국인에게는 태양이 동쪽에서 뜨든 말든 중요하지 않다고 말하는 것과 같다.

예를 들어 우리가 보유한 IBM의 주가가 100달러에서 200달러로 상승했다고 가정하자. 만일 달러의 가치가 50% 하락한다면, 우리가 달러 기준으로는 돈을 벌었을지 몰라도, 실제로는 전혀 돈을 번 것이 아니다. 우리는 전에 사던 만큼 스카치위스키를 살 수도 없고, 도요타 자동차를 살 수도 없다. 수입 가격이 둘 다 두 배로 올랐기 때문이다. 수입품 구매 기준으로 우리의 형편은 전혀 나아지지 않았다. 석유도 마찬가지다. 모든 제품의 가격이 그대로 유지되더라도, 달러의 가치가 하락하면 우리의 생활수준은 낮아지게 된다.

달러의 가치가 하락하면, 수입 타이어의 가격이 상승할 뿐 아니라, 미국산 타이어 가격도 상승한다. 수입 고무의 원가가 상승했기 때문이다. 달러의 가치가 하락하면, 국제시장에서 달러를 받고 석유를 파는 사우디아라비아는 전보다 수입이 감소하게 된다. 벤츠를 살 때 사우디아라비아 족장들은 달러로 더 높은 가격을 치러야 하기 때문이다. 사우디아라비아는 이런 상황을 얼마나 참아줄 것으로 생각하는가? 생활수준을 유지하려면 사우디아라비아는 석유 가격을 올려야 한다. 이때 가장 영리하고 효과적인 방법은 공급을 줄이는 것이다.

이제 악몽 같은 인플레이션이 시작된다. 우리는 IBM 주가가 두 배로 뛰어서 부자가 되었다고 생각하지만, 주위를 둘러보면 모든 물가가 상승했다. 휘발유 가격도 올랐고, 식품 가격도 올랐다. 우리가 가진 달러는 다른 통화, 쌀, 금 등 모든 것에 대해 가치가 계속 떨어진다.

달러의 가치 하락은 미국인의 모든 일상생활에 광범위하게 영향을 미칠 뿐 아니라, 나머지 세계에도 광범위하게 영향을 미친다. 이것이 경제학의 기본이다. 버냉키는 의회에서 달러의 가치 하락이 중요하지 않다고 증언했지만, 거짓말하는 것처럼 보이지는 않았다. 또 선서 탓인지 다소 긴장한 듯한 모습이었다. 따라서 내가 생각했던 것보다도 그의 지식이 부족하다고 인식하게 되었다.

그동안 버냉키가 했던 수많은 발표와 예측을 돌아보면, 그가 맞춘 적이 거의 없는 것으로 즉시 드러난다. 그는 경제학이나 재무학에 대해 아는 것이 거의 없고, 시장이 어떻게 작동하는지도 전혀 모른다. 그가 돈에 대해 제대로 이해하는 것이라곤, 돈을 찍어내는 방법뿐이다. 그는 현재의 위기가 유동성이 아니라 상환 능력의 위기라는 사실조차 아직 파악하지 못하고 있다. 유동성은 넘쳐난다. 사실 이 위기가 발생한 이유는 미국과 유럽의 중앙은행들이 10~15년 동안 시장에 유동성을 지나치게 많이 공급했기 때문이다.

값싼 자금이 지나치게 많았다. 이 때문에 주택거품과 소비거품이 일어났고, 거품이 터지자 세계는 신용문제를 끌어안게 되었다. 개인과 기관과 정부가 과도하게 돈을 지출하여 채무를 상환하기 어려운 상황이었는데도, 은행들이 이들의 쓰레기 증권을 비우량 채권으로 만들어 팔던 과정에서 대형 사고가 터졌다. 지금도 상환 능력이 있는 사람은 대출을 받을 수 있다. 유동성은 문제가 아니다. 문제는 파산한 사람이 너무 많다는 사실이다.

　버냉키는 이 사실을 이해하지 못하는 듯하다. 대공황 기간에는 실제로 유동성이 문제였다. 정부의 잘못된 정책 탓에 무역이 감소했고, 은행들을 지탱할 유동성이 없어서 시스템 전체가 붕괴했던 것이다. 버냉키는 유동성과 상환 능력을 구분하지 못해서, 현재의 위기를 1930년대 대공황의 재판으로 보고 있다. 이제 그가 평생 기다려온 순간이 왔다. 그는 학계 경력기간 내내 화폐 발행 연구에 몰두했다. 그에게 인쇄기를 맡기면, 그는 인쇄기를 최대 속도로 가동해서 돈을 찍어낼 것이다. 그러나 과도한 부채 탓에 발생한 문제인데, 부채를 더 일으켜 해결할 수는 없다. 돈을 찍어낸다고 나라가 번영한다면, 짐바브웨가 세계에서 가장 번영하는 나라가 되었을 것이다.

　버냉키가 연준을 이끄는 한, 아무도 파산하지 않을 것이다. 모두가 내년에 큰 보너스를 받게 될 것이다. 그러나 그들이 람보르기니를 타고 다니는 동안, 콜로라도 스프링스의 가련한 치과 보조사는 일자리도 빼앗기고 집도 빼앗긴다. 정부가 은행들의 부실자산을 정리해주려고, 납세자들로부터 거둔 막대한 자금을 금융 시스템에 투입하기 때문이다.

　정부는 무능한 사람이 경영하면서 손실이 발생하는 기업의 채권을 사들임으로써, 실패, 무능, 때로는 불법행위에 대해서도 보상해준다. 이는 실패한 사업에 돈을 더 낭비해서 성장을 가로막는 행위다. 정부가 유능한 사람들은 모두 쫓아버리고, 무능한 사람에게 돈을 퍼부어 파산을 막아주므로, 침체한 경기가 살아나기 어렵다.

　1990년대 초 스웨덴도 비슷한 부동산 거품이 형성되어 붕괴할 상황에 맞닥뜨렸다. 그러나 정부는 구제를 거부했다. 수많은 사람이 파산하여 2~3년 동안 끔찍한 세월을 보냈다. 그러나 이후 스웨덴 경제가 살아나면서, 이제는 세계에서 경제가 가장 건전한 나라에 속하게 되었다. 어려운 시기를 겪어낸 덕분에 현재 스웨덴 통화는 다른 나라의 통화보다 훨씬 강해졌다. 1994년 멕시코에서 그리고 1990년대 말 러시아와 아시아에서도 똑같은 일이 있었다. 이들 나라 모두 쓰라린 경험을 했다. 많은 사람이 파산했다. 하지만 모두 끔찍한 고통을 겪고 나서 더 번창하는 나라가 되었다.

　1990년대 초, 일본도 주식과 부동산 거품 붕괴를 경험했다. 내가 처음 오토바이로 세계일주하면서 일본을 여행할 때, 일본 골프 회원권 가격이 주택 가격보다도 높았다. 일본인들이 골프에 치르는 대가를 보면 경외심이 들 정도였다. 거품이 절정에 다다랐다. 마침내 거품이 터졌고, 모든 것이 무너졌다. 그러나 정부는 아무도 파산하도록 내버려두지 않았다. 그 결과 이른바 '좀비(부활한 시체) 은행'과 '좀비 기업'들이 생겨났다. 10년 뒤 두 번째 세계일주를 하면서 일본을 통과할 때, 일본은 자살률이 선진국 중 가장 높았다. 모두가 실의에 빠져 보호를 바랐다. 누구나 공무원이 되고 싶어 했다. 일본인들은 1990년대를 '잃어버린 10년'이라고 불렀다.

　이제 잃어버린 10년은 잃어버린 20년이 되었다. 거품이 붕괴하고 20년이 더 지났지만, 지금도 일본 주식시장은 1990년보다 75%나 낮은 상태다. 자살률은 여전히 높고, 출산율은 선진국 중 최저 수준이다. 불안감과 자신감 결여 문제도 여전히 개선되지 않았다. 대공황이 절정에 이르렀을 때 미국 주식시장은 90%나 하락했지만, 겨우 몇 달 만에 바닥에서 벗어났다. 하지만 일본은 20년 넘게 고전 중이다. 일본 정부가 망해가는 기업들을 받쳐준 탓에, 위기가 연장된 것이다. 바로 이것이 오늘날 미국이 선택한 방식이다.

미국은 전에도 대붕괴를 경험했다. 1907년에 금융 시스템 전체가 무너졌다. 그런데도 20세기에 미국은 강대국이 되었다. 미국 역사를 돌아보면 은행과 보험사들이 무너지고, 주, 시, 지자체들이 파산한 사례를 볼 수 있다. 1차 세계대전 후 미국 경제는 심각하게 침체했지만, 정부는 균형예산을 유지했고, 연준은 금리를 올려 인플레이션을 억제했다. 미국은 여러 달 고통을 겪었지만, 이후 그 보상으로 광란의 1920년대를 맞이했다. 정치인들이 역사를 알거나 경제학을 이해한다면, 국민 세금으로 쓰러져가는 기업들을 받쳐주는 일은 없을 것이다.

세계는 태초 이래 금융공황과 금융참사를 겪어왔다. 즐거운 일은 아니었지만 금융공황과 금융참사가 일어났고, 세계는 살아남았다. 다시 일본을 들여다보자. 1966년 일본은 충격적인 붕괴를 경험했다. 일본의 모든 증권사가 파산했다. 하나도 빠짐없이 파산했다. 모든 증권사와 투자은행이 파산하도록 방치되었다. 이렇게 해서 일본이 끝장났을까? 아니다. 이후 25년 동안 일본은 다른 모든 나라를 제치고 경이적인 성공을 맛보았다.

그러나 미국은 일본의 최근 전철을 따르기로 했다. 다음 선거를 걱정하는 정치인들과 다음 보너스를 걱정하는 은행가들이 주도권을 쥐고 있다. 이제는 역사상 최대 채무국이 된 미국에서 모두가 이 익집단인 것처럼 손을 내밀면, 연방정부는 태머니 홀Tammany Hall(부정한 정치조직)처럼 부자들에게도 돈을 나눠준다. 침체는 없을 것이다. 파산 같은 것도 없을 것이다. 부자들도 복지혜택을 받게 될 것이다. 햄프턴 저택과 람보르기니는 계속 소유하라. 오마하 소방관과 콜로라도 스프링스의 치과 기공사는 부업을 해야만 하더라도 군소리하지 않을 것이다. 부실자산을 청산하라고 강요하는 대신, 우리는 자금을 지원하여 계속 보유하게 해주든가, 아니면 우리가 사줄 것이다. 당신의 실패를 우리가 보상해주겠다.

일본은 잃어버린 20년을 이야기하지만, 미국은 잃어버린 20년 정도로 끝나지 않을 것이다.

비우량 주택담보대출 시장이 붕괴하기 전, 나는 내 고향인 앨라배마주 출신 공화당 상원의원 리처드 셸비Richard Shelby와 워싱턴에서 점심을 먹었다. 당시 그는 패니메이를 감독하는 중앙은행, 주택, 도시문제 위원회의 의장이었다. 내가 말했다. "이 문제가 당신 임기 중에 터지지 않기를 바랍니다." 나는 패니메이를 공매도했고, 이 회사가 분식회계와 사기를 자행하는 듯하다고 설명했다. 그는 잠시 생각하더니 말했다. "당신 말이 옳을지도 모릅니다." 그러나 그는 패니메이와 프레디맥이 국가에 끼치는 피해보다 '이 지역'에 정치적으로 이바지하는 바가 더 크다는 점을 내가 이해해주길 바랐다. 단지 모두의 돈을 횡령한다는 이유로 정부가 이들에게 책임을 추궁할 것 같지도 않았고, 회계를 조작한 사람들이 교도소로 갈 것 같지도 않았다. 셸비 상원의원은 예나 지금이나 관찰력이 뛰어나다.

나는 사기 사례를 찾아낼 수 있다고 생각하지만, 이런 범죄 행위 탓에 시장이 붕괴했다는 주장에는 동의하지 않는다. 훨씬 더 광범위하고 그래서 더욱 화나는 원인은 무능이었다. 나는 당시 사기 때문에 시장이 붕괴할 것이며, 시장이 붕괴하는 중이라고 주장하면서 너무도 많은 논쟁을 벌였다. 그러나 지극히 현명하고 야심적이며 선량한 사람들조차 내가 제정신이 아니라고 말했다. 모두가 쉽고 빠르게 돈을 벌고 있었으며, 그런 식으로 돈을 벌면 안 된다고 경고하는 사람은 조롱거리가 되었다. 당시는 난세였다. 중앙은행 덕분에 사방에 엄청난 돈이 굴러다녔으므로, 똑똑하고 민첩하기만 하면 어떤 방법으로든 돈을 벌 수 있었다.

당시 경제가 사상누각임을 깨달은 사람은 거의 없었다. 나는 당시 무디스에서 AAA등급을 남발하던 사람들이 어떤 사악한 음모에 연루되어 있었다고 생각하지 않는다. 대부분은 절차에 따라 업무를 수행했을 뿐이다. 최고위층 사람들이 이들을 격려해주었다.

연준의장, 재무부장관 등 모두가 그들에게 주택 공급이 안전하다고 말했다. 그린스펀은 미국인들에게 대출을 받으라고 강하게 권했고, 은행들에게는 파생상품을 만들라고 독려했다. 그는 이런 방식으로 더 많은 자금을 은행 시스템에 투입하고자 했다. 그는 이 방식이 나라에 유익하다고 모두를 설득했다. 패니메이는 이 방식이 건전하다고 말했다. 월스트리트는 패니메이의 트레이더들이 누구보다도 똑똑하다고 정말로 믿었다. 이 모든 요소가 피드백되면서 상승작용을 일으켰다. 앨런 그린스펀은 CNBC에서 정보를 얻었고, CNBC는 정부 관료들에게서 정보를 얻었으며, 정부 관료들은 그린스펀에게 정보를 얻었다.

2007년 씨티은행 대표 척 프린스Chuck Prince는 〈파이낸셜 타임스Financial Times〉에서 "연주가 이어지는 동안에는 일어서서 춤을 추어야 합니다. 우리는 지금도 춤추고 있습니다"라고 말했다. 하지만 척 프린스는 자신이 지하실에서 무엇을 하고 있었는지 전혀 몰랐을 것이다.

물론 일부는 교도소로 보내야 한다. 패니메이의 프랭클린 레인스는 자신이 하는 일이 사기인 줄 몰랐다고 주장하지만, 이해하기 어려운 말이다. 그는 해를 거듭해서 분기마다 이익이 15%씩 증가했다고 발표했다. 투자 경험이 있는 사람이라면, 이런 숫자가 불가능하다는 사실을 알 것이다. 그런데도 월스트리트는 이 회사 채권을 팔아 막대한 돈을 버느라 바빴는지, 그의 주장에 전혀 문제를 제기하지 않았다. 문제를 제기한 사람은 십중팔구 쫓겨났을 것이다. 내게 선택권이 있었다면 레인스는 2008년에 교도소에 있었겠지만, 오바마 진영은 어떤 이유에서인지 법을 무시하고 그의 주장을 들어주었다. 내게 선택권이 있었다면 메릴린치를 경영했던 스탠 오닐은 회사를 망가뜨리고 쫓겨나면서 퇴직금 1억 6,000만 달러를 받는 대신, 철창신세를 지고 있을 것이다.

이런 일이 수천 년 동안 진행되었다. 역사에는 이런 사례가 넘쳐난다. 유난히 좋은 시절이 오면 사람들(은행가, 성직자, 학자, 정치인 등)은 탐욕스러워진다. 사람들은 절차를 무시하면서, 정상 상황에서는 하지 않을 일을 벌이며, 시절이 좋고 번창한다는 이유로 책임을 추궁당하지 않는다. 원칙을 무시한 덕에 이들은 많은 돈을 번다. 아무도 문제 삼지 않고, 관심조차 두지 않는다. 이들은 돈을 벌어 매우 행복하다.

광기가 수많은 죄를 덮어준다. 이와 관련하여 워런 버핏은 다음과 같이 말했다.

"썰물이 빠져나가면 누가 벌거벗고 수영하는지 드러난다."

대공황 뒤 뉴욕증권거래소장 리처드 휘트니는 횡령혐의로 체포되어 기소당했다(그는 명문가의 자손이다. 가문의 이름을 딴 휘트니 박물관도 있다). 그는 유죄를 인정했고, 싱싱 교도소에서 3년 넘게 복역했다. 주식시장이 계속 호황이었다면 모두가 돈을 벌었을 터이므로, 아무도 몰랐거나 관심을 두지 않았을 것이다. 2001년 엔론에서도 똑같은 일이 벌어졌다. 최고재무책임자 앤드루 패스토는 회사 손실을 숨기는 창의적인 기법을 개발하여 동료로부터 찬사를 받았다. 그는 회사에서 영웅이 되었다. 하지만 월스트리트의 상황이 흔들리기 시작했고, 이 무렵 SEC는 그와 동료가 대중을 속인 사실을 발견했다(당시 패스토는 동료까지도 속였다). 그는 시세 조종과 증권사기에 대해 유죄를 인정했고, 그가 밀고한 공모자와 함께 연방교도소에 갇혔다.

기업에서만 이런 일이 일어나는 것은 아니다. 1960년대 미국에서는 가톨릭 사제의 비행을 고발하는 것은 상상도 할 수 없었다. 그런 고발은 무시당하기 일쑤였으며, 자칫 경멸당할 수도 있었다. 그러나 가톨릭이 마침내 힘을 잃게 되자, 사람들은 성직자에 대한 질문을 생각하게 되었고, 더 나아가 성직자에게 답변까지 기대하게 되었다. 가톨릭에 시련기가 닥쳐 교구가 감소하고 속세가 사제의 권력을 침해하면서부터, 사람들은 교회 고위층이 성범죄자들을 적극적으로 보호했음을 알게 되었다. 이때 비로소 사람들은 두려워하지 않고 "그래. 이놈들 정말 더러운 자식이야"라고 말하게 되었다.

불법행위는 기업만 저지르는 것도 아니고, 새삼스런 일도 아니다. 우리는 언제나 불법행위를 저질렀다. 무능도 마찬가지다. 어느 것도 보상해주어서는 안 된다. 경기침체는 피할 수 없다. 경기침체는 공화국 설립 이후 주기적으로 나타났다. 2002년에도 주기적인 경기침체가 일어났다. 2007~2008년에 시작된 침체는 부채가 엄청나게 증가한 탓에 훨씬 심했다. 다음 침체에 미국은 어떻게 될까?

더 이상 우리 부채를 또 네 배로 늘릴 수가 없다. 또 돈을 대량으로 찍어낼 수는 없다. 침체를 한 번 더 벗어날 수 있을까? 의문이다. 두 번 더 벗어날 수 있을까? 절대 어려울 것이다. 2010년대 어느 시점에 시스템 전체가 무너질 것이다. 1907년에 시스템이 무너졌을 때에는 미국이 떠오르는 국가였기 때문에 다시 일어설 수 있었다. 미국은 채무국에서 채권국으로 바뀌면서 상승세를 타는 중이었다. 그러나 지금은 채무국이 되어 하향 곡선을 타고 있다.

2008년에 정부가 실패한 기업들을 파산하게 내버려두었다면, 안전망이 작동했을 것이다. 당시에는 정부의 지급 능력이 충분했다. 3년 정도는 끔찍했겠지만, 지금쯤은 회복했을 것이다. 그러나 기회는 지나가버렸다. 다음에 위기가 발생한다면, 자금도 충분하지 않을뿐더러, 정부에 대한 신뢰도 충분하지 않을 것이다. 한 나라가 파산하면 많은 대가를 치르게 되지만, 그 과정에서 우리가 잘살게 된다고 아담 스미스는 말했다.

2008년 이전에는 연준의 자산이 8,000억 달러였으며, 대부분 국채였다. 이후 연준의 자산은 거의 네 배로 증가했지만, 지금은 대부분 쓰레기로 보인다. 누군가 그 대가를 치러야 한다. 미국 납세자 말고 누가 또 있겠는가? 버냉키는 계속 부실자산을 사들이겠다고 말한다. 이는 중앙은행의 종말을 보장받는 길이다. 조만간 상황이 심하게 악화하면, 우리는 연준이 무너지기 전에 먼저 없애버릴지도 모른다. 미국 역사에 존재하는 연준은 세 개다. 앞의 두 개는 사라졌다. 이번 연준도 틀림없이 사라질 것이다.

자본에는 영혼이 없다. 이것이 우리 시스템의 자명한 이치다. 모든 자본은 안전과 높은 수익률에만 관심을 기울인다. 이를 자본주의의 폐해라고 비판하는 사람도 있다. 물론 그럴지도 모른다. 그러나 이것이 세계가 수천 년 동안 작동한 방식이기도 하다. 그리고 최근 강세장에서 위험을 무릅쓰고 돈을 번 자본가만큼 이 사실을 잘 이해하는 사람도 없을 것이다. 이들 모두 파산할 수도 있었다. 리먼 브라더스의 운명을 따라가는 사람이 많을수록, 자본주의 시스템은 더 좋아질 것이다. 이스턴 항공 CEO였던 전직 우주비행사 프랭크 보먼Frank Borman은 이렇게 말했다.

"파산 없는 자본주의는 지옥 없는 기독교와 같다."

Chapter 10

가서 보고,
본 대로 행하라

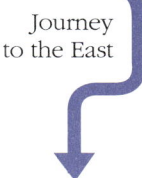

Journey to the East

해피가 네 살이 되었을 때 우리는 아시아로 이사했다. 하지만 해피가 두 살일 때부터 아시아에서 살 곳을 찾기 시작했다. 우리는 가장 먼저 선택한 도시 상하이에서 2005년 여름을 지냈다. 나는 상하이가 장차 세계에서 가장 훌륭한 도시가 될 것으로 보았기 때문이다. 2차 세계대전 이전에는 상하이 주식시장이 아시아 최대였으며, 런던과 뉴욕 사이에 있는 거래소 중 최대였다. 상하이는 문화, 예술, 금융의 중심지로 번창하고 있었다. 상하이는 전쟁으로 폐허가 되고 마오쩌둥 탓에 더 망가졌지만, 페이지와 나는 6년 전 밀레니엄 여행을 하면서 지내본 후 지금이야말로 상하이에서 살 때라고 생각했다.

나는 1988년 중국을 횡단할 때, 상하이증권거래소를 방문했는데, 비포장도로 끝에 서 있는 금방이라도 주저앉을 듯한 건물이었다. 사무실 면적은 90제곱미터를 조금 넘는 정도였고, 안내원은 한 사람뿐이었다. 계산대로 걸어가서 안내원에게 주식대금을 내면 주식을 살 수 있었다. 장외거래가 바로 이런 방식이었다. 안내원은 주판으로 계산을 했다. 당시 나는 내재가치보다는 과거 주가를 보고 은행주를 샀다(당시에는 상장 종목이 몇 개에 불과했다). 그때 PBS(미국 공영방송) 다큐멘터리를 찍으면서, 나는 중국의 성장을 예측했다. 나는 주식을 사면서 해설을 집어넣었다.

"지금 역사가 만들어지는 순간입니다. 언젠가 나는 중국에 많은 돈을 투자할 것입니다. 혁명이 일어나기 전에 중국에는 동양에서 가장 큰 증권시장이 있었습니다. 내 생각이 맞는다면, 언젠가 가장 큰 증권시장이 다시 들어설 것입니다."

우리는 상하이에서 호텔과 비슷한 서비스 아파트^{Serviced Apartment}에 살았다. 이는 주로 외국 회사에서 파견 나온 직원들이 장기간 머무는 용도로 설계된 아파트였다(가구는 물론, 식기류, 유리잔, 접시, 리넨 등을 완비하고, 가사 서비스까지 제공하는 아파트). 걸어 들어가서 불을 켜고 컴퓨터 플러그를 꽂으면 자기 집이 되는 식이었다. 우리는 끔찍한 대기오염 하나만 빼고 상하이의 모든 면을 사랑했다. 뉴욕으로 돌아오기 전에 우리는 싱가포르의 비슷한 아파트에서도 3주간 살아보기로 했다.

2006년에는 일정에 홍콩을 추가해서 여름을 똑같이 보냈다. 홍콩도 대기오염이 매우 심각했다. 2007년에는 여름 여행이 우리의 연례행사가 되었다. 세 도시를 다시 방문하고 나서(베이징과 기타 중국 도시들도 방문하고), 우리는 싱가포르로 완전히 옮기기로 결정했다. 맑은 공기 기준 하나만으로도 다른 중국 도시들은 모두 탈락이었다. 하지만 싱가포르에는 다른 장점도 있었다. 싱가포르는 주민의 75%가 중국계이지만, 상하이와는 달리 영어가 정부와 기업에서 사용하는 공용어이다. 그리고 나는 두 딸과는 달리 중국어를 못한다. 홍콩을 배제한 이유 중 하나는 상하이처럼 매우 활기차고 흥분되는 도시이긴 하지만, 홍콩에서는 주로 광둥어를 사용했기 때문이다(서서히 표준 중국어로 교체되고 있다).

그래서 싱가포르를 선택하게 되었다.

2001년 4월, 우리는 세계일주를 하던 중 식물원에서 열린 싱가포르 심포니 오케스트라 공연을 보러 갔는데, 경찰이 없는 것을 보고 놀랐다. 치안 관련 인력이 전혀 보이지 않았다. 뉴욕 센트럴파크에 비슷한 규모로 인파가 몰렸다면, 아마도 대규모 치안 인력이 동원되었을 것이다. 나는 페이지에게 이렇게 말했던 기억이 난다.

"여기는 아이들에게 완벽한 곳이야."

싱가포르의 또 다른 매력은 세계 최고의 의료 시스템과 교육 시스템이다. 또한 싱가포르의 거의 모든 분야는 매우 순조롭게 돌아간다는 점이다(페이지와 나는 우리 가족이 치료를 받아야 하면, 우리가 세계 어디에 있든지 다음 비행편으로 싱가포르에 와서 치료받기로 했다. 의료 품질이 최고이기 때문이다). 우리는 이른바 영주권을 신청해서 취득했는데, 이는 우리가 언제든 출입국할 수 있으며 아이들을 공립학교에 입학시킬 수 있다는 뜻이다.

싱가포르로 이사하고 나서 우리는 잇달아 학교들을 방문하면서, '가장 중국적인' 학교를 추천해달라고 현지인들에게 부탁했다. 우리는 100% 중국어 교육 과정을 기대했으나, 알고 보니 싱가포르 초등학교는 모두 2개 국어를 가르쳤다. 교육에 사용하는 주된 언어는 영어이고, 자신의 모국어로도 배운다. 제2언어로는 타밀어(남부 인도와 스리랑카 언어), 말레이어, 표준 중국어를 선택할 수 있고, 6학년까지 2개 국어를 배워야 한다.

해피가 다니는 난양 초등학교는 표준 중국어를 가르친다. 한 주는 영어 주간이라서, 학교의 모든 발표와 활동이 영어로 진행된다. 그다음 주에는 모두 표준 중국어로 진행된다. 수업에 사용하는 언어는 과목에 따라 달라진다. 예를 들어 수학은 영어로 가르치고, 윤리는 표준 중국어로 가르친다. 이 글을 쓰는 시점에 네 살인 베이비 비는 난양 유치원에 입학했다. 여기서는 수업시간에 표준 중국어만 사용하고, 영어는 사용하지 않는다. 실제로 베이비 비를 가르치는 세 명의 선생 모두 최근 중국에서 온 이민자여서 중국어밖에 할 줄 몰랐다. 네 살짜리 아이의 장점은 한동안 표준 중국어를 사용하지 않았더라도, 다시 배우면 몇 주 만에 따라가게 된다는 점이다.

아이들을 난양 초등학교와 유치원에 입학시키기는 만만치 않왔다. 교장인 마담 헹은 매우 존경받는 인물이었고, 그 학교의 입학 경쟁은 매우 치열했다. 교육부장관의 아이들도 이 학교에 다닐 정도였다. 페이지와 나는 입학 설명회에 참석했다. 마담 헹이 참석한 부모들에게 입학하기가 쉽지 않을 것이라고 설명하고 있었다. 그런데 우리가 발표회에 참석한 유일한 백인이었다(싱가포르에 거주하는 대부분 외국인은 수업을 모국어로 진행하는 국제사립학교에 자녀를 입학시켰다). 중국어를 완벽하게 구사하는 금발에 푸른 눈인 해피는 곧바로 합격할 것이라고 우리는 확신했다. 아니면 내가 예일대에 입학할 때 큰 도움이 되었던 것처럼, 문화적 다양성과 지리적 다변화 요소가 해피에게 유리하게 작용할 듯했다.

　마담 헹의 지성, 엄격한 훈육방침, 중국 문화를 반영한 교과 과정은 인상적이었다. 마담 헹과 개별면담을 할 때 그녀는 싱가포르에는 좋은 학교가 수없이 많다고 말하였는데, 이 말은 입학하지 못해도 너무 실망하지 말라는 뜻이었다. 설명회 중에는 이런 말도 했다. "싱가포르에는 원칙이 있고, 우리는 그 원칙을 준수합니다. 여러분 모두 싱가포르 사람이므로, 원칙의 중요성을 아실 것입니다." 이 말은 예일이나 프린스턴에서 통하는 원칙에 대해서, 마담 헹 등 싱가포르 사람들은 전혀 관심이 없다는 말처럼 들렸다. 우리에게 반가웠던 원칙, 해피가 마침내 입학할 수 있었던 원칙은 가족이 학교 근처에 살아야 하며, 부모가 정기적으로 학교 업무에 자원봉사해야 한다는 것이었다. 페이지는 부모 자원봉사자가 되는 방법을 배웠고, 영어 교과에서 〈책 읽는 엄마〉 프로그램에 참여했다. 나는 교직원들 앞에서 발표하고, 기금 모금을 도왔다. 또 우리는 집을 도심 아파트에서 학교 근처로 옮겼다.

중국어는 성조 언어다. 나는 음정이나 박자에 대한 감각이 신통치 않다. 내가 처음으로 할렘에서 페이지와 춤을 출 때, 그녀가 물었다. "왜 박자를 안 맞추세요?" 나는 말했다. "박자가 있는 줄 몰랐어요. 어떤 게 박자죠?" 그래서 우리가 춤출 때에는 그녀가 리드하게 되었고, 다른 사람과 춤출 때에도 그녀는 본능적으로 리드하게 되었다. 결국, 남자들은 자신이 리드하겠다고 그녀를 일깨워줘야 했다. 중국어에는 4성이 있다. "제 어머니를 소개합니다"를 말할 때, 4성이 잘못되면 "제 말을 소개합니다"가 될 수 있다. 나는 성조에 어두운 탓에, 보통 단조롭게 말한다. 때때로 필요하면 중국어로 의사소통할 수도 있다. 내가 처음 배운 중국어는 '차가운 맥주'다.

물론 중국에도 지방 사투리가 수없이 많다. 그래서 중국 사람들 사이에서도 대화가 통하지 않을 때가 있다. 그러나 문자는 통일되어 있으므로, 글로 의사소통할 수 있다. 중국어 문자로 주고받으면서 영어로 말하는 모습도 간혹 보게 된다. 중국 사람들만 그러는 것은 아니다. 예를 들어 방글라데시 사람과 스코틀랜드 사람이 대화하는 모습을 보면, 둘 다 영어로 말하는데도, 글로 쓰지 않고서는 상대방의 말을 전혀 이해하지 못한다.

오스카 와일드는 영국에 대해서 이렇게 말했다.

"요즘 영국과 미국은 정말로 모든 면에서 공통점이 있습니다. 물론 언어는 제외하고요."

집에 아이들이 있을 때, 페이지와 나는 영어로 말하고, 두 아이는 중국어로 말한다. 가정부와 가정교사는 우리에게는 영어로 말하지만, 아이들에게는 중국어로만 말해야 한다. 우리가 가까이 있을 때에는 두 아이의 기본 언어가 영어이지만, 때로는 둘이 중국어로 재잘거리기 시작한다. 나는 이유를 모르겠다. 둘이 10대라면 영어로 재잘거려도 나는 십중팔구 알아듣지 못할 것이다. 그러나 둘이 중국어로 재잘거린다면 나는 전혀 알아듣지 못한다. 그래서 아빠 등 뒤에서 중국어로 온갖 이야기를 하는 것이 틀림없다고 생각했다. 하지만 나는 상관없다.

도움이 될지 모르겠지만, 베이비 비는 매주 4시간씩 스페인어를 배운다. 과연 효과가 있을지 모르겠다. 나는 정기적으로 〈타임Time〉 편집자를 만나는데, 그는 직장생활 초기에 파리에서 근무했었다. 그 결과 다섯 살짜리 아들이 완벽한 불어를 구사했다. 그러나 파리를 떠난 후 11살이 되었을 때, 아들은 불어를 전혀 하지 못했다. 오늘까지도 그 젊은이는 불어를 전혀 못한다.

우리가 상하이에서 첫 여름을 지낼 때 해피는 두 살이었는데, 사람들은 해피에게 "너 어떻게 중국어를 배웠니?"라고 묻곤 했다. 해피는 중국어를 정식으로 배운 것이 아니었으므로, 그 질문을 이해할 수가 없었다. 내가 영어를 습득한 것처럼, 해피도 자라면서 중국어를 하게 되었다. 해피가 아는 것이라고는 이런 정도였다. "어떤 사람은 이렇게 말하고, 어떤 사람은 저렇게 말하는데, 내가 그들과 대화하려면 그들과 같은 방식으로 말해야 해." 해피는 자기가 중국어를 배웠다는 사실을 몰랐다. 베이비 비는 어떤 일을 깨달으면, 그 사실이 표정에 그대로 드러난다. "무슨 뜻인지 알겠어. 언어가 두 가지 있어. 서로 다른 언어야. 나는 둘 다 말할 수 있지만, 모든 사람이 둘 다 하는 것은 아니야. 안타깝게도, 우리 멍청한 아빠는 못해." 베이비 비가 나와 함께 있으면, 백인에게는 영어로 속삭이고, 아시아인에게는 중국어로 속삭였다. "우리 아빠는 중국어 못해요." 아빠의 무지가 부끄러워서 양해를 구하는 것인지, 아니면 단지 자신이 아는 정보를 남들도 이해할 수 있도록 전달하는 것인지 나는 알지 못한다.

 해피와 베이비 비는 표준 중국어로 통하는 이른바 CCTV^{Chinese Central Television}(중국중앙TV) 중국어를 쓴다. 이는 영국 표준영어로 통하는 이른바 BBC^{British Broadcasting Corporation}(영국방송협회) 영어에 해당한다. 싱가포르 사람들이 쓰는 중국어는 매우 부실한 편이다. 이들이 중국을 여행할 때에는 의사소통이 쉽게 되지 않는다. 1979년 싱가포르는 표준 중국어 말하기 캠페인^{Speak Mandarin Campaign, SMC}을 연례행사로 시작했다. 사회에 만연한 중국어 방언들을 몰아내고, 표준 중국어 사용을 촉진하려는 캠페인이다. 2009년 캠페인에서는 표준 중국어를 정확하고 유창하게 발음하는 외국 어린이들의 모습을 비디오에 담

앉는데, 여러 백인 어린이와 함께 해피와 베이비 비도 등장했다.

뉴욕에 있을 때, 우리는 해피와 중국어 가정교사 셜리에게 자주 차이나타운에 가서 중국식 디저트인 달걀 커스터드를 사오라고 심부름을 시켰다. 해피가 중국어를 배우는 좋은 방법이었기 때문이다. 한 번은 두 사람이 중국어만 쓰는 가게에 들어갔는데, 해피가 가게 주인에게 우유를 달라고 말했다. 가게 주인은 해피와 대화를 나누면서 중국어를 가르쳐주었다.

주인 아주머니가 물었다. "너 우유 마시니?"

해피가 대답했다. "네."

"가정교사는 뭘 마시니?"

"물을 마셔요."

"아빠는 뭘 마시니?"

"아빠는 수박주스를 마셔요."

"해피야, 그러면 엄마는 뭘 마시니?"

해피가 이번에는 영어로 대답했다.

"와인이요."

셜리가 돌아와서 우리에게 이야기를 전해주었다. 물론 페이지는 몹시 당황했다. 페이지는 식사할 때 가끔 와인을 한 잔씩 마셨는데, 이후 1~2주 동안은 와인을 전혀 마시지 않았다("그래, 나 이제부터 물만 마실게"). 어린 딸이 엄마를 술꾼으로 생각하고 주위에 소문을 낼까봐 두려웠던 모양이다.

첫 아이 해피가 우리에게 가져다준 (해피를 키우고, 자라는 모습을 지켜보며, 함께 시간을 보내는) 기쁨과 흥분은 내가 상상하던 이상이었다. 5년 뒤 2008년 베이비 비가 태어나자 우리의 기쁨은 두 배가 되었다. 둘째를 더 빨리 낳을 수도 있었다. 그러나 2005년 가을에 사건이 터진 탓에, 둘째아이를 가지는 것은 엄두를 낼 수가 없었다. 2005년 10월 내 생일 며칠 전, 나는 다른 사람의 범죄 음모에 우연히 말려들었다. 나는 미국 사법제도라는 추한 황무지에서 혐의를 벗어나는 데 6년을 보내야 했다.

1998년 로저스 국제상품지수Rogers International Commodity Index, RICI를 개발하고 나서, 나는 이 지수를 스위스의 UBS와 일본의 다이와 증권 같은 회사에 사용허가를 내주고 약간의 사용료를 받았다. 나는 지수를 관리했고, 그들은 이 지수를 바탕으로 투자상품을 만들어 고객에게 판매했다. 나는 별도로 '비랜드 매니지먼트Beeland Management'라는 운용 회사를 만들어 대주주가 되었는데, 이 회사는 내 지수를 바탕으로 '로저스 원자재 펀드Rogers Raw Materials Fund'와 '로저스 국제 원자재 펀드Rogers International Raw Material Fund'를 만들어 팔았다. 나는 두 펀드의 일상 관리업무를 다른 사람들에게 맡기고, 상품에 대한 내 생각이 적중하기를 기대하면서 세계일주를 떠났다.

밀레니엄 모험을 마치고 돌아왔을 때, 내가 만든 지수는 이미 확실한 성공을 거두었다. 다른 모든 지수를 가볍게 제친 것이다. 비랜드 고객 모두 이익을 보았다. 그러나 투자자들은 돈을 벌었지만,

비랜드 매니지먼트는 벌지 못했다. 시카고에서 두 사람이 운용했지만, 회사는 손실을 보았다. 펀드 규모가 너무 작았던 탓이다. 펀드를 운용하던 4년 동안 상품은 호황이었지만, 안타깝게도 운용회사는 너무 작아서 전혀 알려지지 않았던 탓에 펀드 자산 규모가 겨우 2,000만 달러에 그쳤다. 미국에 돌아와서 몇 달 뒤, 나는 시카고상품거래소에 본사가 있는 '울먼 프라이스 시큐리티Uhlmann Price Securities'에서 월터 토머스 프라이스Walter Thomas Price를 영입하여 비랜드 매니지먼트 경영을 맡겼다.

동시에 나는 TV에 출연해서 상품이 유망하다고 말했으며, 상품지수를 바탕으로 만든 내 펀드와 기타 펀드도 언급했다. 내 펀드는 매우 빠른 속도로 자산이 증가하기 시작했다. 내가 돌아왔을 때 톰 프라이스가 회사를 잘 경영한 덕분에(탁월한 솜씨로 비용을 절감), 3년이 지나기 전에 운용자산이 수억 달러 규모로 증가했다. 그러나 톰의 주업은 자기 회사 경영이었고, 비랜드 매니지먼트는 사실상 부업에 불과했다. 초기에는 직접 비랜드 매니지먼트를 관리할 수 있었다. 그러나 그가 관리하면서 자산 규모가 증가했으므로, 이제는 상근으로 회사를 관리해줄 사람이 필요했다.

2005년 나는 미국선물협회Futures Industry Association 연례회의에서 기조연설을 해달라는 요청을 받았다. 나는 그곳에서 의장 조지프 머피와 그의 동료 몇 사람과 함께 식사를 했는데, 그가 톰을 도와 비랜드를 관리해줄 사람을 추천해주었고, 우리는 받아들였다. 며칠 뒤 머피로부터 전화를 받았는데, 그는 생각이 바뀌었다고 말했다. 금융 서비스 회사 레프코Refco의 임원 로버트 머코렐라가 그 자리에 더 적합하다고 말했다. 레프코는 세계 최대의 독립 상품 중개 회사였고, 시카고상품거래소에서도 가장 큰 중개 회사였는데, 때마침 머피에게 일자리도 만들어주었다. 당시 머피는 레프코 글로벌 퓨처Refco Global Futures의 대표였다(내가 언젠가 레프코 이름을 들어본 것은 확실하나, 당시에는 기억하지 못했다. 1978년 힐러리 클린턴의 생우(生牛) 선물투자를 뒤에서 조정하여, 겨우 10개월 만에 1,000달러를 10만 달러로 늘려줌으로써 일종의 뇌물을 제공한 회사였다).

나는 레프코 CEO를 두 번 만났는데, 필립 베넷이라는 영국인이었다. 그는 케임브리지를 나왔고, 나는 옥스퍼드를 나왔으므로, 우리는 학교에 대해서 많은 이야기를 했다. 내가 알기로 그는 업계에서 존경받는 인물이었다. 그는 세계 각지에 고객이 20만 명이나 되는 대형 중개 회사를 운영 중이고, 그가 고용한 머피가 미국선물협회 의장이라는 사실도 평판을 높여주는 요소다. 그래서 우리는 머코렐라를 채용했다. 그의 역할은 상근직으로 비랜드를 경영하면서 펀드의 자산 규모를 늘리는 일이었다.

지금까지 톰 프라이스는 유서 깊은 중개 회사 '맨 그룹Man Group'을 통해서 매매했다. 머코렐라는 부임하자마자 여러 가지를 개선할 수 있다고 말하면서, 거래 중개 회사를 맨 그룹에서 레프코로 교체해야 한다고 주장하기 시작했다.

예를 들어 우리 펀드는 한 달에 한 번만 환매해줄 수 있었다. 그러나 계좌를 레프코로 이관하면 매일 환매해줄 수 있게 된다. 또한 피델리티 같은 일부 회사들은 자사 고객에게 우리 펀드 매입을 허용하지 않았다. 단지 울먼 프라이스 시큐리티가 대형 증권사가 아니라는 이유였다. 지금은 울먼이 대형 증권사이지만, 당시에는 아니었다. 우리 펀드 계좌를 레프코로 이관하면 이 문제도 해결할 수 있었다. 그리고 다른 문제에도 대처할 수 있었다. 나는 처음부터 우리 펀드는 레버리지를 쓰지 않기로 했다. 차입금을 쓰면 마진콜을 당했을 때 엄청난 손실이 발생하기 때문이다. 그래서 고객이 맡긴 돈 중 증거금을 제외한 금액은 단기 국채에 투자하고, 여기서 나온 이자는 고객에게 지급하는 방식을 택했다. 그러나 그동안 이 과정이 비효율적이어서, 단기 국채 투자에서 나오는 수익률이 일관성이 없었다. 레프코로 이관하면 단기 국채 투자를 더 효율적으로 관리하여 매매 수수료도 낮출 수 있었다.

이렇게 펀드 계좌를 레프코로 이관하면 여러 문제를 개선할 수 있었으므로, 이관 준비 작업을 진행하고 있었다. 그런데 8월에 머피가 내게 와서 말했다. "우리가 정말로 원하는 것은 당신 회사 인수요." (그가 처음 내게 추천했던 사람을 제치고 레프코 임원 머코렐라를 다시 추천한 이유를 이해할 수 있었다.) 비랜드 매니지먼트의 소액 주주들은 좋은 조건에 주식을 팔기로 이미 동의했다. 나도 내가 보유한 대주주 지분을 놓고 레프코와 협상에 들어갔으나, 곧 중단되었다. 비슷한 편드를 유럽에서 판매하려고 나와 제휴했던 스위스의 '다이아페이슨 커모디티스 매니지먼트Diapason Commodities Management'가 주식 매도를 거절했기 때문이다. 레프코는 인수를 포기했다.

그래서 우리는 원래 계획대로 펀드 계좌 이관 작업을 진행했다. 매일 환매를 허용하여 펀드의 유동성을 높이고, 펀드 유통망을 확장하며, 신뢰도도 높이고, 펀드 관리 효율성도 높여 수익성을 끌어올려 투자자에게 혜택을 더 주려는 목적이었다. 2005년 10월 7일 금요일, 그들은 명확한 서면 지시를 통해 3억 6,200만 달러를 맨 그룹의 분리계좌(분리계좌는 명칭 그대로 분리된 계좌를 말한다)에서 레프코의 계좌로 이체했다.

돈이 고객 이름으로 예치되므로, 고객만이 그 돈의 소유권을 주장할 수 있다. 이는 은행의 대여금고에 돈을 넣어두는 것과 같다. 은행이 파산해도 아무 영향이 없어서, 그 돈은 여전히 내 소유이고, 언제든 꺼내 갈 수 있다. 그런데 레프코는 우리 자금을 분리계좌가 아니라 '레프코 캐피털 마켓' 계좌로 이체했다. 그러면 우리 자금은 보호받지 못하며, 레프코 경영진이 이 자금을 임의로 건드릴 수 있게 된다. 이는 선물업계에서 전례가 없는 범죄행위였다. 지금까지 수십 년 동안 분리계좌 원칙을 위반한 적이 없었다.

얼마 지나지 않아 레프코가 상습적으로 고객의 돈을 빼먹은 사실이 드러났다. 이들은 고객 돈을 불법적으로 이리저리 움직였고, 심지어 분리계좌에서 돈을 빼가기도 했다. 레프코는 오랜 기간 수

많은 고객을 기만했다. 이 회사는 우리와 거래하는 동안 기업공개 절차를 진행 중이었는데, 이 절차를 맡은 골드만삭스, 뱅크 오브 아메리카, 크레디트스위스, 퍼스트 보스턴 모두 광범위한 실사 작업을 진행했다. 우리가 자금이체를 하루만 늦췄어도, 아무런 문제가 발생하지 않았을 것이다. 그러나 우리는 결국 고난의 길을 피하지 못했다. 10월 10일 월요일, 베넷이 대규모 사기를 저질렀다는 뉴스에 레프코가 무너졌다. 닷새 후 베넷이 기소당했고, 10월 17일 레프코가 미국 역사상 네 번째로 큰 파산 신청을 하면서 우리 자금 3억 6,200만 달러가 레프코의 자산으로 편입되어 동결되었다.

소송 변호사들이 입맛을 다시기 시작했고, 소송이 제기되기 시작했다. 이들은 브랜드 매니지먼트와 나를 포함해서 보이는 대로 아무에게나 소송을 제기했다. 레프코의 투자 설명서에는 내가 회사 경영과 아무 상관이 없다고 명시되어 있는데도, 나는 여러 법정에서 고소당했다. 우리는 레프코에 사기 당한 피해자였으므로, 우리가 고소당했다는 사실을 아무도 몰랐다. 악덕 변호사들(사고 피해자들에게 소송하도록 유도해서 돈을 버는 변호사들)의 농간인 듯했다. 이들은 합의하자고 여러 번 제의했다. 우리는 아무 잘못이 없었으므로, 돈을 달라는 이들의 요청을 거절했다. 다행히 여러 법정에서 판사들이 우리 주장을 받아들였으므로, 이 소송은 심리조차 열리지 않았다. 고소인들이 차례로 소송을 모두 포기하고, 한 사람만 끝까지 남았다. 우리 펀드에 투자한 클랜시 리들리였는데, 그의 변호사는 스티브 클레이였다. 두 사람 모두 예일대학 급우였다. 이들은 끝까지 가서야 마침내 포기했다. 판사가 이들의 주장을 모두 기각했기 때문이다.

비랜드는 깨끗이 빠져나왔고, 나도 깨끗이 빠져나왔다. 고객들은 원래 액수보다 조금 늘어난 금액을 돌려받았다(부도가 발생하면 흔히 원래 금액의 극히 일부만 돌려받는다). 그러나 개인적으로는 엄청난 비용을 치렀다. 몇 년 동안 소송에 휘말리면서 나는 탈진하고 말았다. 나는 결백한 제3자였는데도, 끝없이 법정으로 끌려다닐 것만 같았고, 변호사들은 내가 실제로 무장강도인 것처럼 몰아붙였다. 그러나 나는 그들이 포기할 때까지 끝까지 버텼다. 내 생각에 그들은 소송에서 이기려는 뜻이 아니라, 나를 지치게 하여 돈을 받고 타협하려는 의도였다. 지독한 경험이었다. 특히 초기에 사기가 저하되었다. 마지막에 나는 완전히 기운이 빠졌다. 이 기간에 찍은 내 사진은 내 눈에도 늙어 보인다. 나는 누군가가 어떤 사건 탓에 갑자기 늙어버렸다는 말을 들은 적이 있었지만, 그저 비유적 표현이라고만 생각했다. 이제는 그렇게 생각하지 않는다.

나는 소송에 시간과 노력을 모두 쏟아 붓느라 둘째 아이는 엄두도 내지 못했다. 나는 극도로 의기소침해졌다. 나는 그동안 놀라운 성과를 거두었다. 상품지수를 개발했고, 시점 선택도 적중했으며(펀드 하나는 빠르게 성장하고 있었다), 투자자들도 수익을 거두고 있었다. 대단한 성공이었다. 그런데 갑자기 이들이 조사받았고, 사기꾼으로 밝혀졌으며, 나까지 소송을 당하는 신세가 되었다.

내가 지극히 낙심한 사실을 페이지가 눈치 챘는지는 모르겠다. 근심 탓에 흰머리까지 생겨났다. 근심이 모든 것을 통째로 먹어치우는 듯했다. 매일 아침 컴퓨터를 켜서 변호사가 보낸 메시지가 있는지 확인했다("맙소사, 또 있었다."). 우리가 승소했더라도, 다른 서류 더미를 읽어보고 답신해야 했다. 우리는 모든 소송에서 승리를 맛보았지만, 갈수록 쓴맛이었다. 개별 소송에서 승리해도 그것으로 끝이 아니었다. 그들은 끝없이 나를 괴롭혔다. 나는 낙심한 모습을 페이지에게 보이지 않으려고 노력했다. 나는 아내를 최대한 보호했다. 그런 이야기를 떠벌리지 않을 나이가 되었기 때문이다. 또 우리에겐 두 살짜리 아이가 있었고, 상황을 수습해야 했다.

소송은 미국에서 매우 빠르게 성장하는 사업이다. 미국의 변호사 수가 모든 나라의 변호사를 합한 것보다도 많다. 그동안 소송이 폭발적으로 증가한 탓에, 미국에서는 사업비용에서 소송비용이 큰 비중을 차지한다. 사업이든 교육이든 의료든, 소송당하지 않으려고 모든 일을 두 번, 세 번씩 확인하느라 엄청난 비용이 발생하는 탓에 미국의 국제 경쟁력이 갈수록 약해지고 있다.

현재 미국의 의료비 지출이 GDP의 17%가 넘는데, 이는 세계 평균의 두 배가 넘으며, 의료비 지출 2위인 독일보다도 몇 %포인트나 높다. 그런데도 성과가 거의 없다. 의료비의 절반이 소송방지 비용으로 지출된다면, 간 수술이 개선될 수가 없다. 의료과실 소송을 방지하려고 환자에게 불필요한 시험과 절차를 강요한다면, 간 수술비용은 절대 내려가지 않는다.

소송 탓에 의료비가 갈수록 상승하고, 그래서 회사가 터무니없이 비싼 건강보험료를 부담한다면, 경쟁력 있는 자동차를 생산하지 못한다. 독일과 일본 의사들은 이런 추가 비용을 부담하지 않는다. 이는 독일 차가 미국 차보다 경쟁력이 있다는 의미이고, 일본 트랙터가 미국 트랙터보다 경쟁력이 있다는 의미다. 미국 자동차 회사들은 건강보험료 외에 책임보험료(매우 하찮은 소송을 포함해서 온갖 소송으로부터 보호받는 비용)도 부담한다. 즉 자동차 성능 개선에 투입할 자금이 이런 비용으로 빠져나간다. GM이 미국 변호사들을 먹여 살리느라 막대한 자금을 지출하는 동안, BMW와 혼다는 자동차 성능 개선에 자금을 지출한다.

소송을 일삼는 문화가 미국 경제 전반에 팽배한 탓에, 모든 비용이 상승한다. 미국에서 햄버거를 판매하는 모든 사업자는 터무니없이 비싼 건강 및 책임보험료를 영업비용에 반영해야 한다. 이는 미국에서만 나타나는 현상이다. 다른 나라에서는 찾아볼 수 없다. 싱가포르에서 주택소유자 보험에 가입할 때, 나는 소송보험도 포함해서 가입하겠다고 말했다. 보험설계사는 그렇게 해줄 수 있지만, "여기서는 소송이 일어나지 않아요"라고 말하면서, 보험료도 거의 차이가 없다고 설명했다. 그녀의 말이 옳았다. 50년 전에는 미국에서도 그렇게 말할 수 있었다.

　대형 미국 법률 회사 지점이 있는 영국과 유럽에서도 이런 현상이 나타나기 시작했지만, 그렇게 심하지는 않다. 유럽 사법제도는 불법방해소송을 미국처럼 쉽게 허용하지 않는다. 대부분 유럽 법정에서는 패소자가 승소자의 법률비용을 부담해야 한다. 그러나 미국에서는 소송 제기에 비용이 들지 않는다. 아무리 터무니없는 소송을 제기해도, 비용을 부담할 위험이 전혀 없다.

　변호사들은 책임소송에 대해 성공 보수를 받는다. 즉 소송으로 받아내는 돈의 일정 비율을 보수로 받는 것이다. 실제로 승소하는 사례는 거의 없다. 심지어 제대로 노력하지도 않는다. 그러나 피고가 재판을 진행하면 합의할 때보다 훨씬 비용이 많이 든다는 사실을 이들은 알고 있다. 게다가 소송 대상을 효과적으로 선정하면 피고의 시간과 에너지를 모두 고갈시킬 수 있으며, 장기간 그의 일상생활을 비참하게 만들 수도 있다('로우스Loews Corporation'의 CEO 지미 티시는 이런 생활을 '죄수'에 비유했다). 시장에 관한 유명한 격언에 빗대자면, 피고의 재정보다 악덕 변호사들의 소송이 더 오래간다("당신의 증거금보다 시장의 광기가 더 오래간다"라는 말이 있다.-옮긴이).

　이런 변호사들은 TV로 서비스를 광고하기도 한다. 이들은 직원을 고용해서 뉴스를 샅샅이 뒤지고, 재난을 기다리며, 피해자를 찾아내고, 나아가 소송 대상도 발굴한다. 이들은 과거에 돈을 많이 벌어준 판사와 관할 구역을 대대적으로 조사하여 소송 법원을 선정한다. 바로 이런 이유 때문에 나는 2개 주(州)에 걸쳐 여러 법정에서 고소당했다.

다행히 나에 대한 소송은 본격적인 증언이 시작되기 전에 예심 단계에서 각하되었다. 변호사들은 나에게 엄청난 압박을 가해서 합의를 보려고 다양한 방식으로 위협했다. 이들은 내 초등학교 3학년 시절 선생님까지 증인으로 요청하려 했다. 변호사들은 피고에게 정신적 고통을 주려고 최대한 많은 사람을 끌어들인다.

노스캐롤라이나 상원의원이었던 변호사 존 에드워즈는 이런 식의 상해소송을 통해서 막대한 재산을 모은 덕분에 공직에 출마할 수 있었다. 그러나 그는 2008년 대선과 관련해서 최고 30년형에 이르는 복수의 중범죄 혐의로 기소되어, 법정의 피고석에서 난폭하고도 낭만적인 정의에 직면하여 지옥과도 같은 고통을 맛보게 되었다. 그가 돈을 벌려고 법이 허용하는 모든 수단을 동원했던 것처럼, 검사도 모든 수단을 동원해서 그를 괴롭혔기 때문이다. 이 소송은 결국 무효 심리가 되었다. 범죄가 입증될 수 있는 재판에서도, 판검사가 법을 소홀히 대하면 사법제도는 제 기능을 발휘하지 못한다. 레프코에 대한 형사소송에서 사법부는 레프코의 대표 외부 변호사 조지프 콜린스에게 증권 사기죄로 유죄 판결을 내렸다. 그러나 최근 항소심에서 유죄 판결이 뒤집혔으며, 이 글을 쓰는 현재 법무부가 재심을 청구할지는 알려진 바가 없다.

레프코의 다른 사기범들은 유죄 판결을 받았다. 베넷은 여러 건에 대해 유죄를 인정했고, 16년형을 받았다. 그의 전임자 톤 그랜트는 10년형을 선고받았다. 레프코 증권의 CEO 산토 마지오와 레프코의 전임 CFO(최고재무책임자) 로버트 트로스텐은 준엄한 판결에 직면하자 사기죄를 인정하였고, 감형을 조건으로 증언하겠다고 제안했다(트로스텐은 판결을 기다리는 중이고, 마지오는 2012년 1월에 죽었다). 조 머피는 불기소처분을 받았다.

머코렐라는 다시 레프코로 돌아가 회사의 파산을 맞이했다(레프코 내부자 말에 의하면, 그는 이중첩자로 우리 회사에 침투한 인물이었다). 파산하고 1개월이 채 지나기 전인 11월에 레프코의 선물 및 상품 사업부가 '맨 파이낸셜Man Financial'에 매각되었다. 맨 파이낸셜은 '맨 그룹Man Group'의 중개 사업부였는데, 2년 뒤 분사하여 'MF 글로벌MF Global'이 되었다. 2011년 10월, 'MF 글로벌'(당시 CEO는 뉴저지 주지사였던 존 코진Jon Corzine)'이 미국 역사상 8위 규모의 파산을 신청했다는 머리기사가 나왔다. 고객의 분리계좌 잔액이 무려 16억 달러나 부족하다고 보고한 직후였다.

처음에는 실패했지만, 재도전해서 성공했다고나 할까?

Chapter 11

개방적 사고의 중요성

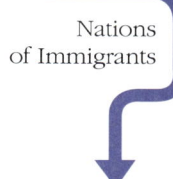

Nations
of Immigrants

싱가포르의 주거형태는 세 가지로 분류된다. 주택개발청 Housing and Development Board, HDB 아파트, 민간 아파트(콘도미니엄 포함), 단독주택(대지 포함)이다. 단독주택에는 타운하우스 같은 연립주택이 포함되며, 싱가포르에서는 '고급 방갈로'라고 부른다. 우리가 임차한 고급 방갈로는 대지가 딸린 단독주택이었다.

싱가포르에서 민간주택에 사는 사람은 12%에 불과하다. 절대다수인 88%는 HDB 아파트에서 산다. 싱가포르 정부는 사회를 안정시키려면 시민에게 사회의 지분을 나누어주어야 한다고 애초부터 생각했다. 그래서 정부는 모든 사람에게 주택을 제공하는 작업에 착수했다. 싱가포르 경제가 빠르게 성장한 덕분에, 오늘날 제공하는 HDB 아파트는 45년 전보다 훨씬 화려해졌다. 과거에 지은 아파트는 서서히 새 아파트로 교체되고 있다. 새 아파트 중에는 국제적으로 유명한 건축가들이 설계한 아파트가 많으며, 미국의 고급 콘도미니엄과 비슷한 공용설비를 갖추고 있다. 이런 공영주택은 싱가포르의 경제 환경이 나빠졌다는 신호가 아니다. HDB 아파트는 모든 소득층에 제공되며(최초 임차 시에는 소득에 따른 제한이 있다), 현재 무려 95%가 아파트를 소유하고 있다.

싱가포르가 성공을 일군 열쇠 중 하나는 높은 저축률과 투자율이다. 싱가포르는 1인당 저축률이 세계 최고다. 싱가포르에서는 모든 사람이 장래에 대비해서 저축하고 투자하며, 아시아 국가 대부분이 그렇게 한다. 그러나 싱가포르에서는 저축이 강제적으로 시행된다. 소득의 20%를 국민연금인 중앙적립기금^{Central Provident Fund, CPF}에 납부해야 한다. 그러면 고용주가 여기에 16%를 추가로 납부해준다(급여를 기준으로 월 납부금 상한액이 정해지므로, 고령 근로자나 소득이 낮은 근로자는 저축률이 낮아지며, 고용주가 부담하는 비율도 낮아진다). 이 저축은 의료비, 교육비, 주택 구입비에 사용할 수 있다. 별도 계좌로 관리되는 자기 돈이기 때문이다. 그러나 고급 스포츠카, 나이트클럽, 해외로의 휴가비용으로 사용할 수는 없다.

우리 집은 학교에서 겨우 800미터 떨어진 곳에 있다. 사람들은 나를 자전거로 아이들을 등교시키는 백인이라고 부른다. 타가^{Taga}라는 네덜란드제 세발자전거를 이용하는데, 앞에 2인승 목제 캐리지가 달려 있다. 캘리포니아처럼, 싱가포르에서도 자동차가 필수품이다. 50년 전에는 싱가포르 사람들 모두 자전거를 탔다. 그러나 부자가 되면서 이들은 가장 먼저 자전거를 버리고 자동차를 사기 시작했다. 상하이와 아시아의 여러 도시에서도 똑같은 현상이 나타났다. 그러나 지금은 교통 문제가 심각해지면서, 자전거가 다시 등장하고 있다.

1998년 싱가포르는 피크 시간에 교통 체증을 완화하려고 자동 요금 징수 시스템인 전자식 도로통행세Electronic Road Pricing, ERP를 도입했다. 도로표지판에 부착된 센서가 차량에 부착된 장치와 통신하면서 도로 사용료를 자동으로 징수한다. ERP는 여러모로 생활을 편리하게 해준다. 예를 들어 주차할 때에도 주차요금이 자동으로 징수된다. 미국에서는 통행료나 주차요금을 직접 지불해야 한다. 그러나 싱가포르는 ERP가 대신해준다. 싱가포르는 자그마한 섬나라여서, 여기저기 요금소를 세우면 체증이 더 심해지기 때문이다.

싱가포르가 제대로 하는 중요한 일 하나가 교육이다. 내가 싱가포르에 온 주된 목적은 아이들의 폭넓은 교육 때문이다. 나는 아이들이 아시아를 알고, 중국어를 배우길 바랐는데, 와서 보니 싱가포르는 공식 교육이 매우 엄격했다. 내가 초등학교에 다니던 1950년대에는 시험과 숙제에 매달리는 아이는 종종 놀림감이 되었다. 심지어 예일대에서조차 열심히 공부만 하는 학생들이 '바보' 취급을 받기도 했다. 이후 이런 풍토가 미국에서 크게 바뀌었는지는 모르겠다. 싱가포르에서는 공부만 한다고 바보 취급당하는 일은 없다. 싱가포르에는 교육 중시 사고가 문화 전반에 배어 있다.

하루는 해피가 집에 돌아와서, 미국인 국제학교 2학년은 숙제가 없다고 말했다. 해피는 화내지 않고, 있는 사실을 전달하기만 했다. 싱가포르에서 해피는 1학년 시작할 때부터 매일 2시간 이상 숙제를 했다. 그러나 미국인 학교는 숙제가 전혀 없었다. 나는 해피에게 그토록 오랜 시간 숙제를 하라고 격려하는 것이 옳은 일인지 의심스러울 때가 있다. 해피가 숙제에 대해서 그렇게 걱정해야 할까? 그 나이에는 그냥 노는 편이 낫지 않을까? 여덟 살에 그렇게 공부를 많이 하면 결국 탈진하지는 않을까? 열여덟 살이 되면 어떻게 될까? 그렇게 많은 숙제를 하느니, 차라리 군대에 가겠다고 말하지는 않을까? 지금 해피는 숙제를 즐기면서 잘 해내고 있다. 그러나 숙제를 잘하고 못하고를 떠나서, 이런 생활이 해피가 40세가 되었을 때 어떤 영향을 줄지 의문이다. 그럴 가능성이 있다면 우리가 이민을 오긴 했지만, 아마도 다른 싱가포르 사람들을 따라가게 될 것이다.

최근 나는 중국에서 성공한 매우 열정적인 CEO와 이야기를 나누었다. 그녀는 40대 어머니였으며, 박사였다. 그녀에게는 아들이 있었는데, 나는 내 딸에 대해서 이야기했다. 그녀는 내가 해피에게 잘못하는 것이라고 말했다. 어린이는 그냥 놀고 즐겨야 한다는 말이다. 그녀는 1970년대에 태어났다. 그녀는 중국이 극적인 변화를 겪는 동안 고학으로 박사학위를 받았다. 그녀는 학교 걱정 따위는 하지 말고 잊어버리라고 말한다. 해피가 박사가 되기를 원한다면 박사가 될 터이니, 강요할 이유가 없다고 말한다. 즉 해피를 내버려 두라는 말이다. 나는 그녀의 말에 공감했다. 요즘 아이들은 끔찍하게 바쁜 일정에 시달린다. 내가 어린 시절에는 문이 항상 열려 있었고, 우리는 나가서 놀았다. 그래서 내가 어린 아이들에게 제대로 하는 것인지 의심스럽다.

표준 국제시험에서 싱가포르는 항상 상위권이다. 이런 시험에서는 아시아 어린이들이 늘 미국 어린이들을 앞선다. 미국에서는 어린이들에게 자부심을 가르친다. 페이지와 나는 자부심은 스스로 세우는 것으로 생각한다. 해피는 1~2학년 동안 반에서 5등 안에 들었다. 올해에는 지금까지 중국어에서 거의 1등이다. 따라서 해피는 스스로 자부심을 세웠다. 여기서는 좋은 성적을 내려면 정말로 열심히 공부해야 하며, 성적은 실제 생활로도 그대로 연결되는 듯하다. 바로 이런 이유로 아시아인들이 세계에서 성공을 거둔다고 나는 생각한다. 미국의 경쟁력이 약한 것은, 아마도 가정과 학교생활의 태도 탓이다.

싱가포르에는 초등학교 졸업시험Primary School Leaving Examination, PSLE이라는 고된 관문이 있다. 6학년생은 누구나 이 시험을 치러야 하며, 그 성적이 일정 부분 장래를 좌우한다. 이 전국 시험에서 1등을 하면, 본인은 물론 부모의 사진까지 신문 1면에 실린다. 이는 싱가포르의 교육 중시 사상을 보여주는 한 가지 예에 불과하다. 학교 성적이 우수한 어린이들을 다루는 신문 칼럼이 수없이 많다. 미국에서 고등학교와 대학교 운동선수들에게 쏟는 관심과 맞먹는 수준이다.

우리는 미국에서 싱가포르로 이주할 때, TV를 가져오지 않았다. 나는 뉴욕에서 사는 40년 동안 집에 TV를 두지 않았다. 나는 지금도 집에 TV를 둘 이유가 없다고 생각한다. 그러나 내 견해가 얼마나 타당한지는 의문의 여지가 있다. 우리 가족이 여행할 때 호텔에서 해피가 가장 먼저 하는 일은 TV를 켜는 것이다. 해피는 온종일 앉아서 TV를 보고 싶어 한다.

"해피야, 나가자."

"나가기 싫어요. 난 TV 볼래요."

"독일어로 나오는데도?"

"상관없어요. 나 독일어 배울래요."

우리 가족은 모두 빈을 좋아한다. 우리는 빈에서 종종 5성급 호텔 자허Sacher에 묵는다. 이 호텔의 명물은 1832년 호텔 설립자의 아버지가 개발한 초콜릿 식품 자허토르테Sachertorte다. 1876년에 문을 연 이 호텔은 2차 세계대전 후 4대 승전국이 빈에 주둔할 때, 영국군 사령부로 사용되었다. 해피는 20세가 되면 자허 호텔에 방을 얻어 온종일 TV를 볼 것이며, 그때에는 우리도 어쩔 수 없을 것이라고 말한 적이 있다. 베이비 비는 아직 그 정도는 아니지만, 그날이 다가오는 듯하다.

지금까지 우리는 싱가포르에서 잘살고 있으므로, 떠날 이유가 없다(물론 나는 40년 동안 살던 뉴욕을 떠날 이유도 없었다). 떠날 이유가 생긴다면, 아마도 미련 없이 떠날 것이다. 중국에는 "부자 3대 못 간다"라는 말이 있다. 어느 문화에나 이와 비슷한 표현이 있다. 미국에도 비슷한 말이 있다. "무일푼에서 부자가 되었다가 다시 무일푼이 되었다"라는 말이다. 어떤 사람이 갑자기 부자가 되었더라도, 그 손자나 증손자는 다시 무일푼이 된다는 뜻이다. 중국에는 이런 말이 오래전부터 있었다. 이 말은 가족은 물론 국가에도 적용된다. 국가도 융성한 다음 몰락한다. 영국과 스페인이 그러했다. 이집트와 로마도 그러했다. 현재 미국에도 그런 일이 일어나고 있다.

융성기를 서너 번 누린 나라는 중국뿐이다(이후 긴 몰락기도 겪었다). 내가 생각하기에 이것은 철학과 관계가 있다. 중국의 역사를 보면 시종일관 교육을 강조하는 문화가 드러난다. 유교에서는 스승과 학자들을 매우 존경한다. 지금도 중국에서는 수백 년 전 제국시대에 세워진 현판(懸板)을 볼 수 있는데, 과거시험에서 우수한 성적을 낸 사대부(士大夫, 학자적 관료)를 기념하는 유물이다.

싱가포르는 놀라울 정도로 성공을 거두고 있다. 지금까지 부와 기술을 엄청나게 축적했으므로, 심각한 실수가 없는 한 내가 살아 있는 동안에는 몰락하지 않을 것이다. 베이비 비의 평생에는 어떨까? 그것은 먼 훗날의 이야기다. 지금부터 100년 뒤의 일이다.

싱가포르는 이민자의 나라다. 50년 전에는 습지에 100만 명이 살고 있었다. 지금은 인구가 500만 명이다. 영국이 이곳을 관리할 때부터 이민자들이 오기 시작했다. 지금은 싱가포르 시민과 영주권자의 4분의 1 그리고 전체 인구의 거의 절반이 외국에서 태어난 사람이다. 싱가포르가 지금까지 이민을 장려했던 이유가 몇 가지 있다. 먼저 싱가포르는 자본과 기술이 필요했다. 지금은 심각한 인구 문제 때문에 이민을 장려한다. 인구 노령화가 가파르게 진행되고 있으며, 싱가포르는 출산율이 세계 최저 수준이다.

싱가포르는 인구 상황이 매우 심각한 탓에, 정부가 1.5가구(표준 아파트에 고령 부모를 모시는 스튜디오형 아파트가 딸린) 새 아파트 건설을 감독하고 있다. 정부는 부부가 아이를 갖도록 권장하면서 인센티브도 제공하고 있다. 정부는 부부 숫자를 증가시키려고 결혼정보회사도 설립했다. 그러나 싱가포르는 여전히 이민자에 크게 의존하고 있다. 하지만 국가 규모가 작기 때문에 똑똑하고 교육 수준이 높으며, 성공한 이민자들을 선별적으로 받아들이고 있다(하지만 버스 운전할 사람도 필요하다). 인구가 3억 명인 미국처럼 규모가 큰 나라들은 이런 호사를 누리지 못한다.

안타깝게도 2년 전부터 싱가포르에서 이민에 대한 반발이 나타났다. 주민들이 버스도 붐비고 학교도 붐빈다고 불평을 하기 시작했다. 둘 다 사실이 아닌데도, 정부는 이민자 수를 대폭 줄였다. 주민들에게 외부인 유입에 적응할 시간을 주기 위해 정부는 단기적으로나마 정치적 편의를 선택했다. 자치정부 수립 이후 모든 선거에서 승리한 인민행동당People's Action Party, PAP이 2011년 선거에서는 의회의 87석 중 6석을 노동당에 빼앗겼다. 독립 이후 야당이 거둔 최고의 결과였다.

문제가 발생하면 외부인들을 손쉽게 희생양으로 삼는다는 점에서는 싱가포르도 여느 나라와 다르지 않다. 사람들은 비난할 대상이 필요하면, 가장 먼저 외국인을 비난의 대상으로 삼는다. 언어가 다르고, 종교도 다르며, 피부색도 다르고, 음식도 다른데다가 냄새도 다르기 때문이다. 나는 세계 곳곳에서 외국인에 대해 이렇게 말하는 소리를 들었으며, 특히 상황이 안 좋을 때 이런 소리를 많이 들었다. 싱가포르에서는 말레인, 인도인, 유라시아인이 비난의 대상이 된다. 중국에서 이민 온 자신의 조부모와 같지 않다는 이유로, 심지어 중국인까지도 비난받는다. 그러나 이들은 기술과 교육을 기준으로 선발된 사람들이므로, 실제로는 이들의 조부모보다 우수할 것이다.

오늘날 외국인 혐오증 문제가 내가 자란 앨라배마주만큼 심각한 곳도 없을 것이다. 2011년 앨라배마주는 외국인에 대한 혐오로 HB56이란 법안을 통과시켰는데, 미국에서 이민을 가장 엄격하게 제한하는 법으로 여겨진다. 이 법이 주에 미친 영향은 파멸적이었다. 2011년 9월 법이 발효되자, 겁에 질린 이민자 수천 명이 일자리도, 학교도, 집도 버리고 앨라배마주를 떠났다. 농작물이 들에서 썩어버린 탓에 55억 달러에 이르던 앨라배마 농업의 등골이 부러졌다. 건설 노동자의 25%가 앨라배마주를 떠난 탓에 2010년 4월 토네이도로 부서진 건물의 복구작업도 멈춰버렸다.

이 법안을 지지한 사람들은 미국인 실업자가 감소할 것이라고 주장했지만, 앨라배마주 미국인들은 이민자들이 떠나면서 만들어진 일자리를 채우려 하지 않았다. 히스패닉계가 맡았던 분야에서는 일자리가 창출되지 않았다. 앨라배마주에서 사라진 일자리는 최대 14만 개로 추정된다. 의료비와 사회복지비 절감액을 고려하더라도 주가 입은 손실은 GDP의 6%에 이르는 약 110억 달러로 추산된다. 그리고 여기에 주 및 지방세 세수 손실 3억 3,900만 달러까지 추가해야 한다.

법이 발효된 직후인 2011년 11월, 터스컬루사Tuscaloosa 외곽 공장에 출장 온 독일 메르세데스 벤츠 임원 한 사람이 체포되어 지역 경찰서에 수감되었다. 여권을 호텔에 두고 나온 탓에 불법 이민자로 의심받은 것이다. 앨라배마주 국토안보부 책임자는 이렇게 말했다. "경찰관은 법령을 정확하게 준수한 듯합니다." 1개월 뒤에는 혼다 자동차 링컨 공장으로 발령받은 일본 관리자 한 사람이 경찰에 제지당했다. 정당한 운전면허를 소지하지 않아 법규를 위반했다는 이유였다(앨라배마주나 일본에서 발급한 면허증이 필요했으므로, 국제면허와 여권만으로는 불충분했다).

외국 기업들이 앨라배마주 인구의 5%를 고용하고 있다. 'BBVA

컴퍼스BBVA Compass'의 스페인 소유주는 버밍엄에 8,000만 달러짜리 고층 은행건물을 건립하려던 계획을 이미 취소했다. 그리고 중국의 '골든 드래건 프리사이스 카퍼 튜브 그룹Golden Dragon Precise Copper Tube Group'은 토머스빌에 1억 달러 규모의 공장을 지으려던 계획을 재검토 중이다. 이민 옹호자들은 몽고메리의 14억 달러 규모 공장에서 앨라배마주 GDP의 2%를 창출하는 한국의 현대자동차에 그 법에 반대하라고 압박하고 있다.

이 법이 경제에 파멸적인 영향을 미친 탓에 앨라배마주 입법자들은 궁색한 처지에 놓이게 되었다. 외국인 혐오증에서 비롯된 사회적·인도주의적 비용이 이를 말해준다. 연방법원은 이 법의 합헌성에 대해 문제를 제기한다. 한 판사의 말에 의하면, 이 법을 토론하는 과정에서 "이 법에는 히스패닉에 대한 경멸적 논평이 가미되었다"라는 결론을 얻을 수 있다. 백악관은 이민이 연방정부 소관이라고 주장하면서 이 법에 반대한다.

연방에서 제기한 문제가 어떤 방식으로 해결되든, 법안을 기초한 주 입법자들은 자신의 어리석음 탓에 정치적·경제적 역풍을 맞고 있으며, 법을 재검토해야 하는 처지가 되었다. 결과가 어떻게 나올지는 아직 아무도 알 수 없다. 이민을 둘러싼 싸움은 여러 주에서 다양한 형태로 진행 중이다.

미국은 이민법이 제정되기 전까지 최고의 번영기를 누렸다. 이민법은 1920년대에 공포와 무지 탓에 탄생했다. KKK단(미국의 극우 비밀결사단체)이 법 제정을 선동했으며, 이탈리아인, 가톨릭교도, 유대인 등 모든 이민자에 대한 편견이 그 바탕이 되었다. 그전에는 미국 국경은 열려 있었다. 그리고 세계 모든 나라의 국경도 열려 있었다. 마르코 폴로는 여권이 없었다. 크리스토퍼 콜럼버스도 마찬가지다. 우리 선조가 미국에 올 때 허가를 받아야 했다면, 미국은 지금과 딴판이 되었을 것이다. 라파예트 후작(미국 독립전쟁 때 워싱턴 휘하에서 활약한 장군)이나 토머스 페인이 비자를 받아야 했다면, 미국은 탄생하지도 않았을 것이다. 앤드루 카네기와 존 제이콥 애스터 등 미국을 위대한 나라로 키운 기업가들도 이민자였다.

역사를 통틀어 가장 번창한 지역은 세계에 문호를 개방한 지역들이었다. 14세기 말, 사람들은 원하면 언제든지 짐을 싸서 사마르칸트Samarkand로 이주할 수 있었다. 중국과 지중해를 잇는 실크로드 상의 부유한 도시 사마르칸트는 문화의 교차로로 크게 번성하였다. 타메를란 몽골 제국의 수도였으며, 세계의 언어와 종교가 마구 섞인 거대한 용광로 같은 도시였다. 그보다 400년 전인 첫 번째 밀레니엄 전환기에는 스페인 안달루시아 지역의 코르도바Cordoba가 세계에서 가장 번창하는 도시였다. 이슬람 칼리프의 수도로서 이후 100년 동안 번영을 누렸다. 인종, 문화, 종교가 다양했으며, 세계 최대의 도서관을 보유한 지성의 중심지였으므로, 과학, 철학, 지리학, 역사, 미술이 크게 발전했다.

이런 도시에는 세계 곳곳에서 사람들이 몰려들었고, 그래서 도시가 더욱 커졌다. 덩샤오핑은 문을 열어놓을 때 이런 일이 발생한다고 말했다. "창문을 열면 파리도 들어오지만, 햇빛과 맑은 공기도 들어온다."

페이지와 내가 세계일주를 하면서, 호주 시드니에서 저녁을 먹을 때였다. 동석한 어떤 기업 임원이 이민에 대해 불평을 늘어놓았다. 그러나 그 임원과 부인 둘 다 이민자였으므로, 그의 말은 허세로 보였다. 그는 뉴질랜드 출신이었다. 내가 그 사실을 일깨워주자, 그가 기껏 내놓은 변명이 "우리는 달랐습니다. 당시에는 달랐어요"였다. 우리가 항상 마주치게 되는 사고방식이 "나는 들어왔으니까, 이제는 문을 닫아 걸어라" 이다. 내가 캘리포니아에서 강연 여행을 할 때, 젊은 시절 가족과 함께 유럽에서 이민 온 미국인 사업가도 똑같은 반응을 보였다. 그는 "우리 가족은 다릅니다"라고 말했다. 이처럼 때로는 이민자들 자신이 이민에 대해 가장 격렬한 반감을 드러내기도 한다.

내게 선택권이 있다면, 나는 모든 나라의 국경을 개방할 것이다. 그러면 더 자연스럽게 사람들이 들어오고 나갈 것이며, 모든 나라에 활력이 넘칠 것이다. 새로운 사람, 자본, 아이디어가 오고 갈 것이다. 이런 교류는 사회와 경제에 항상 이득을 가져다준다. 창의력을 높여주기 때문이다. 역사를 돌아보면, 가장 적극적으로 이민가는 사람들은 야심차고 똑똑하며 열정적인 사람들이었다. 바로 내가 고용하고 싶은 사람들이다. 지금도 타메를란 몽골 제국 시대와 다르지 않다.

어느 신문인지는 모르겠지만, 기억나는 기사가 있다. 한 쿠바인이 나무통에 몸을 묶고 바다에 뛰어들어 플로리다 해협을 건너 미국에 도착했다. 그러나 그가 해변에 도착했을 때, 대기하고 있던 경찰이 그를 체포하여 다시 쿠바로 돌려보냈다. 그때 내가 그 자리에 있었다면, 나는 그 자리에서 그를 고용했을 것이다. 체포하는 대신 그에게 일자리를 주었을 것이다. 바로 그런 사람이 내가 고용하고 싶은 사람이다. 그만큼 용감하고 열정적이어서 모험을 감행할 수 있고, 그만큼 똑똑해서 무사히 바다를 건널 수 있었던 것이다. 우리는 이런 사람들을 고용하고, 이런 사람들을 미국에서 살게 해야 한다. 이런 사람들이야말로 새로운 나라에 와서 회사를 세우고 부를 일굴 사람들이다.

1990년 오토바이로 세계일주를 할 때, 나는 블라디보스토크에서 동쪽으로 약 80킬로미터 떨어진 시베리아의 항구도시 나홋카Nakhodka에 도착했다. 항구 공무원이 어떻게 여행 허가를 받아냈느냐고 내게 물었다. 러시아 정부의 여행 허가가 아니라, 미국 정부의 출국 허가를 묻는 것이었다. 원하면 언제든지 미국을 떠나고, 언제든지 미국으로 돌아갈 수 있는지를 알고 싶어 했다. 소련 공산주의 체제에서 살면서 그가 들어온 거짓말 하나가 세계 사람들 모두 자기 나라를 떠날 수 없으며, 일단 떠나면 다시는 돌아갈 수 없다는 말이었다. 내가 대답했을 때, 그는 놀라는 표정이 아니었다. 십중팔구 그는 다양한 외국 선원들로부터 비슷한 대답을 들었을 것이다. 여기서 주목할 것이 그의 질문이다. 사람들은 이민자와 방문자들을 통해서 외부 세계를 알게 되는데, 이는 확실히 도움이 된다.

"벗이 먼 곳에서 찾아오니 이 또한 즐겁지 아니한가?"

공자가 2500년 전에 한 말이다. 오늘날 인구가 고령화하는 국가라면, 먼 곳에서 찾아오는 친구는 단지 반가운 사람 정도가 아니라, 절대적으로 필요한 사람이다. 그런 나라는 싱가포르만이 아니다. 유럽도 가파르게 고령화가 진행 중이다. 심지어 미국도 고령화 사회로 가고 있다. 이는 선진 세계 대부분의 문제이며, 선진 사회들이 해결해나가야 하는 문제다. 은퇴자들은 공장도 못 짓고, 창업도 못하며, 사람을 고용하지도 못한다. 이들은 자본을 창출하는 사람들이 아니며, 이들에게 자본 창출을 기대해서도 안 된다. 노령인구는 사회복지 혜택을 받아 소비하는 사람이지, 자본을 창출하는 사람이 아니다. 자본을 창출하는 사람은 노동 연령대의 젊은 사람들이다.

선진 세계는 번영할수록 출산율이 하락하고 있다. 부유한 사람들은 노후에 자녀로부터 지원이나 보살핌을 받을 필요가 없다. 현대 산업사회에서는 농사지을 자녀도 필요 없다. 자녀를 키우려면 막대한 비용이 들어간다. 왜 막대한 비용을 들여 둘째, 셋째 아이를 맨해튼 사립학교에 보내는가? 그 돈으로 바하마 여행을 할 수 있는데? 지금은 막대한 저축이 없어도, 100년 전에는 없었던 사회안전망에 기대어 살 수 있다. 종교의 힘도 예전 같지 않다. 전에는 가톨릭교도들이 교회의 권유에 따라 자녀를 많이 두었다. 지금은 대부분이 가톨릭교도인 이탈리아와 스페인의 출산율이 세계 최저 수준이다.

이민자가 없을 때 청년층 인구 부족을 해결하는 유일한 방법은 출산율을 높이는 것이다. 두 번째 방법도 있는 듯하다. 조너선 스위프트의 저서 『A Modest Proposal(겸손한 제안)』에 나오는 인구의 용도 변경이다. 노인들을 식량으로 팔아치우는 방법이다. 그러나 두 번째 방법을 제안하는 사람은 아무도 없다. 일본은 실험적 사례다. 일본의 출산율은 세계 최저 수준이고, 일본의 기대수명은 세계 최고 수준이다. 일본에는 애완동물이 아이들보다 많다.

일본에는 노인들이 많고 부양해줄 젊은이들은 부족해서, 노인들만 사는 주택이 증가하고 있다. 일본 정부의 추산에 의하면, 40년 뒤에는 65세 이상 인구가 일본 인구의 40%를 차지하게 될 것이다. 이 문제 해결을 더욱 어렵게 만드는 요소가 일본의 악명 높은 섬나라 근성이다. 일본은 외국인 혐오증도 세계 최고 수준이다. 2005년 UN 보고서에 의하면, 일본의 인종차별주의는 "깊고도 난해하다." 일본은 두 번째 방법을 원하지 않는 만큼이나 이민 촉진도 원하지 않을 것이다.

　사람들의 자유로운 이동을 논의하다 보면, 필연적으로 자유 그 자체를 논의하게 된다. 그런데 현재 세계에서 일어나는 변화 중에서, 미국에서 우리가 당연하게 받아들이는 자유만큼 끊임없이 변화하는 것도 없다.

Chapter 12

보호무역주의의 장막이 드리우고 있다

Land of the Free?

정부가 법에 명시된 기소 이유를 밝히지 않고 사람을 투옥하고, 특히 그의 재판을 막는다면, 이는 지극히 혐오스러운 행태이며, 나치든 공산주의든 모든 전체주의 정부의 토대를 세우는 것이다.

—윈스턴 처칠

조지 W. 부시 대통령은 9월 11일 알 카에다가 미국을 공격한 이유를 국민에게 설명하면서 이렇게 말했다.

"그들은 우리의 자유를 증오합니다."

논의 진행을 위해서 그의 백치 같은 분석은 그냥 무시하고, 테러리스트에 대한 그의 반응만 살펴보자. 그는 테러리스트에게 협조했다. 그의 주장을 보면, 그는 테러리스트의 요구 사항을 들어주었다. 테러리스트가 공격하고 6주가 채 지나가기도 전에 그는 미국 시민이 200년 넘게 누려왔던 자유를 박탈하는 법안에 서명했다. 테러리스트가 증오한다고 그가 이야기한 자유 말이다.

부시가 추진하고 서명한 애국법The Patriot Act에는 알 카에다의 지하드 전사들에게 확실히 낯익은 조항이 들어 있다. 정부가 사람들의 권리를 박탈함으로써 테러리스트가 양산되는 권위적 국가에서 횡행하는 조항 말이다. 이제는 미국도 영장 없는 도청, 부당한 수색과 압수, 무기한 구금, 합법적 고문이 가능한 나라다. 그들처럼 말이다. 이제는 미국에도 국토안보부라는 국내 감시기구가 있다.

이웃과 문제가 생겼는가? 이웃집에서 나는 음식 냄새가 싫은가? 국토안보부에 전화해서 그의 행동이 수상하다고 밀고하라. 정부는 5~6년 동안 그를 관타나모에 처넣고 심문할 것이므로, 한동안 성가실 일이 없을 것이다. 그가 미국 시민이라고? 아무도 신경 쓰지 않는다. 2011년 9월 예멘에서 CIA는 미국 시민 두 사람을 무인기로 감시했다. 범죄인가? 아마 그럴 것이다. 그러나 절대 알 수 없을 것이다. 체포도, 변호사도, 판사도, 배심원도, 판결도 없으니 말이다. 현재 이런 문제를 다루는 비밀 위원회가 있다. 자유의 나라에 새 시대가 열린 것이다.

역사를 돌아보면 미국에도 물론 린치 집단이 있어서, 무고한 사람들이 국가와 폭도에게 박해당하기도 했다. 그러나 적어도 이론상으로는 이런 박해를 막아주는 보호조항이 있었다. 그리고 적어도 이론상으로는 정부가 죄인조차 재판 없이 처형할 수 없었다. 문제는 정부의 권한이 도를 넘어섰다는 것이 아니라(에이브러햄 링컨은 인신보호법을 유예하기까지 했다), 정부의 이런 행위를 용인하고, 때로는 찬양하게 되었다는 점이다.

나는 정부를 불신하게 되었다(나는 미국 사람 모두에게 불신하라고 권한다). 나의 불신은 45년 이상 이어졌다. 1967년 버지니아주 포트 리 장교 후보생 학교에 다닐 때, 나는 그해에 반전시위대 10만 명과 함께 유명한 펜타곤 시위에 참여했다. 그러나 이런 불신이 단지 세대의 특성에 불과한 것인지도 모르겠다. 내 아버지 세대는 정부의 말을 모두 믿었던 듯하다. 그리고 지금 성년이 되는 세대를 보면 내 세대보다 아버지 세대가 훨씬 더 잘 연상된다. 오늘날 미국인들이 정부의 말을 모두 믿는다는 뜻이 아니라, 굳이 믿을 필요성을 느끼지 못한다는 말이다. 베트남전 전사자 수에서 이라크를 침공하는 거짓 명분에 이르기까지, 정부가 왜곡하고 조작한 정보를 대중이 기꺼이 수용하는 태도에는 전혀 변화가 없는 듯하다.

전쟁의 첫 번째 피해자는 진실이라는 말이 있다. 그리고 이런 명제가 지금까지는 항상 서술적으로 쓰였지만, 이제는 무시무시하게도 관행적이 되었다. 미국 정계는 이를 전시에는 정부가 거짓말을 해도 된다는 뜻으로 받아들였다. 그렇다면 2001년 이후 늘 그랬듯이 전쟁을 끊임없이 이어가는 것보다 더 좋은 통치 방법이 어디 있겠는가?

18세기 말 미국은 다른 나라들과는 전혀 다른 원칙 위에 세워졌다. 이는 우리의 권리는 정부가 주는 것도 아니고, 정부가 빼앗아 갈 수 있는 것도 아니라는 원칙이다. 이렇게 혁명적인 개념이었기에, 이를 실현하려면 독립이 필요했다. 그러나 이제 미국은 그런 나라가 아니다. 이제 미국은 개인의 권리가 국가의 권력에 종속되는 나라다.

1980년 우리는 말만 앞세우는 대통령(레이건)을 뽑았다. 아니면 적어도 다수가 원하는 대로 '국민을 괴롭히지 않는 정부'를 선택했다. 2004년에는 국민이 정부를 괴롭히지 못하게 하겠다고 암묵적으로 약속하여 인기를 얻은 대통령(조지 W. 부시)을 재선출했다. 이제 우리는 지난 200년 동안 미국으로 몰려들었던 이민자와 난민자가 탈출하게 하는 정부를 만들고 있다. 드디어 우리는 건국의 아버지들의 그늘에서 벗어나게 되었다. 1759년 한 건국의 아버지가 그런 자녀가 되어서는 안 된다고 경고했던 자녀가 되었다. 벤저민 프랭클린은 말했다.

"일시적 안전을 조금 얻으려고 본질적인 자유를 포기하는 사람들은 자유도 안전도 누릴 자격이 없다."

우리를 위협하는 정부 앞에 엎드려 우리의 권리를 넘겨준다면, 그래서 자유의 나라에 대한 우리의 권리를 포기한다면, 미국은 용기 있는 자들의 나라라고 말할 수 없을 것이다.

이 책이 출간될 즈음, 미국인들이 외국에서 은행 계좌를 만들지 못하게 하는 법이 발효되었다. 당신이 포드사 임원인데 독일 지사로 발령받았다고 가정해보자. 당신은 현지 은행에 계좌를 만들어서 수표도 발행하고 유로도 인출한다. 그러나 2013년 1월에 발효되는 해외금융계좌신고법Foreign Account Tax Compliance Act, FATCA에 의하면, 외국 은행이 당신을 고객으로 유지하기가 매우 부담스러워진다.

오래전부터 미국인들은 모든 외국 은행 계좌를 미국 정부에 보고하게 되어 있다. 나도 세금을 납부할 때 모두 보고한다. 그런데 내가 오래전부터 거래하던 외국 은행 두 곳(법에 따라 내가 일상적으로 정부에 보고했던 은행)에서 전화가 왔다. 은행 직원이 죄송스러우나 이제는 미국인 고객을 받지 않기로 했으므로, 미국인 계좌를 폐쇄하는 중이라고 말했다. 지금까지는 보고의무가 내게 있었지만, 이제부터는 은행이 맡아야 하며, 보고 형식도 더 부담스러워졌기 때문이라고 말했다.

새 법에 의하면, 외국 기관이 국세청과 합의하여 미국인 고객의 계좌를 감시하지 않으면, 미국인 계좌에서 나온 수익의 30%를 원천징수해야 한다. 외국 기관은 자신이 미국 재무부의 지점이라고 생각하지 않는다. 단지 세금부과 목적으로 고객 계좌를 찾아내서 보고서를 작성하느라 추가 업무를 해도 미국 정부는 돈을 주지 않는다. 이런 업무에 들어가는 엄청난 비용을 감당하기 어렵기 때문에, 이들은 미국인 계좌를 폐쇄하는 것이다. 실수라도 발생하면 소송과 벌금 위험까지 감수해야 하므로, 효율적인 해결책은 미국인 고객을 받지 않는 것이다. 도이치뱅크, 크레디트스위스, HSBC 등 유럽 은행들은 2011년부터 미국인 증권계좌를 폐쇄하기 시작했다.

이 법 때문에 자본도피가 일어나고 있는 듯하다. 런던에서는 미국 시민권을 포기하려면 6개월을 대기해야 하고, 제네바에서는 14개월을 대기해야 한다는 말이 있다. 15년 전이나 30년 전에는 미국 시민권을 포기하는 사람이 극소수였다. 가장 유명한 사례는 뮤추얼펀드의 선구자 겸 자선가인 억만장자 존 템플턴이다. 그는 국제투자펀드 템플턴 그로스 판매로 내게 되는 1억 달러가 넘는 세금을 피하려고 미국 시민권을 포기했다. 그는 바하마를 거처로 정하고, 바하마와 영국의 귀화시민이 되었다.

지금은 국적을 포기하려면 대기자 명단에 이름을 올려야 한다. 싱가포르의 미국 영사관에는 벽에 가격표가 붙어 있는데, 다양한 서비스를 유형별로 분류해서 올해와 작년 가격을 적어 놓았다. 최근 여권을 갱신하러 영사관에 갔을 때 보니까, 그날 시민권을 포기하는 비용이 450달러였다. 2010년에는 7월까지 무료였다. 그리고 전에는 예약 없이 방문해서 시민권을 포기할 수 있었다. 그러나 지금은 예약이 필요하다. 복잡한 절차도 거쳐야 한다. 먼저 영사관 직원이 당신에게 시민권을 포기하지 말라고 말로 설득한다. 다음에 다시 오게 하는 지연 전술도 쓰며, 당신의 마음을 바꾸려고 온갖 수단을 동원한다. 이는 한편으로는 당신을 보호하려는 의도이고(시민권 포기가 자발적이고 의도적인지 확인하기 위해), 한편으로는 시민권 포기가 어떤 흐름을 형성했기 때문이다.

요즘 미국인들이 해외 계좌를 유지하기 어려워진 것은 큰 흐름 뒤에 숨은 한 가지 현상에 불과하다. 애국법에 의한 은행규정 탓에 국외 거주 미국인들은 미국 은행에도 계좌를 유지하기가 갈수록 어려워지고 있다. 제네바에 본부를 둔 시민단체 재외미국시민American Citizens Abroad, ACA에 의하면, 애국법 테러방지 조항에 겁먹은 미국 은행들이 '신중한 자기방어' 차원에서 해외에 주소지가 있는 외국인 장기 고객들의 계좌를 폐쇄하고 있으며, 그 결과 국외 거주자들이 이제는 '요주의 시민'이 되어버렸다.

미국은 거주지가 아니라 시민권을 기준으로 세금을 부과하는 세계에서 몇 안 되는 나라다. 그래서 외국에 사는 미국인은 이중과세를 당한다. 이들은 거주국에 세금을 내고서도 미국에 또 세금을 낸다. 당신의 재산이 200만 달러가 넘는데 미국 시민권을 포기한다면, 이는 세금 때문이라고 추정할 수 있다. 당신은 스님이 되고 싶어서 티베트 산간 지역에서 무일푼으로 생활할 수도 있다. 그러나 당신의 재산이 시가 기준으로 200만 달러를 초과한다면(또는 과거 5년 간 평균 조세채무가 일정 기준금액을 초과한다면), 정부는 당신이 명상이 아니라 세금회피 목적으로 티베트에 갔다고 간주한다. 따라서 당신은 보유 재산의 가치를 계산하여 국외 거주세를 내야 한다. 〈이코노미스트Economist〉는 이를 미국판 베를린 장벽이라고 불렀다. 이제는 미국도 구(舊)동독, 북한, 쿠바, 이란, 구소련, 1930년대 독일처럼, 시민을 나라 안에 가두고, 한 번 빠져나간 시민은 돌아오지 못하게 하는 법을 만들었다.

지금까지는 해외금융계좌신고법FATCA 적용 기준이 5만 달러다. 미국 고객의 계좌 잔액이 5만 달러 미만이면, 외국은행은 보고 의무가 없다. 따라서 대부분 국가의 일반 결제계좌나 저축계좌에는 아직 아무런 영향을 받지 않는다. 그러나 아마도 조만간 나는 지역은행 계좌로 전자결제를 하지 못하게 될 것이다. 물론 싱가포르에는 씨티은행 지점이 있다. 지금은 씨티은행에 내 계좌가 없지만, 다른 은행이 나를 받아주지 않는다면 나와 싱가포르의 다른 미국인들은 계좌를 씨티은행이나 다른 미국은행(체이스와 뱅크 오브 아메리카)으로 옮길 수밖에 없을 것이다.

일부 유럽은행들이 생각하듯이 새 법을 만들 때 의회가 이를 염두에 두었다면, 이 법은 일종의 보호무역주의로 볼 수 있다. 자유경쟁의 제한으로 볼 수 있다는 말이다. 씨티은행이 이 법을 지원했을 것이라고 외국은행들이 추측하는 것도 무리가 아니다. 씨티은행은 세계에 방대한 지점망을 보유하고 있으며, 의회는 다양한 방법으로 자국 기업들을 보호할 수 있다.

2005년 미국 하원은 중국해양석유총공사Chinese Nationa Offshore Oil Corporation, CNOOC의 유니온오일Union Oil of California 인수를 막았다. 유니온오일은 이제 미국에서 네 번째로 큰 셰브런Chevron의 완전소유 자회사가 되었다. 2006년 의회의 압박 탓에 두바이 포트 월드Dubai Ports World는 미국 항만에서 새로 인수한 터미널 사업을 미국 거대 보험사 AIG의 한 사업부에 매각할 수밖에 없었다. 두바이는 미국의 확고한 동맹국인데도 말이다(미국 함대가 두바이에 정박 중). 정치인들은 국가안보를 부르짖었지만, 둘 다 선거구민들을 위해서 자유경쟁을 제한한 것이다.

미국은 중국에 대해서도 그렇게 했고, 중요한 동맹국 아랍에미리트연합에 대해서도 그렇게 했다. 곧이어 프랑스와 브라질 등 다른 나라들도 미국의 뒤를 따라 보호무역주의 조치를 내놓고 있다. 브라질은 중국산 수입차에 관세를 부과할 때, 미국 하원이 중국의 환율 조작에 가슴을 치면서 관세를 부과하겠다고 계속 위협했던 사실을 인용했다. 이제 세계는 미국이 그렇게 하면 우리도 그렇게 하겠다는 분위기다. 세계는 대공황을 더욱 심화시킨 '근린 궁핍화 정책Beggar-thy-neighbor Policy'을 만지작거리고 있다.

1929년 주식시장이 붕괴할 때 일부 부자도 무너졌지만, 이들은 대부분 그 이전의 거품에 현혹된 투자자들이었고, 직접 영향 받은 미국인은 많지 않았다. 공황을 대공황으로 키운 것은 주식시장 붕괴가 아니었다. 물론 이후 경기 침체는 평균 수준보다 다소 심했을 것이다(당시에는 은행도 주식을 살 수 있었다. 전국의 수많은 소형 은행이 주식 열풍에 휘말린 탓에 곤경에 처했다). 문제의 주역은 정치인들이었다. 1930년에 제정된 스무트—홀리 관세법Smoot-Hawley Tariff Act과 이후 미국 무역 상대국들이 부과한 보복 관세가 경기침체를 대공황으로 키워버렸다.

아직 무역전쟁이 전면적으로 벌어진 것은 아니지만, 우리는 한 걸음씩 그 방향으로 나아가고 있다. 세계 자본 흐름의 제약에서 보호무역주의가 고조되는 모습을 볼 수 있다. 이른바 '근린통화 궁핍화 정책'이다. 자본은 안정성과 높은 수익률을 따라 어디로든 이동할 수 있게 해주어야 한다. 이런 흐름을 방해하면 투자 효율성이 낮아지고 국가 경제가 왜곡된다.

국가 경제가 곤경에 처하고(예컨대 무역적자가 확대되고 부채가 급증하고), 그래서 통화가치가 하락하면, 예로부터 정치인들은 언제나 외환을 통제하여 상황을 더 악화시키고야 말았다. 정치인들은 달려가 언론에 이렇게 말했다.

"독실한 미국인, 독일인, 러시아인 등 모두 들으시오. 우리 금융시장에 일시적인 문제가 있긴 하지만, 이는 우리 통화 가치를 떨어뜨리는 사악한 투기꾼들의 소행입니다. 우리 통화에는 아무런 문제가 없고, 미국은 경제가 건전한 강국입니다. 이런 투기꾼들만 아니면 전혀 문제가 없습니다."

사실은 정치인들이 경제를 잘못 운영해서 문제가 발생했는데도, 이들은 사람들의 관심을 다른 쪽으로 돌리려고 세 집단을 비난한다. 먼저 투기꾼들을 비난하고, 이어서 은행가들을 비난한 다음, 외국인들을 비난한다. 경기가 좋을 때에도 은행가를 좋아하는 사람은 없다. 경기가 나빠지면 모두가 은행가를 더욱 싫어한다. 남들은 고생할 때 은행가들은 더 부자가 되기 때문이다.

외국인들은 투표권이 없으므로, 표적으로 삼아도 뒤탈이 없다. 이들은 국정에 대한 결정권이 없으며, 이들이 먹는 음식은 냄새도 고약하다. 정치인들은 기자들까지도 비난한다. 기자들이 경기가 침체한다는 기사를 쓰지 않으면 실제로 경기가 침체한 것을 모를 것이기 때문에, 이를 막는 임시 조처가 필요하다고 정치인들은 말한다. 통화 가치가 하락하지 않도록 사람들이 돈을 국외로 반출하기가 불가능하거나 적어도 어렵게 해야 하며, 해외로 여행하는 사람은 소수에 불과하므로 이렇게 해도 사람들 대부분은 별 영향을 받지 않을 것이라고 말한다(Chapter 9. 파산 없는 자본주의는 지옥 없는 기독교 참조).

이어서 정치인들은 강력한 외환통제를 시작한다. 항상 '일시적'이라고 말하지만, 외환통제는 예외 없이 몇 년씩 이어진다. 정부가 만들어내는 다른 일과 마찬가지로, 일단 제도가 시행되면 이를 둘러싼 관료제도가 비대하게 자라난다. 이어서 외환통제를 계속 유지하려는 선거구민들이 이를 옹호하면서 나선다. 이들은 항상 국가에 재난을 불러왔다. 자본의 자유로운 흐름이 중단된다. 돈이 나라 안에 갇힌다. 나라는 과거에 보유했던 경쟁력을 상실한다. 미국에서 트랙터를 생산하는 사람들은 외환통제가 시작되면 이득을 본다. 미국인들이 독일에서 트랙터를 수입할 수 없기 때문이다. 국내 생산자들은 경쟁으로부터 보호받으므로 트랙터를 대충 만들게 되고, 품질은 내려가는데도 가격은 상승하므로 국가 경제가 갈수록 악화한다.

영국은 1939년에 외환통제를 시작했는데, 이후 40년 동안 경제가 계속 더 나빠졌다. 앞에서도 언급했지만, 1979년 마거릿 대처가 외환통제를 철폐하고 나서야 경제가 개선되기 시작했다(북해 유전도 도움이 되었다). 최근에는 외환통제가 중국의 성장도 제약하고 있다. 비효율적인 자본 배분이 인플레이션을 유발하기 때문이다. 자본은 어디론가 흘러가야 하는데, 그 흐름이 제약되면 부동산으로도 흘러갈 수 있다. 중국은 부동산 거품이 형성되고 있으며, 몇 년 뒤에는 파산으로 이어질 것이다.

하루에 거래되는 외환은 약 4조 달러에 이른다. 세계에서 가장 큰 시장이 외환시장이다. 유럽으로 패키지 여행을 떠나는 관광객에서부터 세계시장에서 석유를 사고파는 사람들까지, 모두 외환시장을 이용한다. 외환시장에는 3분, 3시간, 3일 포지션을 유지하는 단기 트레이더도 있고, 나 같은 장기 투자자도 있다.

지금 나는 주로 상품과 외환을 보유 중이다. 정치 풍향을 보면, 외환시장은 더 소란스러워질 전망이다. 똑똑한 투자자라면 외환시장에서 많은 기회를 잡을 수 있다. 통화에 투자하는 방법은 많다. 선물을 사서 레버리지를 엄청나게 높일 수 있다. 은행에 예금할 수도 있고, 채권을 살 수도 있다. 예를 들어 스위스프랑 표시 스위스 국채나 유로 표시 독일 국채를 살 수 있다. 이제는 미국 은행과 증권회사들이 합법적으로 외환 계좌를 제공하고 있다. 새로운 상품들이 나오고 있다. 또한 외환을 이해하고 투자하는 미국인들이 증가함에 따라, 외환에 투자하는 ETF와 뮤추얼펀드들도 증가할 것이다.

역사를 돌아보면 정부는 항상 외환통제를 했으므로, 이번에도 결국 정부는 외환통제를 하게 될 것이다. 정부는 미국인들의 외환 거래를 중단시킬 것이고, 이는 미국의 몰락을 더욱 재촉하여 재앙을 부를 것이다. 그러나 외환시장을 폐쇄하는 것보다 사악한 투기꾼과 의심스러운 외국인들을 비난하는 편이 정치적으로 유리하다고 관료들이 판단하는 동안은 외환에 투자할 수 있을 것이다.

1994년 다양한 문제에 직면한 중국은 자국 통화의 가치를 낮추면서 미국 달러 가치의 일정 수준에 연동시켰다. 당시 미국 정부는 위안화를 미국 달러 가치에 고정한 중국의 조처가 천재적이며, 중국 경제가 성장하고 발전할 것이라고 평가했다. 물론 지금은 미국 정부가 중국에 악을 쓰며 말하고 있다. 사악하고 더러운 중국 공산주의 경제는 호황을 누리고 미국은 고통을 겪는 이유가 중국이 위안화 가치를 낮게 유지하는 탓이라고 말이다.

2005년 중국은 위안화 가치가 다소 상승할 수 있도록 변동성을 허용했고, 이후 위안화의 가치가 약 30% 상승했다. 규제가 없었다면 위안화 가치가 더 상승했을 것이다. 그래서 미국 정부는 어리석게도 열을 내며 떠든다. 미국 정치인들은 실제로 큰 목소리로 말한다. "우리는 미국 달러의 가치가 하락하길 바랍니다." 위안화 가치가 상승하면 달러의 가치는 하락한다. 정치인들은 일본과 다른 나라들에 대해서도 같은 방식으로 압박을 가한다.

미국 시민인 나는 달러 가치가 하락하기를 원치 않는다. 그러나 우리가 선출한 정치인들은 달러의 가치가 하락해야 한다고 악을 쓴다. 이런 와중에 철없는 티머시 가이트너는 돌아다니며 이렇게 주장하고 있다.

"우리는 강한 달러를 지지합니다."

미국 달러의 가치가 그동안 꾸준히 하락했는데도, 이는 수십 년 전부터 미국 재무부의 구호였다. 정치인들은 미국처럼 강한 달러를 만들겠다고 국민에게 약속했지만, 이들이 중국과 일본 등 외국에 나가자마자 꺼내는 첫 마디는 "당신네 통화의 가치가 상승하길 바랍니다"이다. 그러나 이튿날에는 다시 기본으로 돌아가서 기자들에게 "우리는 강한 달러를 지지합니다"라고 말한다.

사실 재무부장관을 포함한 관료와 정치인들은 통화에 대해서 아는 것이 거의 없다. 이들은 한 시점에도 모순되는 말들을 쏟아내며, 그 시점의 정치적 편의에 따라 무슨 말이든 하는 사람들이다.

Chapter 13

화폐의 위기

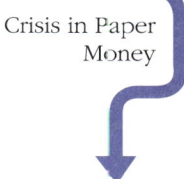

Crisis in Paper Money

두 아이가 태어났을 때, 나는 영어로 된 지구본과 중국어로 된 지구본에 더해서 돼지저금통도 각각 여섯 개씩 사주었다. 두 아이는 다양한 통화로 돼지저금통에 저금한다. 나는 두 아이를 환투기꾼으로 만들려는 것이 아니다. 단지 세계에는 다양한 통화가 있으며, 다양한 통화로 저축해야 한다는 사실을 일깨워주려는 것이다.

세계 역사를 돌아보면, 다양한 시점에 고정환율제가 시행되었다. 19세기에는 대부분 통화의 가치가 금에 고정되었다. 2차 세계대전 후에는 브레턴우즈Bretton Woods 회의에서 세계 각국 통화의 환율을 미국 달러에 고정했고, 미국 달러는 금에 고정했다(1온스당 35달러).

환율이 고정되었을 때, 각국 통화의 가치가 그 나라 경제의 건전성을 항상 정확하게 반영하는 것은 아니다. 예를 들어 2차 세계대전 후 독일 마르크화는 1달러당 4마르크였다. 당시 독일은 폐허 상태였다. 그러나 독일은 다시 일어섰다. 독일인들은 열심히 일했고, 저축했으며, 생산성을 크게 높였다. 이들은 아름다운 고급 자동차를 만들어서 독일이 폐허였을 때 설정된 환율로 외국에 대량으로 판매했다. 독일 자동차는 매우 쌌으므로 미국인들도 앞 다투어 샀다. 독일 마르크화 환율이 매우 낮았던 덕분에 폴크스바겐, 벤츠, BMW는 호황을 누렸다.

15년 동안 독일이 미국으로 수출한 상품은 실제 가치보다 가격이 낮았다. 독일은 막대한 무역수지 흑자를 쌓아 자본을 축적했다. 사람들은 독일에 투자하고 싶어 했다. 독일 상품의 품질은 매우 높았으므로, 독일은 막대한 외환을 보유하게 되었다. 일본도 마찬가지다. 일본은 혁신적 제품을 미국에 대량으로 판매했다. 정상적이라면 이들 통화의 상대가치가 상승하고 달러의 가치가 하락했을 것이다(미국은 무역적자가 급증했다). 그러나 통화 가치가 조정되지 않았으므로, 압력이 축적되었다.

지금은 세계가 역동적으로 변화하고 있어서 무엇이든 인위적으로 압박하면 균형이 무너지는 순간 한꺼번에 분출하는 경향이 있다. 왜곡이 갈수록 심해지면서 균형이 무너졌고, 마침내 모든 것이 폭발했다. 1970년대 초 결국 닉슨이 금태환을 정지시키자 달러의 가치가 폭락했고, 세계경제가 극심한 혼란에 빠졌다.

1970년대에는 세계 각국 통화의 환율이 서로에 대해 변동하기 시작했다. 사람들이 파운드화 강세를 예상하면, 시장에서 파운드의 가치가 상승했다. 통화의 가치는 1년, 2년, 3년에 걸쳐 상승하거나 하락할 수도 있었다. 아니면 매달, 매주, 매일, 심지어 매시간 바뀔 수도 있었다. 한 나라가 곤경에 빠지면 고정환율 시대처럼 갑자기 경제위기를 경험하는 대신, 시장에서 점진적인 조정이 일어났다.

변동환율제에서도 통화 문제는 계속 일어나며, 환율이 큰 폭으로 변동할 수도 있다. 정부와 은행들이 계속해서 실패를 떠받치기 때문이다. 예를 들어 유로화는 현재 위기를 맞고 있다. 지금 당장 금본위제로 돌아가야 한다고 주장하는 사람도 있다. 금본위제가 한동안은 효과를 발휘할지도 모른다. 그러나 정치인들은 항상 우회하는 방법을 찾아냈으므로, 결국은 문제가 다시 떠오를 것이다.

나는 로마제국이 2세기에 걸쳐 동전의 비금속(卑金屬) 함량을 늘려간 과정을 『어드벤처 캐피털리스트』에 썼다. 서기 54년 네로가 권좌에 올랐을 때, 로마 동전은 순수 은화나 순수 금화였다. 그러나 서기 268년에는 은화에 들어간 은의 비중이 0.02%에 불과했고, 금화는 똑똑한 로마인들이 사재기한 탓에 자취를 감추었다. 바로 이것이 '평가절하Debase'라는 용어의 기원이다.

1933년 프랭클린 루스벨트도 매우 비슷한 조처를 했는데, 미국인들의 금 매입을 불법화했다. 그가 금을 몰수하고 달러의 가치를 절반으로 낮추자, 금값이 온스당 20달러에서 35달러로 상승했다.

정부는 돈이 바닥나도 지출을 멈추지 않는다. 2000년 전에도 지금과 다르지 않았다. 정치인들에게는 끝이 없다. 로마에 은이 바닥나고, 경제를 잘못 운용해서 무역적자가 급증하면, 호황을 불러오는 유일한 방법은 돈을 더 만들어내는 것이었다. 토가(고대 로마의 남성이 로마시민이라는 표적으로 입던 긴 겉옷)를 두른 버냉키를 생각하면 된다. 동전에 불순물을 섞는 것이나, 인쇄기로 돈을 찍어내는 것이나, 단지 기술 차이일 뿐이다. 정부는 늘 돈이 부족하므로, 이런 상태가 유지되는 한 관료와 정치인들은 계속해서 돈을 만들어내는 방법을 찾아낸다.

지금까지 인류는 금, 은, 동, 청동, 조개껍데기, 상아, 소 등 온갖 물건을 돈으로 사용했다. 금은 지난 1000년 동안 여러 번 돈으로 사용되었다. 은은 더 자주 돈으로 사용되었다. 유다는 금이 아니라 은 30냥에 예수를 팔아넘겼다. 문제는 통화제도가 화폐를 쓰든, 지폐를 쓰든, 유형자산을 쓰든, 정치인들은 항상 그 제도를 빠져나가는 방법을 찾아냈다는 사실이다. 즉 정치인들은 언제나 통화가치 떨어뜨리는 방법을 찾아냈다는 말이다.

내 생각에 이 문제를 해결하는 유일한 방법은 개인들이 무엇을 통화로 사용할지 결정하는 것이다. 당신과 내가 계약을 맺을 때, 조개껍데기를 교환의 매개로 사용하고 싶으면 그렇게 한다. 다른 사람들도 마찬가지 방법을 사용할 수 있다. 당신과 내가 설탕으로 대금을 결제하고 싶으면, 그것도 좋다. 이런 식으로 시장이 통화를 결정하면, 정치인들이 통제력을 행사하지 못할 것이다. 통화가치가 하락하면, 그 통화를 쓰지 않으면 그만이다. 그러면 세상을 받치는 토대가 더 굳건해질 것이다.

그러나 현재 상황에서는 당신이나 나나 부채를 상환하려면 달러를 쓸 수밖에 없다. 당신과 내가 은으로 계약을 체결하는 것은 비현실적이다. 내가 시장에서 은을 사서 당신에게 준다면, 나는 은에서 발생한 이익에 대해 자본이득세를 내야 한다. 독점적 통화제도가 없다면, 정치인들은 망할 것이다. 영국이 곤경에 빠졌던 1930년대에 영국 정부는 파운드화 이외의 교환매체 사용을 반역행위로 간주했다. 그동안 영국 시민은 항상 선택권을 행사했던 터라, 사고방식을 바꾸기가 쉽지 않았다.

우리가 금본위제로 돌아간다면, 당분간은 원칙이 서고 시장이 안정되겠지만(당분간은 모든 면에서 나아질 것이다), 오래가지는 못할 것이다. 정치인들은 틀림없이 원칙을 우회하는 방법을 찾아내기 때문이다. 따라서 정부가 아니라 시장이 교환의 매체를 결정하는 시대로 돌아가지 않는 한, 통화 위기는 사라지지 않을 것이다. 아마 앞으로 3년 동안은 우리 모두 달러를 사용하게 될 것이다. 이후 어느 시점부터는 금이나 스위스 프랑이나 중국 위안화를 쓰는 사람들이 나올 것이다.

결국 우리 모두 최선이라고 생각되는 쪽으로 끌려가게 될 것이다. 지금은 모두가 미국 달러를 사용하지만, 달러에는 결함이 매우 많다. 달러 사용에서 벗어나기 시작한 사람들도 있지만, 벗어나는 속도는 빠르지 않다.

투자은행가였던 경제담당 기자 겸 저자 하틀리 위더즈Hartley Withers는 1934년 런던에서 열린 왕립국제문제연구소Royal Institute of International Affairs 모임에서 '금의 미래'에 대해서 다음과 같이 말했다.

"금에 대한 욕구는 원시시대 야만의 유물로서, 반짝이는 금속에 매력을 느낀 어리석은 인간들이 추장과 그의 컵, 갑옷, 아내, 신전을 꾸미는 데 필요했기 때문입니다. 금만큼 그 가치가 인간의 뿌리 깊은 야만과 어리석음에서 유래하는 물건도 없습니다."

그런 까닭에 금은 돈의 가치를 보장하는 훌륭한 방법이다. 1923년 존 메이너드 케인스는 『A Tract on Monetary Reform(통화개혁론)』에서 '금본위제는 이미 야만적 유물'이라고 썼다. 워런 버핏은 금은 '유용성이 없어서' 고려할 가치가 없다고 보았으며, "사람들이 공포에 질렸을 때에만 수요가 발생한다"라고 말했다. 나는 위더즈의 통찰이 금에 관한 논평 중 가장 훌륭하다고 생각한다. 케인스는 갔지만 금(그리고 어리석음)은 남았으며, 틀림없이 앞으로도 오랜 세월 살아남을 것이다.

1970년 나는 처음으로 스위스 은행에 계좌를 개설했다. 계속되는 달러 가치 하락과 지속적인 인플레이션이 다가온다고 생각했기 때문이다. 나는 고정환율제가 지속될 수 없다고 믿었다. 그때까지 파운드는 적어도 한 번 평가절하되었고, 드골은 달러와 금에 대해 비명을 질러댔다.

나는 스위스 은행Swiss Bank Corporation 뉴욕 사무소를 찾아갔다. 이곳은 일반인들이 입출금하는 소비자 금융 점포가 아니라, 대형 기업 금융 점포였다. 따라서 은행직원은 당연히 당혹스러워했다. 그가 담당하는 기업은 GM이었으며, 주로 스위스와 유럽에서 사업하는 사람들을 상대했다. 이것이 뉴욕 사무소의 주된 업무였다. 그런데 멍청한 어린 녀석이 잔돈푼이나 들고 와서 스위스 은행 계좌를 개설해달라고 하니 당황할 수밖에 없었다.

나는 돈이 거의 없었다. 주식시장에서 돈을 모두 날린 직후였기 때문이다. 나는 공매도했다가 혼이 나서 깜짝 놀란 전형적인 월스트리트 투자자였다. 은행직원은 도와주려고 했지만, 내 도피자본이 워낙 푼돈이어서 취리히로 전화 걸기가 곤란했다. 내가 그를 어떻게 설득했는지는 기억나지 않는다. 다만 스위스 은행 계좌를 원하는 온갖 이유를 설명했을 것이다.

그는 처음에는 망설였지만, 마침내 계좌를 개설해주었다. 어느 지점에 계좌를 개설하고 싶으냐고 그가 물었다. 나는 미국이 아니라 스위스에 계좌를 열어 스위스 프랑을 예금하고 싶다고 말했다. 그는 취리히 본사 계좌는 만들어주지 않으려 했다(그곳 상사로부터 질책당할까 두려웠을 것이다). 대신 빈터투어Winterthur 근처의 소형 소비자

금융 점포에 계좌를 만들어주었다. 빈터투어는 취리히 공항에서 가까워서 이용하기 편리하다고 그가 말했다(이제는 내가 국제적으로 활동하고 있으므로, 그런 편의성이 필요하다). 내가 50달러를 인출하러 언제 방문하게 될지는 전혀 알 수 없었다.

이후 나는 계속해서 외국 은행에 계좌를 만들어 외국에 투자했다. 자연스러운 발전 과정이었다. 나는 독일에 투자하고 싶으면 독일 계좌를 만들었다. 이것이 가장 좋은 방법이었기 때문이다. 나는 항상 가장 큰 은행을 통해서 투자했다. 그 은행이 곤경에 빠지면 정부가 인수해서 국유화할 것이므로, 내 돈을 잃지 않을 것으로 생각했기 때문이다.

당시에는 길거리에 있는 은행에 걸어 들어가면 간단하게 해결되었다. 물론 지금 미국인은 세계 어디에서도 그렇게 하기가 거의 불가능하다. 은행에서 계좌 개설을 허용해주더라도, 종합적인 배경 및 보안 점검 과정을 거쳐야 한다. 당시에는 전화로도 계좌를 개설할 수 있었다. 나는 뉴욕에서 전화로 계좌를 개설한 적이 두 번 있다. 내 이름을 알려주고 계좌 개설을 원한다고 말한 다음, 여권을 팩스로 보내고 수표도 보냈다. 그러나 이제는 안 된다. 당신이 미국인이라면 말이다.

스위스 은행 계좌 이야기를 하다 보니 대학 시절이 떠오른다. 내가 옥스퍼드에서 공부할 때, 그곳에는 미국인들이 많지 않았다.

그러나 내가 기억하는 몇 사람은 늘 점심을 함께 먹었고, 나도 가끔 그들과 함께 먹었다. 그들은 주로 정치 이야기를 했는데, 그들은 모두 미국 대통령이 되고 싶어 했지만, 나는 '취리히의 작은 도깨비 Gnomes of Zurich'가 되고 싶다고 말했다. 그들은 매우 재미있어 했지만, 금융 분야를 잘 알지 못하는 탓에 내 말을 어렴풋하게만 이해했을 것이다.

'취리히의 작은 도깨비'는 스위스 은행가들을 경멸적으로 지칭하는 말이다(나중에는 스위스 은행가들도 장난기 섞인 용어로 받아들였다). 이 용어는 내가 영국에 온 해에 처음 등장했는데, 영국 파운드에 대한 투기가 가속하자 좌파가 한 말이다. 파운드화 가치 하락 비상대책회의에 참석한 노동당 부대표 조지 브라운이 "취리히의 작은 도깨비들이 또 그런다"라고 말했던 것이다. 이 말은 유럽 신화에 나오는 탐욕스러운 작은 도깨비가 지하에서 분주하게 돈 세는 모습을 연상시킨다. 해럴드 윌슨 총리는 그들의 '사악한' 힘에 맞서겠다고 약속했다.

일부 스위스 일류 은행들은 프랑스 혁명 직후에 설립되었다. 스위스 은행 사람들이 프랑스로 가서 돈을 받아 그다지 멀지 않은 제네바로 가져왔다. 유서 깊은 대형 스위스 은행, 개인 은행들의 설립 연도를 보면 1795년, 1803년, 이런 식이다. 그러나 당시에도 스위스 은행업은 이미 전통이 확립되어 있었다. 스위스는 르네상스 말 이래로 국제적인 금융 중심지였다. 이후 나라가 안정적이고, 경제가 건전하며, 통화도 건전하고, 비밀도 보호해준다고 알려지면서 스위스는 (단두대를 피해 달아나는 프랑스인에서부터 150년 뒤 독일을 탈출하는 유대인에 이르기까지) 정치적 혼란을 피하려는 부자들의 자금 도피처가 되었다. 같은 이유로 스위스는 현대에도 수많은 폭군, 범죄조직, 악당들의 자금을 끌어 모았다.

전통적으로 스위스 은행들은 무조건 비밀을 지킨다. 물론 다른 나라 은행들도 모두 비밀을 지켜야 한다. 50년 전이라면 시카고 은행에 예금했을 때, 그 은행이 비밀을 지켜줄 것이라고 기대했을 것이다. 그러나 앞에서도 보았듯이, 이제 미국에서는 그런 기대를 할 수 없다. 정부는 우리의 은행 계좌, 침실, 우편물 등 원하면 무엇이든 들여다볼 수 있다. 우리가 비밀을 빼앗긴 것과 마찬가지로, 스위스 은행들도 미국의 압력에 굴복하여 최근 비밀을 넘겨주고 말았다. 이제 스위스 은행의 비밀유지는 과거처럼 신성불가침이 아니다.

그렇더라도 사람들이 자금 도피처를 찾을 때 기대하는 첫 번째 요소는 안전이다. 사람들은 안전을 원한다. 사람들은 자기 돈을 틀림없이 돌려받길 바라며, 적어도 처음에 맡긴 돈만큼은 돌려받기를 원한다. 이는 전적으로 통화의 건전성에 좌우된다. 그리고 스위스 프랑화는 지금까지 항상 건전했다. 문제는 앞으로도 건전할 것이냐이다.

나는 통화시장에 혼란이 다가오던 1970년에 계좌를 개설했다. 1970년대 말 시장이 갈수록 불안해지자, 전 세계 사람들이 스위스

계좌를 개설하려고 몰려들었다. 바로 지금 똑같은 일이 벌어지고 있다. 달러도 수상하고, 유로도 수상하자, 사람들이 다시 스위스 프랑으로 몰려들고 있다. 2011년 스위스 프랑화의 가치는 유로화와 달러 모두에 대해 사상 최고를 기록했는데, 2011년 8월 현재 1년 반 만에 유로화 대비 43%나 상승했다. 스위스 중앙은행인 스위스 국립은행Swiss National Bank, SNB에 의하면, '엄청난 과대평가'였다. 스위스 수출기업들로부터 압박받은 스위스 국립은행은 "과대평가된 스위스 프랑이 경제를 위협한다"라고 말하고, "외환을 무제한 매입할 태세를 갖추었다"라고 밝혔다.

과연 경제를 위협할까? 수출업자들은 비명을 지르고 있지만, 스위스의 나머지 사람들은 모두 더 살기 좋아졌다. 스위스 프랑화의 가치가 상승하면 면 셔츠, TV, 자동차 등 스위스가 수입하는 상품의 가격이 모두 내려간다. 따라서 모든 사람의 생활수준이 올라간다. 스위스의 모든 시민이 통화 강세로부터 이득을 본다. 제네바의 치과 기공사는 전화를 걸어 불평하지 않는다. 사는 물건 모두 가격이 싸졌으므로 행복하다. 그러나 수출 대기업들은 정부에 전화를 걸어 불평한다.

스위스 국립은행이 발표한 날, 스위스 프랑화는 7~8% 하락했다. 적어도 처음에는 중앙은행에 맞서려는 사람이 아무도 없었다. 그러나 환율 조작은 결국 재앙을 부를 것이다. 다음 두 가지 시나리오 중 한 가지는 일어날 것이다.

첫 번째 시나리오는 시장이 계속 스위스 프랑화를 사들이고, 스위스 국립은행은 계속 돈을 찍어내서, 결국 통화의 가치가 떨어지는 것이다. 이제 스위스의 수출 대기업들은 혜택을 보게 될 것이다. 스위스에서 가장 큰 업종은 금융업이다. 스위스 경제는 외국 자본을 얼마나 끌어오느냐에 따라 성쇠가 결정된다. 사람들이 스위스에 돈을 맡기는 이유는 스위스 통화가 건전하다고 믿기 때문이다. 사람들은 원할 때 언제든지 돈을 돌려받을 수 있고, 돈의 가치가 처음 맡겼을 때보다 크게 떨어지지 않을 것이라고 믿기 때문이다. 그러나 스위스가 통화의 가치를 의도적으로 떨어뜨린다는 사실을 알게 되면, 사람들은 스위스에 돈을 맡기지 않을 것이다.

2차 세계대전과 그 이후 30년 동안 사람들은 영국에서 돈을 빼갔는데, 통화 가치가 폭락했기 때문이다(정치인들은 취리히의 작은 도깨비 탓으로 돌렸다). 파운드화의 가치가 떨어진 탓에 런던은 세계 금융 중심지의 지위를 상실했다. 마찬가지로 스위스 프랑화의 가치가 떨어지면, 결국 아무도 스위스 프랑을 원치 않을 것이다. 교환의 매체로도 가치가 떨어지지만, 자금 도피처로도 가치가 떨어진다. 돈은 싱가포르나 홍콩으로 이동하고, 스위스 프랑화 산업은 쇠퇴하여 사라질 것이다.

두 번째 시나리오는 스위스가 통화의 가치를 떨어뜨리려고 시도했던 2010년 7월에 발생한 것이다. 스위스는 통화 가치를 떨어뜨리려고 스위스 프랑화를 팔고 외환을 사서 보유했다. 그러나 시장이 계속 스위스 프랑화를 사들이자, 스위스 중앙은행은 외환 자산이 4배로 증가한 다음 포기하고 말았다. 중앙은행이 외환 매입을 중단하자마자, 스위스 프랑화의 가치는 상승하고 중앙은행이 보유한 모든 외환은 가치가 하락해서, 210억 달러의 손실이 발생했다. 결국 은행보다 시장이 보유한 돈이 많았으므로, 시장이 승리할 수밖에 없었다.

1970년대 말에 스위스 프랑화를 사려고 사람들이 몰려들자, 스위스 국립은행은 이런 흐름을 막으려고 외국인 예금자들에게 마이너스 금리를 부과했다. 정부는 스위스 프랑화를 사는 사람에게 세금을 부과했다. 당시 스위스의 외환 통제방식이었던 셈이다. 우리가 100프랑을 사면, 30프랑은 세금으로 내고, 70프랑만 보유하는 식이었다. 오늘날 스위스 프랑에 또다시 사람들이 몰려들자, 〈이코노미스트〉는 스위스 통화를 이렇게 묘사했다.

"유로존 정치인들은 국가 부채 위기를 해결하지 못했고, 미국의 경제정책은 투자자들을 위협하느라 여념이 없어 보인다. 그리고 일본은 엔화 가치를 떨어뜨리려고 개입하는 세계에서, 스위스 통화는 '무고한 구경꾼Innocent Bystander(위기의 원인을 제공하지 않았는데도 타격을 입는 나라)'이다."

모두 옳은 말이지만, 나는 문제의 뿌리가 더 깊다고 생각한다. 스위스는 수십 년 동안 금융이 반(半)독점 상태였다. 그 결과 금융산업의 경쟁력이 갈수록 약해졌다. 경제 전체가 과도하게 보호받았다.

스위스에어가 파산한 것은 경쟁할 필요가 전혀 없었기 때문이다. 독점은 결국 자기 자신을 파괴한다. 예측했던 대로 스위스 역시 안으로부터 붕괴하고 있다. 그 결과 런던, 리히텐슈타인, 빈, 싱가포르, 두바이, 홍콩 등 다른 금융 중심지들이 떠오르고 있다.

나는 1970년에 산 스위스 프랑화를 지금도 보유하고 있는데, 그때 이후 가치가 약 400% 상승했다. 물론 40년이 더 지났지만, 400%는 만만치 않은 수익률이다. 게다가 그동안 이자도 받았다. 그동안 그 돈을 미국 저축계좌에 넣어두었다면, 스위스 프랑화 대비 가치가 80%나 하락했을 것이다.

페이지와 나는 밀레니엄 모험 여행을 하면서 1999년 가을 서유럽을 통과했다. 러시아를 떠난 후 서유럽에서 3개월 반을 보낸 다음 결혼식을 올렸다. 결혼식을 치르지 않았다면, 우리는 훨씬 빨리 아프리카로 떠났을 것이다. 그러나 서유럽에서 더 머문 덕에 이득을 보았다. EU의 단일통화(유로) 채택에 대해서 나의 관점을 조정할 수 있었기 때문이다.

처음에 나는 유로 같은 통화가 세계에 절실하게 필요하다고 생각했다. 세계 중앙은행들의 외환보유고 중 약 60%가 달러다. 나는 달러에 심각한 결함이 있다고 믿었다. 그래서 유로가 주요 준비통화 겸 교환의 매체로서 달러를 대체할 수 있다고 생각했다. EU는 경제와 인구가 미국보다 커서 국제 통화를 지탱할 만큼 크고 깊은

데다가, 미국과는 달리 전체적으로 무역 적자도 심하지 않다. 내가 유럽에 있었던 1999년은 유로가 등장한 첫해였는데, 유로화가 성공을 거둔다면 세계 무역의 30%가 유로로 이루어질 것으로 추산되었다. 하지만 당시나 지금이나 나는 유로가 생존할 것으로 기대하지 않는다.

유로는 1992년 마스트리흐트 조약에 의해서 1999년 1월 1일 공식적으로 도입되었다. 지폐와 동전은 2002년부터 유통되기 시작했다. 유로는 경제가 강한 독일, 네덜란드, 룩셈부르크를 모델로 삼아 안정통화Strong Currency(安定通貨, 가치가 변동하지 않고 일정하게 유지되는 통화)로 만들 계획이었다. 위 세 나라 중 독일이 앞장서고, 여기에 경제와 통화가 상대적으로 약한 벨기에, 프랑스, 이탈리아가 합류하여 EU의 6개 가맹국이 구성되었다. 마침내 유로가 채택되었을 때, 유로존의 모든 회원국(현재는 17개국)은 독일을 모델로 삼아 경제를 운용하기로 합의했다. 그러나 독일조차 성공하지 못한 듯하다.

마스트리흐트 조약은 어떤 회원국도 한해 적자가 3%를 초과할 수 없다고 명시했다. 이 조약을 준수하려고 가장 먼저 회계를 조작한 나라는 프랑스였다. 프랑스는 이런 식으로 결정했다. "우리는 연금채무를 올해 지급하지 말고 내년에 지급해야겠어. 내년에는 상황이 올해보다 더 나빠지겠지만, 내년 일은 내년에 생각하면 되니까, 지금부터 걱정할 필요는 없지." 스칼렛 오하라(『바람과 함께 사라지다』의 여주인공)식 금융이론이다. "그래, 내일은 또 다른 하루니까

After all……Tomorrow is another day." 참으로 터무니없는 조처였다. 수십 년 동안 (사실은 수백 년 동안) 회계를 조작해온 이탈리아조차 충격 받았다. 그러나 이탈리아는 자신의 잘못을 반성하고 나서면서도, 프랑스를 모방하여 특유의 유서 깊은 회계조작 기법을 사용했다.

지금은 모두가 그리스에 비난을 퍼붓고 있지만, 1990년대 말에는 모두가 조약을 준수하려고 회계를 조작했다. 곧 대부분 국가가 조약을 송두리째 무시했다. 심지어 준수하는 흉내조차 내지 않았다. 누가 조약에 신경이나 쓰겠는가? 조약에 서명한 사람들(경제가 건전해야 통화도 건전하다고 믿었던 사람들)은 모두 죽었거나 오래전에 은퇴했다. 후임자들은 재선에만 몰두한 나머지 재정 규율 같은 터무니없는 환상만큼이나 조약을 무시했다.

지금 당장은 어떤 처방으로도 여러 나라가 채무 상환이 불가능할 것이다. 그리고 앞으로도 불가능할 것이다. 그렇다면 유럽은 어떻게 해야 하는가? 내가 생각하는 해결책은 시장이 수천 년 동안 사용했던 방법이다. 그냥 망하게 놔두는 것이다. 즉 파산하도록 내버려두는 것이다. 돈을 빌려주거나 투자한 사람들은 손실을 볼 것이고, 그 중에는 더 심각한 손실을 본 사람도 있을 것이다. 그러나 예를 들어 그리스 같은 나라는 건전한 토대 위에서 다시 시작할 수 있다. 파산하더라도 유로존을 떠날 필요는 없다.

미국에서도 주나 시가 파산한 적이 있다. 미시시피주는 파산했을 때 미국에서 탈퇴하지 않았다. 뉴욕과 디트로이트도 그랬다. 그들은 고통스러운 나날을 보냈다. 사람들은 돈을 잃었고, 임금이 삭감되었으며, 집세도 내려갔고, 유가증권의 가치도 내려갔다. 사람들이 돈 없는 현실에 적응하는 과정에서 모든 것이 내려갔다. 이제는 아무도 돈을 빌려주지 않았고, 돈이 없기 때문에 소비를 할 수 없었다. 그러나 그들은 마침내 승리했다. 그리고 이 과정에서도 미국 달러는 사라지지 않았다.

그러나 그리스 등 몇몇 나라의 정치인들은 유로 탈퇴가 손쉬운 해결책이라고 생각하는 듯하다. "유로를 타도하라, 우린 드라크마(그리스의 화폐)로 돌아간다!" 이런 생각은 착각이다. 처음에는 사람들이 열광할지도 모른다. 모두가 새 드라크마를 갖게 되면 당분간은 만사가 순조로워 보일 것이다. 그러나 낙관론은 오래가지 못한다. 드라크마로 돌아가는 것은 정부가 돈을 찍어내도록 허락하는 것이며, 그리스가 없는 돈을 계속 소비하도록 허락하는 것이다. 드라크마의 가치가 매우 낮아져서 그리스는 무역수지가 크게 개선되겠지만, 모든 사람의 재산이 형편없이 감소할 것이다. 아무도 드라크마를 신뢰하지 않을 것이며, 그리스 사람들조차 신뢰하지 않을 것이다. 아무도 그리스에 돈을 빌려주지 않을 것이고, 투자도 하지 않을 것이다.

앞으로 수십 년 동안 그리스 사람들의 생활이 고단해진다는 점은 바뀔 수 없는 현실이다. 그리고 그리스에 돈을 빌려준 사람들은 모두 커다란 손실을 보게 될 것이다. 물론 앙겔라 메르켈(독일의 총리)이 사람들을 모두 한 방에 모아놓고 이렇게 말할 수 있다면 이야기는 달라진다.

"자, 이 은행은 문을 닫고, 저 은행은 계속 영업하고, 이 사람은 실직하고……. 여러분 모두 타격은 입겠지만, 전체 시스템은 유지될 것입니다. 모든 사람의 저축이 안전하고, 수표는 결제될 것이며, 예금주의 돈은 보호받을 것입니다. 은행 영업은 제한하겠지만 시스템은 동결하거나 폐쇄하지 않을 것입니다."

독일 총리가 그렇게 하지 못하더라도, 시장은 해결할 수 있다. 지금은 유럽 정부들이 충분한 돈을 갖고 있기 때문이다. 그리고 신뢰도도 높다. 그러나 5년 뒤에 이런 일이 벌어진다면 메르켈이 모두 한 방에 모아놓고 온종일 이야기해도, 아무도 듣지 않을 것이다. 결국 5년 뒤에는 상황이 매우 악화하여 시스템이 붕괴할 것이다. 시장은 모든 사람을 거부할 것이며, 시스템 전체가 무너질 것이다.

나는 실제로 일이 이렇게 진행될 것이라고 생각한다. 정치인들은 필요한 조처를 할 만한 지능도 용기도 없기 때문이다. 그리스인에 대한 구제에 대해서 말하는 사람이 아무도 없다. 그들은 은행, 은행 경영진, 은행 주주들, 그리스에 투자한 은행의 채권 보유자에 대해서만 구제를 논한다. 그리스 사람들은 시달리겠지만, 은행들은 생존할 것이다. CEO들은 급여를 받을 것이고, 주주들은 배당을 받을 것이며, 채권 보유자들도 생존할 것이다. 그러나 그리스인들은 실직하여 거리로 내몰릴 것이다. 어느 방법을 택하든 그리스인들은 거리로 내몰릴 것이다. 다만 내 방법을 선택하면 2009년 이후 아이슬란드에서 그랬던 것처럼 결국 상황은 호전될 것이고, 다른 방법을 선택하면 모든 일이 더 악화될 것이다.

Chapter 14

한 번도 무너진 적이 없는 수요와 공급의 법칙

No One Has Ever Repealed the Laws of Supply and Demand

가까운 장래에 세계의 식량 가격이 상승할 것이다. 재고가 매우 적기 때문이다. 자연이 도와주지 않는다면, 예를 들어 브라질에 비가 내리지 않는다면 재고는 더욱 줄어들고 가격은 더 높이 상승할 것이다. 정치인들은 사악한 투기꾼들을 탓하겠지만, 식량 가격이 상승하지 않으면 농부들은 생산량을 늘리지 않을 것이다. 밀 생산 원가가 4달러라면, 밀 가격이 3달러일 때에는 농부가 생산할 이유가 없다. 그러나 밀 가격이 8달러로 상승하면 세계의 밀 농부는 물론, 농부가 아닌 사람들도 밀을 생산하겠다고 달려들 것이다.

그동안 당신과 나는 비싼 밀 가격에 분통을 터뜨릴 것이다. 그러나 우리가 밀에 비싼 가격을 치르지 않는다면, 우리는 밀을 구할 수가 없다. 세계는 이런 식으로 수천 년 동안 굴러왔다.

구소련 공산주의자들은 수요와 공급의 법칙을 무시하려 했으나, 그 결과 그들은 아무것도 얻지 못했다. 물자부족이 일상이 되고 말았다. 사람들은 토마토나 다른 무엇을 사든 줄을 서서 기다리며 하루에 2~3시간을 보냈다. 길을 걷다가 상점 밖에 사람들이 줄지어 서 있는 모습이 보이면, 상점에서 파는 물건이 무엇이든 일단 따라서 줄을 서야 한다. 사람들이 줄을 섰다는 것은 상점에 물건이 들어왔다는 뜻이므로, 그 물건이 무엇이든 상관없이 입수해야 한다. 예를 들어 상점에서 파는 물건이 여성의류인데 당신은 남성이라고 하더라도 줄을 서서 사야 한다. 물물교환을 통해서 당신이 원하는 물건으로 바꿀 수 있기 때문이다.

지금까지 시장을 억누르려 한 사람은 많지만, 성공한 사람은 아무도 없다. 교황도, 이슬람교 지도자도 수요와 공급의 법칙을 억누르지는 못했다. 그런데도 정치인들은 시도를 멈추지 않는다. 가까운 장래에 정치인들이 가격을 통제할 것이다. 한 번도 성공한 적이 없지만, 정치인들은 수천 년 동안 가격을 통제했고, 요즘도 여전히 하고 있다. 몇 년 전 필리핀 정치인들이 쌀 가격에 상한선을 정했다. 그러자 농부들은 농사를 중단했다. 쌀이 가장 쌌으므로 필리핀 사람들은 쌀을 먹었고, 옥수수와 밀의 가격이 상승하자 쌀을 더 많이 먹었다. 쌀 생산은 막고 쌀 소비는 늘렸으므로, 결과는 뻔했다. 결국 쌀이 바닥났다. 수지타산이 안 맞아서 생산하지 않았기 때문이다. 이 정책은 곧 폐지되었다.

1890년대 말에 밀 가격이 상승하자, 독일 정치인들은 '사악한 투기꾼들'을 규제하기 위해 상품거래소에서 밀 거래를 금지하는 법을 만들었다. 그러나 밀 가격이 치솟았다. 정치인들은 잘못을 깨닫고 3년 뒤 그 법을 폐지했다. 1950년대 미국에서 비슷한 상황이 벌어졌을 때, 의회는 상품거래소에서 양파 거래를 금지하는 법을 통과시켰다. 이 법은 아직도 남아 있다. 오늘날 양파는 미국 선물거래소에서 거래가 금지된 유일한 상품이다. 이 법이 통과되자마자 양파 가격이 두 배로 뛰었고, 지난 수십 년 동안 다른 어떤 식품보다도 가격이 더 상승했다. 가격이 지나치게 높아지자, 인도 역시 가격을 통제했다.

소련 사람들은 생산하는 사람이 없어서 상품을 소비하지 못했고, 상품 가격이 너무 낮아서 아무도 생산하지 않았다. 오토바이로 러시아를 횡단할 때, 나는 아이들이 빵으로 축구 시합을 하는 모습을 보았다. 정부가 빵 가격을 인위적으로 낮춰놓은 까닭에, 축구공을 사는 것보다 빵을 사는 편이 훨씬 쌌기 때문이다. 그래서 아이들은 길에서 빵을 차면서 돌아다녔다. 소련에서는 발효된 빵으로 만든 크바스Kvass가 가장 흔한 음료다. 빵이 워낙 싸기 때문이다. 그러나 크바스 외에는 없다. 필리핀과 독일 사람들은 가격통제가 실패할 수밖에 없음을 곧 깨달았지만, 소련 사람들은 소련이 송두리째 붕괴한 다음에야 깨달았다.

국제에너지기구International Energy Agency에 의하면, 세계에서 확인된 석유 매장량은 매년 6%씩 감소하고 있다. 새로 발견한 매장량을 포함해서 그렇다는 말이다. 이는 수압파쇄법Fracking 같은 성공적인 추출 기법이 개발되지 않았다면, 16년 뒤에는 어떤 가격에도 석유를 살 수 없다는 뜻이다. 다행히 수압파쇄법 덕분에 적어도 단기적으로는 공급이 증가하고 있다. 이렇게 공급에 심각한 문제가 발생하면 상품시장이 강세장으로 접어들 것이고, 가격이 훨씬 더 상승할 것이다. 이어서 세상이 불안정해질 것이다.

구리는 가격이 상승해도, 이를 즉시 알게 되는 사람이 많지 않다. 그러나 밀과 설탕 가격이 상승하면 바로 그날 모든 사람이 알게 되며, 모든 사람이 그날부터 불만스러워한다. 그리고 종종 사회불안으로 이어지기도 한다. 튀니지, 이집트, 리비아, 예멘, 시리아……. 이들은 시작에 불과하다. 세계의 식품 가격이 상승하면 불만을 품는 사람들이 증가하고, 여러 정부가 무너지며, 여러 국가가 해체될 것이다.

나는 페이지와 함께 이집트를 횡단한 이야기를 『어드벤처 캐피털리스트』에 다음과 같이 썼다.

"우리는 사람들이 무바라크 정부를 증오하는 이유를 알았다. 정부는 모든 곳을 염탐하면서, 어떤 움직임이나 반대든 모두 억압한다. 무바라크는 오로지 미국 덕분에 정권을 유지할 뿐이다. 그에 대한 증오심이 매우 널리 퍼진 탓에 그가 쫓겨나든 단순히 사망하든, 중동 최대국인 이집트는 결국 혼란에 빠질 것이다. 카이로 공항으로 날아가 택시로 피라미드를 보러 갔다가, 버스로 룩소르를 둘러보는 관광객들의 눈에는 이런 모습이 전혀 보이지 않을 것이다."

이것은 2000년 가을의 일이었다. 무바라크는 2011년 이집트를 휩쓴 민중봉기에 의해 축출되었다. 인터넷과 다양한 소셜 미디어, 끊임없이 흐르는 정보와 즉각적인 커뮤니케이션으로 무장한 이집트 국민이 뿌리 깊은 독재자를 몰아낸 것이다. 사람들은 불만을 거리로 쏟아냈다. 그러나 사람들이 행동을 개시하는 이유는 정치적 이유보다는 주로 경제적 이유 때문이다. 치솟는 인플레이션, 높은 실업률, 상승하는 생활비, 특히 식품 가격 상승이 주된 요인이 된다. 이것 때문에 사람들이 깊이 분노한다(1989년 봄 베이징 톈안먼(天安門) 광장 시위는 물가 상승에 대한 항의로 시작되었다. 서방언론이 나타난 다음에야 학생들이 '민주주의'를 외치기 시작했다).

이집트 사람들은 미국 국무장관 힐러리 클린턴이 그들을 옹호하든 탄압하든 개의치 않는다. 미국은 지난 수십 년 동안 이집트 정권의 배후에 있었기 때문이다. 그러나 빵 가격이 치솟고 달리 대응방안이 없어지자 가만히 있지 않는다. 일자리를 구하지 못할 때에도 마찬가지였다.

지금은 중동에서 일어나는 일이 앞으로는 다른 나라에서도 일어날 것이다. 유럽 여러 곳에서 이런 조짐이 보이고 있으며, 미국에서도 보이기 시작했다. 이것은 처음 일어나는 일이 아니다.

당시 미국 최악의 경기침체가 시작된 이듬해였던 1894년 3월, 오하이오주 마실론시의 부유한 사업가 제이콥 콕시Jacob S. Coxey는 위기에 대응하지 않는 정부에 항의하여 워싱턴에서 행진을 벌였다. 그리고 예산을 할당하여 대규모 공공근로 프로그램을 만들어달라고 미국 의회에 요구했다.

1893년 공황으로 시작되어 4년간의 침체가 절정에 달했을 때, 미국 노동인구의 5분의 1이 실업자였다. 이 침체 기간에 500개가 넘는 은행과 주요 철도 회사(유니언 퍼시픽, 노던 퍼시픽, 애치슨, 토페카 앤드 산타페)를 포함해서 약 1만 5,000개 기업이 파산했다.

나중에 콕시의 군대Coxey's Army로 알려진 이 시위대는 그해 봄 전국에서 몰려든 수천 명의 실업자로 구성되었는데, 그때까지 미국의 수도로 진출한 유일한 시위대였다. 그러나 5월 1일에 도착한 콕시의 시위대 500명은 경찰의 저지를 받으며 경찰봉으로 두들겨 맞았고, 콕시가 연설할 예정이었던 의사당 잔디밭에서 쫓겨났다. 시위대는 해산되었고, 콕시와 보좌진은 체포되었다. 콕시는 20일 동안 수감되었는데, 정부가 그에게 적용할 수 있었던 유일한 혐의는 의사당 잔디를 밟았다는 것이었다.

38년 뒤인 1932년에도 피츠버그의 로마 가톨릭 사제 제임스 렌쇼 콕스가 펜실베이니아주의 실업자 2만 5,000명(이른바 콕스의 군대 Cox's Army)을 이끌고 워싱턴으로 행진했으며, 공공근로 프로그램을 만들어달라고 의회에 또 다시 요구를 했다. 당시까지 미국 수도에서 벌어진 최대 시위였다. 콕스는 실업자당을 창설하여 대통령 후보로 출마했으나, 선거 2개월 전에 사퇴하면서 프랭클린 루스벨트를 지지했다. 콕스는 1894년 연설(그의 체포 8일 후 연방 의회 의사록 Congressional Record에 기록됨)에서 익명의 상원의원이 한 말을 인용했다.

"지난 25년 동안 부자는 더 부유해지고, 빈자는 더 가난해졌으며, 생존경쟁이 치열하고 냉혹해짐에 따라 금세기 말에는 중산층이 모두 사라질 것입니다."

이미 들어본 소리 아닌가? 최근의 이른바 "월스트리트를 점령하라!" 시위도 똑같은 주장을 펼치고 있다. 이런 시위는 아직도 진행 중이다.

이제 나는 이들의 이론에 이의를 제기한다. 이들은 인구의 1%가 보유한 국부가 지나치게 많다고 주장한다. 그러나 미국인의 50%는 연방 소득세를 전혀 내지 않고 있으며, 이들이 연방 소득세를 내는 50%를 공격하는 방식으로는 문제가 해결되지 않는다고 나는 생각한다. 적어도 일부는 일하고, 저축하며, 투자하고, 세금도 내면서 일자리를 창출하고 있다. 에이브러햄 링컨은 다음과 같이 말했다.

"집 없는 사람이 다른 사람의 집을 허물도록 내버려두어서는 안 됩니다. 대신 그가 부지런히 일해서 자기 집을 짓게 해야 합니다. 그래야 그의 집이 완성되었을 때 남들이 허물지 못합니다."

억만장자를 비난하는 행동주의자들에게 간단한 숫자를 제시하겠다. 최근 한 기관투자자가 분석한 자료에 의하면, 억만장자들이 설립한 42개 미국 상장 회사가 전 세계에서 고용한 직원의 수가 400만 명이 넘는다.

1960년대 중반 영국에서 해럴드 윌슨 총리의 내각이 영국 반도체 산업 육성에 필요한 조처를 고려하고 있었다. 당시는 컴퓨터와 반도체가 미래의 물결이었다. 내각은 이 육성 계획에 반대했는데, 한 장관이 설명한 이유는 다음과 같다.

"반도체 산업을 육성하면 어떤 사람은 엄청난 부자가 되는데, 백만장자를 만들어내는 것은 우리 정책이 아닙니다."

그리고서 10년 뒤 영국은 파산했다.

언젠가 국가, 기업, 가족, 개인 모두 과거의 잘못을 처리해야 할 때가 올 것이다. 경기침체는 미국 경제의 고질병이다. 미국 경제는 4~6년마다 침체한다. 지금 미국은 침체를 겪는 중이다. 그러나 정부는 과거의 잘못을 바로잡으려 하지 않는다. 그러면 다음 경기침체 때에는 어떻게 되겠는가? 아니면 그다음 경기 침체는? 미국은 가진 돈을 모두 써버렸기 때문에, 다음 경기침체에는 문제가 더 심각해질 것이다. 부채가 지금보다 훨씬 커질 것이기 때문이다. 다음 경기침체에는 소리 지르고 애원하면서 거리로 나서는 사람이 그만큼 더 많아질 것이고, 미국은 이런 문제를 해결할 자금이 부족한 상태가 될 것이다.

앞으로 상품 부족 탓에 세계 곳곳에서 사회불안이 고조될 것인데(현재도 일어나고 있고, 갈수록 악화 중이다), 30년 이상 장기 독재국가의 정부가 가장 취약해질 것이다. 여기서 중국에 대한 의문이 떠오른다. 미국 정치인들은 종종 중국이 공산주의 독재라고 비난한다. 그런데 어떤 근거로 독재라고 말하는 것일까? 누가 독재한다는 말인가? 독재자의 이름이 무엇인가? 중국 정부는 5년마다 자동으로 교체되며, 어떤 지도자도 2회를 초과하여 연임할 수 없다. 즉 독재로 보기 어렵다는 말이다.

중국 지도자가 되려면 철저하고도 엄격한 과정을 거쳐야 한다. 즉 정밀 심사를 받아야 한다. 계속 시험받으면서 30~40년 동안 승진을 거듭해야 한다. 공산당 총서기는 수많은 당원의 합의로 선출되는데, 후보자는 오랜 준비 기간을 통해 능력을 입증해야만 한다. 부자가 멋진 의상과 헤어스타일로 TV에 출연하면 대통령이 될 수 있는 미국 시스템보다 어떤 면에서는 중국 시스템이 낫다.

중국 총서기 겸 주석인 후진타오는 2012년 총서기에서 물러났고, 2013년에는 주석직에서도 사임했다. 후진타오와 함께 집권했던 원자바오 국무원 총리도 마찬가지로 물러났다. 이 세 자리가 국사를 책임진다. 따라서 중국이 독재국가라고 횡설수설하는 사람은 자신의 무지를 드러낼 뿐이다. 마오쩌둥 사망 이후 중국에는 독재자가 없었다.

러시아의 블라디미르 푸틴이야말로 진정한 독재자다. 현재 그는 중국의 누구보다도 더 큰 권력을 행사한다. 중국 시스템 아래에서는 그런 권력을 휘두를 수가 없다. 중국 시스템이 최고라는 말이 아니라, 중국에서는 효과를 내고 있다는 뜻이다. 중국이 이룬 성공이 그 증거다.

30년 전 내가 처음 중국에 갔을 때에는 라디오 방송국도 하나, TV 방송국도 하나, 신문도 하나, 복장도 하나였다. 지금 중국에는 많은 매스컴이 있고 인터넷 사용자도 수없이 많다. 매주 거리에서 시위가 일어난다(중국 정부에 의하면, 2011년에 일어난 시위가 11만 건이었다). 사람들은 부정직한 지주에 대해 반대하거나 부패한 관료를 비난하면서 자신의 권리를 주장한다. 그리고 이런 시위가 신문에 보도된다. 이제는 이런 사실을 아무도 숨길 수 없다. 21세기에는 불가능하다. 지도자는 책임을 져야 한다. 정부는 관료를 투옥하고, 때로는 대중의 분노를 달래려고 처형하기도 한다.

2011년 12월 광둥성 남부의 어촌 우칸^{Wukan}에서는 마을 사람들이 대규모 시위를 벌여 지방 정부를 몰아냈다. 이들은 선거를 치러 그들이 원하는 방식을 도입했다. 이렇게 중국은 많이 변했다. 아직 네덜란드나 다른 개방 국가 수준에는 못 미치지만, 중국은 확실히 개방되고 있다. 물론 그 과정에는 분명히 결함이 있지만, 미국 정치 제도에도 결함이 있다. 미국 지도자들의 자질을 보면, 차라리 중국이 훨씬 더 엄격하다. 클린턴, 부시, 오바마……. 이보다 더 나쁠 수도 있는가?

중국 지도자들은 일정 햇수를 채운 다음에는 자발적으로 권력을 포기하고, 엄격한 심사를 거쳐 주의 깊게 선발된 후계자들에게 권력을 넘겨준다. 공자도 이 방식을 틀림없이 전폭적으로 지지했을 것이다. 공자는 사대부를 가르치는 책을 저술하였는데, 이 고전은 제국에서 관료를 뽑는 과거시험의 바탕이 되었다. 이 시험에서 유능하고 똑똑하며 박식한 인물로 밝혀지면 지도자로 선발되었다. 중국은 오랜 세월 전국적으로 관료를 선발하는 시험제도를 유지했다. 중국에는 학자를 존경하고 숭배하는 오랜 전통이 있다. 이런 전통에서 최고의 시스템이 나올지는 모르겠지만, 미국의 시스템과 다른 것만은 분명하다.

아시아 사람들이 말하는 아시아 방식이란, 먼저 경제를 개방하고, 나라의 경제를 발전시킨 다음, 비로소 정치 시스템을 개방하는 것이다. 이들은 러시아는 그 순서를 뒤집었기 때문에 실패했다고 말한다. 러시아는 경제가 발전하지 않은 상태에서 정치 시스템을 개방한 탓에, 모두가 욕하고 불평했으며 이후 혼란에 빠질 수밖에 없었다. 아시아 사람들은 아시아 방식의 정치 시스템 개방 사례로 한국과 대만을 드는데, 둘 다 한때 미국의 지원을 받는 극심한 독재국가였다. 일본은 한때 미군의 지원을 받는 일당One-party 독재국가였다. 싱가포르도 일당의 권위적 통치 아래 현재의 지위에 올랐다. 이후 이들 국가 모두 더 발전하고 더 개방하였다.

플라톤은 저서 『국가론The Republic』에서 사회는 독재에서 과두제를 거쳐 민주주의로 발전한 다음, 혼란에 빠져 다시 독재로 돌아간다고 말했다. 확실히 일리 있는 말이다. 플라톤은 매우 명석한 인물이었다. 아시아 사람들이 『국가론』을 읽었는지는 모르겠지만, 아시아 방식은 플라톤의 사상을 보여주는 듯하다.

아시아 모델은 소련의 모델과 다를 뿐만 아니라, 앞에서 언급한 30년 독재라는 측면에서도 중국은 뚜렷한 대조를 이룬다. 중국 지도자들은 13억 명 인구의 중국 경제를 발전시키는 일에 중점을 두었다. 그러나 중동을 보면 국가 경제 발전에 주력하는 지도자가 많지 않다. 중동 독재자들은 언제든 즉시 도피할 채비를 갖춘 채, 돈을 가져다 스위스 은행 계좌에 넣고 있다. 이들이 주력하는 일은 가족과 친구들에 대한 보상이며, 나라 밖에서 비밀리에 거액을 챙기는 일이다.

물론 중국에도 똑같이 행동하는 사람이 있다. 미국을 포함한 모든 나라와 마찬가지로, 중국에도 부패가 존재한다. 중국이든, 아프리카든, 미국이든 부패는 인간의 고질병이다. 그러나 중국인은 부패가 드러나면 매우 단호하게 대처한다. 범인들은 대개 투옥되거나 사형당하며, 사형은 매우 신속하게 집행된다. 관영 신화통신에 의하면 2003~2008년 동안 처벌받은 공산당원이 88만 명을 넘는다고 한다. 반면에 서구에서는 제도 오남용으로 처벌받은 관료나 기업인은 극소수에 불과하다. 중국에서는 부패로 이득을 보는 자리에 있는 사람들은 5년마다 후임자들에게 자리를 넘겨주므로, 적어도 어느 정도는 순환이 이루어진다.

　이른바 '아랍의 봄'을 부른 시민 봉기가 중동을 문명의 요람으로 만들었던 문화의 전성기로 다시 이어질 것 같지는 않다. 의학, 물리학, 천문학, 수학……. 모두가 아랍 세계에서 나왔다. 유럽인들이 겨우 동굴에서 나와 몸에 파란색 물감을 칠하던 시절, 아랍인들은 알파벳을 창안하고 대수(代數)와 천문항법 등을 개발했다. 현재 정치 조직을 갖춘 중동의 유일한 세력은 회교 원리주의 부활을 열망하고 있다. 말로만 자유를 원한다고 떠들면서 튀니지, 이집트, 예멘의 독재자들을 지원한 미국은 현재 상황이 달갑지 않을 것이다. 이들 국가는 민주주의보다는 반미, 반이스라엘로 바뀔 것이다. 앞에서도 말했지만, 사람들은 역경에 처하면 누구나 희생양을 찾는다. 희생양은 대개 외국인이며, 중동에서는 전통적으로 미국인이 희생양이었다.

　무바라크가 이집트의 독재자로 군림하던 30년 동안, 중국은 경제적으로 무섭게 발전했다. 이집트는 제자리걸음이었고, 중동은 경제발전이나 변화도 거의 없었다. 가시적인 경제발전이 이루어지면, 사람들은 좀처럼 분노하지 않는다. 먹는 문제가 해결되고 집과 차가 있으면, 사람들은 좀처럼 거리로 나서지 않는다. 이것이 싱가포르의 정신이었다. 정부의 최우선 사업 중 하나가 모든 국민이 자랑할 만한 집을 갖게 하는 일이었다. 정부는 초창기부터 빈민가를 허물고 HDB(주택개발청) 아파트를 짓기 시작했다. 집을 가진 사람은 서둘러 공산당에 가입할 이유도 없고, 적극적인 노조원이 될 이유도 없다. 경제 성장의 혜택을 같이 나누기 때문이다.

아시아 국가들은 확실히 발전하는 중이고, 일부 국가는 경제발전이 민주주의도 촉진하고 있다. 흥미롭게도 싱가포르는 경제발전의 혜택을 입은 국민이 정부를 지지한다. 나 같은 이민자들은 지금의 모습으로 그 나라를 판단할 뿐이지만, 싱가포르 구세대들은 초창기 싱가포르가 얼마나 어려웠고, 이후 정부가 얼마나 효과적으로 경제를 발전시켰는지 기억한다. 이후 세대는 좋은 시절만 보았다. 40세 미만은 모두 번영기에 성장했는데도 다당제 민주주의를 비난한다. 대만도 그렇고, 한국도 그렇고, 일본도 그렇다. 플라톤이 말한 것처럼, 젊은 사람들은 성공을 거두고서도 정부를 바꾸고 싶어 한다. 이에 대해서는 옛날과 다를 바가 없다.

결국 중국에서도 이런 문제가 틀림없이 발생할 것이다. 중국은 대도시 밖에서 살고 있는 사람들도 발전시켜야 하는 난제에 직면하고 있다. 정부는 그동안 발 빠르게 대응했다. 마오쩌둥의 문화혁명과 대약진운동은 나라가 송두리째 무너져간 쇠퇴기의 수백 년을 마무리하는 최악의 순간이었다. 마오쩌둥이 죽고 덩샤오핑이 집권하면서 긍정적인 변화가 시작되었다.

1978년 11월, 덩샤오핑은 먼저 싱가포르를 방문해서 리콴유 총리를 만났다. 싱가포르는 중국이 개혁을 시작하여 시장경제로 이행하는 모델이 되었다. 1990년에는 중국에 실제 증권거래소가 등장했다. 중국이 오늘날 호황을 누리는 것은 기업가정신을 불러일으킨 덕분이다. 사람들은 원하는 것을 무엇이든 할 수 있다. 물론 중국은 계획경제 체제이고, 국유기업 체제이며, 온갖 제약이 있다. 그러나 중국식 사회주의는 지난 30년 동안 중국의 모든 것을 국가가 소유했던 흔적에 불과하다. 현재 중국의 실상은 자본주의다.

중국은 세계에서 가장 자본주의적인 국가에 속한다. 캘리포니아주가 중국보다 공산주의 성향이 더 강하다. 매사추세츠주도 중국보다 더 사회주의적이다. 나는 중국에서 사업하기가 더 좋다고 말하는 기업가들을 많이 만났다. 일단 허가를 받으면, 그다음에는 매우 자유롭기 때문이다. 허가를 받기도 그다지 어렵지 않다. 물론 제약도 있고, 무서운 이야기도 들린다. 그러나 이들 대부분은 미국은 물론 한국과 유럽 등 세계 어느 나라보다도 중국에서 사업하고자 한다.

Chapter 15

해는 동쪽에서 떠오른다

The Sun is
Rising in the East

소위 전문가들은 언론에 등장하여 중국이 지금과 같은 높은 성장률을 유지할 수 없어서, 경착륙하거나 심지어 붕괴할 것이라고 거들먹거리 듯 전망한다. 이들이 제시하는 성장률은 7.5~8%다. 무엇보다도 미국을 포함한 모든 나라가 높은 성장률을 유지하고 싶어 한다. 높은 성장률을 유지하지 못하면 정치인들이 시달리게 된다. 그러나 정부가 내놓는 숫자들은 환상에 불과하다는 사실이 더 중요하다.

모든 성장률 데이터는 신뢰할 수 없다. 미국이나 중국도 자신들의 경제 상황을 파악하기가 어려운데, 인도가 자신들의 경제 상황을 파악하고 있다고 말하면 깜짝 놀랄 일이다. 미국의 상황은 대부분 통계가 만들어낸 것이며, 미국은 항상 통계를 수정한다. 나는 오랜 경험을 통해서 통계를 무시하게 되었다. 통계는 홍보행위에 불과하기 때문이다.

인도는 중국이 발표하는 성장률을 기준 삼아, 이와 비슷하거나 더 높은 성장률을 발표한다. 그동안 중국의 실제 성장률에 대한 논란은 일종의 선전이 되었다. 그러나 나는 중국에 갈 때마다 실제로 어떤 일이 일어나는 모습을 보게 된다. 그리고 나는 직접 중국에 가서 파악한 것 외에는 알려고 하지도 않는다.

물론 중국도 침체를 피할 수는 없다. 중국 지도자들도 높은 성장률을 유지하려고 온 힘을 다하며, 근래에는 대부분의 나라보다 경제를 잘 관리했다. 그러나 아무리 똑똑해도 그들 역시 관료이므로, 침체는 가능한 정도가 아니라 거의 확실하다. 중국은 수많은 침체를 겪을 것이다. 다르게 생각하는 사람이 있다면, 그는 역사를 공부하지 않았거나 세상이 돌아가는 이치를 이해하지 못하는 사람이다. 그러면 중국이 침체한다고 가정해보자. 최악의 상황은 무엇일까? 공산주의자들을 내쫓을까?

2차 세계대전 이후 수십 년 동안 워싱턴에서는 중국을 맹렬하게 비난하는 정치인들의 시끌벅적한 소리가 정기적으로 들렸다. 머지않아 우리는 같은 부류의 정치인들이 다소 바뀐 모습을 보게 될 것이다. 이들은 어떻게 중국은 모두 갖게 되고, 미국은 모두 잃게 되었느냐고 물으면서 분통을 터뜨릴 것이다. 그 답은 중국이 더 훌륭한 자본주의 국가가 되었다는 것이다. 중국은 끊임없이 세계에서 기회를 찾아 이용하고 있다. 진정한 자본주의자답게 말이다.

중국인들은 세계를 돌아다니면서 유전, 대농장, 광산 등 눈에 보이는 대로 온갖 생산적 자산을 사들이고 있다. 내가 생각하는 것처럼, 이들도 원자재 부족을 예상하기 때문이다. 그리고 이 과정에서 중국인들은 많은 친구를 만들고 있다. 미국과 과거 유럽의 열강들은 다른 나라에 들어가 자산을 강제로 빼앗거나 헐값에 사들이면서 생활양식과 종교까지도 변화하도록 강요했지만, 중국은 전혀 다른 방식을 쓰고 있다.

중국인들의 사업 방식에 반대하는 사람은 아무도 없다. 중국인들은 아무에게도 군림하지 않는다. 이들은 돈을 들고 와서 이렇게 말한다. "거래합시다. 우리는 당신이 원하는 방식으로 거래하겠소." 이들은 모두가 만족하는 방식으로 거래한 다음, 아무 선전도 없이 깨끗이 돌아간다. "이것은 단지 사업일 뿐, 그 이외에는 아무것도 아닙니다. 지금은 옛날과 다릅니다."

아프리카에서 중국인들의 인기가 매우 높다. 최고 한도액을 치르기 때문이다. 지난 10년 동안 중국 지도자들은 아프리카 국가들을 거의 모두 방문했다. 또 이들은 아프리카를 중국으로 불러들였다. 중국이 개최한 거대한 행사에 아프리카 50여 개국의 지도자들이 참석했다. 미국 대통령이 아프리카 대륙을 밟아본 것은 역사적으로 두세 번에 불과하다.

중국인들은 중남미에서도 똑같이 하고 있다. 이들은 무엇이든 사들이다. 중국인들이 광물과 기타 원자재를 확보하면서 엄청난 영향을 미치고 있는데도, 미국을 포함한 다른 나라들은 이를 무시하거나 세계의 자원이 고갈되고 있다는 사실조차 모르는 듯하다. 하지만 중국인들은 예상하고 있다. 이들은 세계를 돌아다니면서 다가오는 자원부족에 대응하고 있다.

중국은 훌륭한 자본주의자답게 행동하는 동안, 미국은 걱정거리가 없었던 1950년대의 오만한 초강대국처럼 행동하고 있다. 물론 그런 시절은 오래전에 지나갔다. 그러나 아직 제대로 인식하지 못하고 있는 듯하다. 중국은 강요하지도 않고 어느 정도 일자리까지 만들어주면서 돈을 쓰는 덕분에, 호감을 사면서 정치적 영향력도 얻고 있다. 같은 취지로 중국은 현재 모두가 곤경에 빠져 있는 유럽의 국채를 사려고 논의 중이다.

이제 중국의 관점에서 그리스나 포르투갈 등으로부터 돈을 전혀 상환받지 못한다고 가정해보자. 즉 손실이 발생했다. 중국의 관점에서 보면, 이는 값싼 해외 원조이고, 값싼 영향력 행사이며, 국제무대에서 힘을 얻는 값싼 대가이다. 최악의 상황이 발생해서 중국이 투자자금을 모두 잃는다고 해도, 중국은 IMF와 세계은행에서 정치적 영향력을 얻게 될 것이다. 유럽인들은 중국이 자신을 구제해주었다고 말할 것이다. 아무도 사려 하지 않을 때 우리 채권을 사준 좋은 사람들이라고 말할 것이다.

미국은 채권을 사주고 싶어도 사줄 돈이 없다. 미국 국방부 연구에서도 지적했듯이, 과도한 부채가 국익에 불리하게 작용하는 사례다.

페이지와 나는 최근 미얀마에 다녀왔다. 미국은 미얀마에서 기회를 놓칠 여러 조짐을 보이고 있다. 1962년에는 미얀마(1989년 이전에는 버마)가 아시아에서 가장 부유한 나라였다. 당시는 첫 번째 장군인 숫자 점쟁이 네윈이 집권하여 50년에 걸친 군정을 시작하는 해였다. 그가 집권한 이후 점성술사와 숫자 점쟁이들이 나라를 운영했다. 네윈과 그의 후계자들은 소련식 경제 프로그램을 도입하여 버마식 사회주의를 펼치면서 국가를 외부 세계와 차단하였고, 그 결과 미얀마는 세계에서 가장 가난한 나라가 되었다.

반세기에 걸쳐 부실 운영과 기아와 고립에 시달리다가 이제 민정으로 전환된 미얀마는 덩샤오핑이 집권한 중국의 1978년과 같은 상황에 도달했다. 미얀마의 경제는 세계에서 가장 낙후된 상태다. 따라서 내가 생각할 수 있는 최고의 투자 기회가 이곳에 있다. 인도와 중국 사이에 있는 이 나라에 6,000만 명의 인구와 엄청난 천연자원, 교육 수준이 높고 잘 훈련된 노동자들이 있다. 나는 이곳에 투자하기를 열망했지만, 규제가 매우 심해서 북한에 투자하기보다도 어려울 정도였다.

미얀마의 규제가 아니라 미국의 규제 탓이었다. 자문 변호사에게 의뢰해서 조사한 바로는 미국인이 '미얀마'를 입에 올리는 행위조차 범죄에 가까웠다. 나는 미얀마 투자를 허가해달라고 미국 정부에 요청했으나, 예상했던 대로 아무 반응이 없었다.

아시아 국가들은 이미 미얀마에 들어와 있고, 다른 나라들도 미얀마로 몰려들고 있다. 한때 봉건사회였던 미얀마를 식민통치 기간에 오늘날의 모습으로 바꿔놓은 영국도 이곳에서는 큰 제약을 받지 않는다. 오로지 미국인들만이 이곳에서 일어나는 거대한 변화에 참여하지 못하는 상황이다. 다른 나라 사람들은 최대한 서둘러 이곳으로 달려오고 있다. 당분간 미국과 경쟁할 필요가 없기 때문이다. 석유사업가들도 엑손과 경쟁할 필요가 없으므로 서둘러 오고 있다. 마침내 미국 정부가 미얀마 진출을 허용할 시점이 되면, 다른 나라 사람들은 이미 우량 자산을 잔뜩 확보해놓은 상태일 것이다.

미국의 근시안적 사고를 보여주는 사례는 또 있다. 투자 규모가 수백만 달러 수준이 아니라면, 심지어 이란에 대해서도 미국 정부로부터 투자 허가를 받을 수 있다(나는 20년 전에 약간 투자했다). 그러나 나와 자문 변호사가 조사한 바로는 미얀마에 대해서는 미국인이 단순히 방문하는 행위조차 미국 정부의 관점으로는 범죄의 경계선에 놓이게 된다.

최근 페이지와 나는 싱가포르에서 단순 관광 비자를 받아 미얀마를 두 번째로 방문했다. 우리는 10년 전인 2001년 밀레니엄 모험을 하면서 미얀마를 횡단한 적이 있다. 이 여행에서도 첫 번째 여행에서처럼 많은 사람을 만났다. 나는 다양한 은행장과 광산업자를 만나 미얀마에서 일어나는 변화에 대해 논의했는데, 미얀마가 실제로 바뀌는 중이라고 모두가 확신하는 듯했다. 나는 상공회의소장도 만났다. 몇 달 전까지만 해도 상공회의소장은 정부가 임명하는 자리였다. 그러나 이번 소장은 상공회의소 회원이 선출한 인물이었다. 그는 다음과 같이 말했다.

"나는 회원들을 만족시켜야 합니다. 그러지 못하면 이 자리를 유지할 수 없습니다."

페이지는 이제 보석학자가 되려고 한다. 페이지는 이미 다양한 자격증을 획득했고, 계속 공부하면서 온갖 시험을 보고 있다. 그리고 사파이어, 루비, 옥이 풍부한 미얀마에 머무는 동안, 더 깊이 공부했다. 한 친구가 마당발 미얀마 여성을 페이지에게 소개해주었다. 그녀는 페이지가 보석에 관심이 많다는 사실을 알고, 여러 보석상에게 전화해서 협조를 부탁했다. 덕분에 페이지는 한동안 1,500만~2,000만 달러 상당의 화려한 보석을 앞에 늘어놓고 공부할 수 있었다. 페이지는 천국을 맛보았다.

한 번은 저녁 초대를 받았는데, 대형 여행사 사장 옆자리에 앉게 되었다. 나는 그에게 2001년 미얀마 횡단 이야기를 해주었다. 그는 그런 여행은 불가능하다고 말했다. 2001년에는 그런 허가를 받을 수 없었고, 지금도 그런 허가가 나오지 않는다고 말했다. 나는 "그러나 우리는 횡단했습니다"라고 말하고, 우리 웹사이트로 들어가 여행한 증거를 보여주었다. 그가 깜짝 놀라는 모습을 보니 기분이 좋았다. 그가 내 말을 믿지 못하는 것을 보면서 그 여행이 그토록 이례적이었음을 실감했고, 그 추억이 그만큼 더 달콤하게 느껴졌다.

2001년 우리가 처음 방문했을 때에도 미얀마와 거래하는 나라가 많았다. 일본, 중국, 인도, 말레이시아, 러시아, 싱가포르 등 이런 나라들은 다양한 천연자원(목재, 천연가스, 금과 기타 광물)을 기꺼이 개발했고, 이후 필연적으로 성장한 관광업에도 손을 댔다. 당시 미얀마를 방문하기 한 달 전, 우리는 델리에서 미얀마로 향하는 미국인 여성 한 사람을 만났다. 우리도 미얀마로 간다고 말하자, 그녀는 분개하면서 미얀마는 미국의 제재를 받는 국가이기 때문에 우리는 갈 수 없다고 주장했다. 나는 그녀에게 이렇게 물었다.

"당신은 갈 수 있고, 왜 우리는 갈 수 없죠?"

"나는 비정부기구NGO에서 일하니까요. 나는 상황을 조사하러 미얀마에 가는 겁니다."

"나도 그렇습니다. 당신이 나 대신 미얀마에 가서 조사하고 판단할 이유가 어디 있습니까?" (흔히 비정부기구와 국외 거주 미국인들이 주도하는 외국 원조 사기에 대한 나의 심층 의견은 『어드벤처 캐피털리스트』를 참조하라.)

2001년 미얀마에서 어디를 가보아도 그리고 3년 동안 세계일주를 하면서 어디를 가보아도, 미국의 제재는 효과가 없었다. 그 나라에서는 경쟁 제품이 판치거나 밀수입한 미국 제품이 돌아다녔다. 어쨌거나 그 나라는 아무 불편도 느끼지 않았지만, 미국 근로자와 기업, 납세자들은 손실을 보았다. 최근 여행에서도 보았지만, 미얀마에서는 원하는 것은 무엇이든 구할 수 있었다. 10년 더 제재를 가했어도 거의 효과가 없었을 것이다.

미얀마에 새 정부가 수립되어 민주적 개혁을 약속하자, 미국도 마침내 제재를 완화하겠다고 뒤늦게 발표했다. 앞으로 제재 완화 상태가 이어지기를 기대한다.

미얀마는 2013년 동남아시안게임을 개최할 예정이며, 2014년에는 동남아국가연합Association of South East Asian Nations, ASEAN 순번제 의장직을 맡게 된다. 이웃 국가들 모두 미얀마의 변화에 주목하고 있다.

미얀마는 새로운 통화 시스템을 도입했다. 기존 시스템은 통제 불능이었으므로, IMF가 시스템 개선을 지원해주었다. 그동안 미얀마는 현금 사회였다. 신용카드도 없고, 수표도 거의 사용되지 않았다. 몇몇 은행을 방문했을 때, 나는 다른 곳에서는 전혀 보지 못했던 광경을 목격했다. 은행 카운터 너머로 작은 방이 보였는데, 그 안에 현금이 천장까지 가득 쌓여 있었다.

2011년 여름에 우리가 방문했을 때 공식 환율이 1달러당 6차트였다. 암시장 환율은 1달러당 800차트였다. 그러나 그 전년도에는 암시장 환율이 50% 더 높은 1,200차트였다. 암시장도 나처럼 미얀마 문호가 개방되어 경제가 호전된다는 사실을 알고 있었던 것이다. 대개 암시장과 통화시장이 이런 변화를 가장 먼저 파악한다. 이들은 이미 미얀마의 변화를 보고 있었다.

2012년에도 미얀마에서는 신용카드를 사용할 수 없으므로, 지금부터 동남아시안게임 개최일까지 엄청난 변화가 일어날 것이다. 신용카드를 사용하지 못하는 상태에서는 다른 9개 국가 사람들을 초청할 수 없기 때문이다. 그리고 통화를 통제하지 못하는 상태에서는 신용카드 시스템을 도입할 수 없다. 통화 문제를 먼저 해결해야 한다는 사실을 미얀마도 인식하고 있다. 신용카드를 사용하지 못한다면 관광객들이 오지 않을 것이다. 그리고 머물 곳이 없어도 관광객들은 오지 않을 것이다. 이제 새로운 호텔과 식당들이 들어설 것이며, 반드시 신용카드도 사용할 수 있게 될 것이다.

2007년 페이지와 나는 북한 방문 허가를 받았다. 나는 북한에서 일어나는 변화를 감지했으므로, 방문해보고 싶었다. 나는 두 눈으로 확인하고 싶었다. 우리는 관광객으로 4일 동안 머물렀다. 당시 페이지는 베이비 비를 임신하고 몇 달이 지난 상태였다.

나는 단체 여행 스타일이 아니다. 나는 늘 내 방식대로 일정을 정하고, 방문지와 식사도 선택한다. 그러나 북한에서는 선택의 여지가 없었다. 경호원들이 한시도 우리 곁을 떠나지 않았다. 나는 평양에서 간선도로를 따라 걸어 내려가던 중, 이발소를 발견하고 머리를 깎으러 들어갔다. 내가 손으로 머리 깎는 시늉을 하자, 의자에 앉아 있던 노인이 충격받아 일어섰다. 그때 경호원이 들어와서 즉시 나를 끌어내며, 이발은 일정에 없다고 말해주었다.

2차 세계대전 직전부터 2007년까지 북한을 방문한 미국인이 약 300명에 불과하다는 다소 이상한 통계가 있다. 1950년대 초 더글러스 맥아더의 군대가 지나간 이후, 미국인은 사실상 아무도 갈 수 없었다는 말이다.

북한은 변화의 필요성을 깨달았음이 분명하다. 그 이유를 이해하기는 어렵지 않다. 북한의 모든 장군은 30년 전 젊은 장교 시절에 베이징, 모스크바, 상하이 등에 가보았다. 이제 이들은 장군이 되어 이런 곳에서 일어난 변화를 보고 평양으로 돌아와서 이렇게 생각했을 것이다. "외국은 그토록 많이 변했는데도 여기는 아직 그대로이니, 정말 비참하네."

북한의 최고 지도자 김정은은 스위스 사립학교에서 공부했다. 성장기를 유럽에서 보내고 돌아온 30세의 이 친구가 이렇게 말하지는 않았을 것이다. "술집도 없고, 오락도 없고, 차도 없고, 아무것도 없어서 나는 북한이 정말 좋아."

이들은 외부 세계를 맛보았으므로, 외부 세계가 어떻게 돌아가는지 잘 알고 있다. 그래서 나는 북한이 곧 개방할 것으로 본다. 그때가 오면 북한은 세계무대에서 엄청난 힘을 발휘할 것이다. 중국인들은 벌써 북한에 몰려들고 있다. 이들은 북서쪽에 두 나라를 잇는 새 다리를 건설하고 있는데, 이곳이 새로운 무역지대가 될 것이다. 변화가 일어나고 있는 것이다.

우리는 가는 곳 어디에서나 1국 2체제를 요구하는 선전 포스터를 볼 수 있었다. 이는 1990년대 말 홍콩이 중국으로 반환될 때 유행했던 구호다. 이 선전이 신뢰감을 주려면(미국에서 파악하는 바와는 달리) 북한이 통일을 원해야 한다. 통일한국은 경제강국이 될 것이다. 통일에 반대하는 나라는 미국과 일본뿐이다.

북한과 남한이 통일하면, 일본은 현재의 남한보다 훨씬 강력하고 거대한 경쟁자를 맞이하게 된다. 중국 국경과 맞붙은 인구 7,500만~8,000만 대국이 들어서는데, 북쪽의 값싸고 숙련된 노동자와 천연자원이 남쪽의 자본, 기술, 경영 능력과 결합하게 된다. 통일한국은 일본을 앞설 것이다. 일본은 사업 원가가 갈수록 높아지고 있다. 무엇보다도, 이제 일본에는 값싼 노동력이 부족하다.

일본이 통일을 반대하는 이유는 명백하다. 그러나 미국이 반대하는 이유는 단순한 타성이 아닌지 모르겠다. 미국 관료들은 지능이 부족하고 사고 전환이 느려서, 한국이 분단 상태로 유지되는 쪽이 더 편하기 때문이다. 미군 수천 명이 한국에 주둔하고 있다. 이것도 일종의 산업으로 이 산업이 지속되어야 관료들이 먹고산다.

미국이 쿠바를 잘라낸 과정에서도 똑같은 사고방식을 볼 수 있다. 당시에는 건전하든 건전하지 않든 정치적 이유가 있었지만, 지금은 쿠바를 경제적으로 봉쇄해야 일자리를 보전하고 돈을 버는 수많은 워싱턴 관료와 로비스트들이 있을 뿐이다. 이들은 플로리다

주의 탈(脫)쿠바 유권자들이 선출한 관리들을 일깨우느라 많은 시간을 들인다. 이 관리들은 탈쿠바인들의 자녀와 손자들이지만 실제로는 미국인이어서, 사악한 피델 카스트로에 대해서 전혀 관심이 없다. 그런데도 미국은 또다시 누워서 침을 뱉는다. 유럽인, 멕시코인, 캐나다인, 남아메리카인들은 쿠바에 몰려 들어가 투자하고 자산을 사들이는 중이다. 미국이 마침내 봉쇄를 풀면, 이들은 기다리고 있다가 그동안 세 배로 오른 가격에 자산을 우리에게 팔 것이다.

이것도 자유의 나라에 사는 미국인이 파티에 뒤늦게 참석하는 한 가지 사례에 불과하다. 우리 정부가 북한으로부터 우리를 보호하듯이 쿠바로부터 우리를 보호해주는 덕분이다. 나는 이런 '테러지원국'에 대한 미국의 선전에 회의적이다. 이는 무자비하게 부정적이어서, 역사에 비춰보면 왜곡된 정보가 거의 틀림없다.

북한이 주는 투자 기회가 무엇인지 궁금할 것이다. 나는 증권시장에 투자하지만, 북한에는 증권시장이 없으므로 기업을 찾아야 한다. 북한의 개방에서 이득을 얻는 중국 기업이나 아시아 기업을 찾아야 할 것이다. 지금 당장은 그런 기업을 알지 못한다. 그러나 지금 북한은 공장, 호텔, 음식점 등을 지을 여건이 무르익었다. 미얀마와 마찬가지로 북한은 기초 상품과 서비스에서부터 고급 기술에 이르기까지 모든 것이 부족하다. 물론 미얀마나 북한에도 인터넷이 있긴 하지만, 사용자가 매우 적다. 물론 두 나라에도 비누가 있긴 하지만, 충분하지는 않다. 두 나라에 전기도 있지만, 역시 충분하지는 않다.

　북한 관광도 투자 기회가 될 수 있다. 북한 인구는 2,500만 명에 불과하므로, 세계 여행이 호황을 맞이하지는 않을 것이다. 그러나 남한 사람들의 북한 여행은 십중팔구 호황을 맞이할 것이다. 남한에는 여성이 매우 부족하므로, 결혼 관련 사업도 엄청난 호황을 맛볼 것이다. 남한 남성들은 로스앤젤레스나 퀸즈에서 아내를 찾을 수도 있지만, 주로 북한에서 찾게 될 것이다. 북한은 남한과는 달리 인구문제에 시달리지 않는다. 나는 북한과 미얀마에 투자할 방법을 필사적으로 찾고 있다. 장래를 내다보면, 두 나라에서 일어나는 거대한 변화가 현재 가장 짜릿한 기회로 생각된다.

　앞으로 20~30년 동안 내가 지극히 낙관하는 기회 중 하나는 중국 관광업이다. 중국인들은 지난 수십 년 동안 여행할 수 없었지만, 이제는 할 수 있다. 이제는 중국 시민도 쉽게 여권을 받을 수 있고, 돈도 쉽게 외국으로 가지고 나갈 수 있다. 뉴욕 사람들은 1980년대부터 갑자기 매디슨가에서 일본인 관광객들을 보기 시작했다. 사람들은 이들이 모두 어디에서 갑자기 나타났는지 궁금했다. 당시 일본인들은 떼를 지어 여행했다. 일본 인구는 1억 2,500만 명이지만, 중국 인구는 10배가 넘는 13억 명이다. 이제 중국인들을 세계 곳곳에서 보게 될 것이다. 중국인들은 세계를 볼 뿐 아니라, 중국도 폭넓게 돌아다닐 것이다. 중국 안팎으로 중국인들의 관광이 폭발하듯 증가할 것이다.

나는 최근 중국 도시 두 곳에 다녀왔다. 하나는 쓰촨(四川)성의 성도 청두(成都)로서, 자이언트 판다 사육 및 연구센터로 유명한 청두판다생태공원에 가족과 함께 갔었다. 세계 자이언트 판다의 80%가 중국 남서부 쓰촨성에서 발견된다. 이 공원에는 해마다 수십만 명이 찾아온다. 나는 중국 중남부 후난(湖南)성 성도인 인구 700만 명의 도시 창사(長沙)도 방문했다. 이곳 모든 호텔이 중국인 관광객들로 만원이었고, 모든 오락 및 문화 명소도 중국인 관광객들로 붐볐다.

전에 밀레니엄 모험으로 중국을 횡단하던 중 페이지와 나는 란저우(蘭州) 박람회에서, 북동부 하얼빈시에서 가져온 얼음조각 전시회를 보았다. 우리는 매년 하얼빈에서 열리는 하얼빈 국제 얼음 및 눈 조각 축전은 놓쳤지만, 언젠가 그곳에 가보기로 약속했다. 그리고 2012년 춘절 기간에 드디어 우리는 아이들을 데리고 그 축전에 참가했다. 시베리아에서 불어오는 차가운 겨울바람에 기온이 영하로 내려간 덕분에, 우리는 거대한 조각을 보며 경탄했고(축구장 크기의 조각이었는데, 실물 크기의 건물과 기념물을 내부 조명이 비춰주었고, 1미터 두께의 수정처럼 맑은 얼음으로 전체 도시 경관이 구성되어 있었다), 해피는 지역 아이들과 어울려 명절 폭죽놀이를 하며 마음껏 즐겼다. 이 축전에는 매년 평균 80만 명이 찾아온다.

중국/아시아 관광업은 빠르게 성장할 것이며, 우리 시대에 크게 성장하는 산업이 될 것이다.

Chapter 16

창조적 파괴 과정은 자본주의의 핵심 요소다

테니슨의 『국왕 목가Idylls of the King』에서 죽어가는 아서왕에게 작별을 고하는 마지막 원탁의 기사인 용감한 베디비어 경이 이렇게 한탄한다.

"그러나 이제 강력한 세계의 상징이었던 원탁은 모두 사라졌습니다."

'홀로 떠나는' 베디비어의 사기를 높이려고, 치명상을 입은 채 아발론(아서왕이 사후에 갔다고 일컬어지는 곳)으로 향하는 바지선에 실린 아서는 영문학 최고의 명대사를 천천히 그에게 남긴다.

"낡은 질서는 변하여, 새 질서로 대체되고,
신이 뜻을 이루는 방법은 여러 가지이니,

이는 좋은 관례 하나가 세상을 타락시키지 못하게 하려 함이다."

어느 것도 영원할 수 없고, 영원해서도 안 된다고 아서는 그를 일깨워준다. 심지어 위대한 기사단의 고귀한 관례조차도 말이다.

투자자들은 항상 내게 확실한 정보를 묻는다. 내가 줄 수 있는 확실한 정보는 아서왕의 말에 귀 기울이라는 것이다. 나는 단기간에 큰 수익이 나는 투자처를 알려줄 수 없다. 나도 단기간에 큰 수익을 내지는 못한다. 내가 할 수 있고, 내가 지금까지 해온 최선의 방식은 다가오는 세기를 내다보면서 투자하는 것이다. 앞으로 100년 뒤를 내다보는 방식이 매우 확실하다. 당신도 나처럼 피사계 심도가 1000년인 렌즈를 통해서 세계를 본다면 말이다.

세계 경제는 창조적 파괴 시스템이다(슘페터는 창조적 파괴 과정이 자본주의의 핵심요소라고 지적했다). 새로운 것이 일어나서 낡은 것을 대체한다. 자동차가 등장하여 마차를 대체했다. 도요타가 등장하여 GM을 대체했다. TV가 등장하자 많은 것이 바뀌었다. 이제 우리는 밤에 불가에 앉아 책을 읽지 않는다. 이런 방식으로 세상은 과거에도 돌아갔고, 지금도 돌아가고 있으며, 미래에도 돌아갈 것이다. 한편에서는 국가, 기업, 가족, 개인들이 융성하지만, 동시에 다른 한편에서는 국가, 기업, 가족, 개인들이 쇠퇴한다. 사람들은 수요와 공급의 법칙을 저지하여 상황을 바꿔보려고 시도하지만, 이런 시도는 전혀 효과가 없다. 정치인들도 창조적 파괴의 법칙을 거스를 수 없다. 조사에 의하면 20년마다 사회의 하위 20%도 바뀌고, 상위 20%도 바뀐다.

그런데도 사람들은 계속 시도한다. 아주 단순한 사례에서도 볼 수 있다. 도심이 쇠퇴하고 있으면, 정치인들은 도심을 되살리려고 돈을 투입하지만, 상황은 오히려 나빠지기만 한다. 그 도시의 빚만 늘어난다. 내 고향 데모폴리스가 그랬다. 페이지의 고향 노스캐롤라이나 로키마운트도 그랬다. 현대적인 쇼핑센터가 근처에 들어선 탓에 도심 지역이 고전을 면치 못했지만, 명백한 해결책을 제시하는 사람은 아무도 없었다. 답은 그냥 내버려두는 것이다. 낡은 건물이 모두 헐리고 현대식 쇼핑몰이 들어서도록 놓아두는 것이다.

15년 뒤를 내다보는 선구자들은 (예컨대 모든 쇼핑이 시 경계 너머 쇼핑몰에서 이루어질 것을 내다보는 사람) 무시당하기 일쑤다. 선구자들은 항상 조소당한다. 사람들은 필연적인 흐름도 거부한다(싱가포르와 중국은 그 반대다. 나는 낡은 건물들이 과감하게 철거되는 광경에 항상 놀라게 된다. 건물 보존 움직임도 다소 있지만, 창조적 파괴가 기본 원칙이다).

모든 제국은 비참한 모습으로 끝났다. 지나치게 많은 돈을 소비했기 때문이다. 그들은 빚더미에 눌려 쇠퇴하다가 붕괴했다. 안타깝게도 미국의 쇠퇴 역시 당장 막을 길이 보이지 않는다. 2차 세계대전 이후 미국은 패권을 차지하여, 세계에서 가장 부유하고 강력한 나라가 되었다. 이제 미국은 절정기로부터 3세대가 지났다. 영국은 식민지에서 철수하고 제국의 지위를 상실하면서 붕괴하기 시작했을 때, 나라가 바닥까지 추락한 다음에야 곤경에 처했다는 사실을 깨달았다. 미국 역시 바닥까지 추락해야 현실을 깨달을 듯하다.

낙관론자들은 미국이 항상 혁신적이었다고 말한다. 옳은 말이다. 지금까지는 항상 혁신적이었다. 그러나 미국 학생들은 이제 수학과 과학 공부를 강요당하지 않지만, 아시아 학생들은 여전히 수학과 과학을 열심히 공부한다. 아시아와 같은 경제발전 단계에서는 수학과 과학에서 기회가 열린다. 덩샤오핑은 공학과 과학을 믿었기 때문에 중국을 오늘의 위치로 이끌 수 있었다. 마오쩌둥 이후 중국의 지도자들은 공학자 출신이 압도적으로 많다. 후진타오, 원자바오, 장쩌민 모두 공학자 출신이다.

아마도 중국에서 배출되는 공학자들이 세계 최고 수준은 아닐 것이다. 그러나 결국은 중국에서 훌륭한 공학자들이 배출되어 놀라운 혁신을 이끌어낼 것이라고 생각한다. 내가 어린 시절, 미국은 자동차공학과 전자 같은 분야에서 세계를 압도했으며, 금융 등 모든 분야에서 뛰어났다. 지금도 미국이 항공 분야 등은 여전히 세계를 지배하고 있지만, 중국도 항공 산업을 육성하고 있다. 확신하건대 20~30년 뒤에는 중국이 우리를 압도할 것이다. 미국의 금융은 이미 쇠퇴하고 있다. 주식시장을 통한 자금 조달 면에서 홍콩이 이미 미국을 앞질렀다.

현재 미국이 세계를 지배하는 분야를 꼽는다면, 생각나는 분야가 몇 개 안 된다. 마이크로소프트도 애플이나 구글처럼 한때 훌륭한 기업이었지만, 이제는 디지털 기술 분야를 지배하지 못한다. 스칸디나비아 같은 곳에 가보면, 인터넷 보급률이 미국보다 훨씬 높은 것을 볼 수 있다. 애플은 현재 세계에서 시가총액이 가장 큰 회사이지만, 나는 미국에서 제2의 스티브 잡스가 나올 것으로 확신하지 않는다.

미국의 부활을 알려주는 두 가지 긍정적 신호가 있긴 하지만, 이것만으로는 역부족이다. 하나는 농업이다. 베일리얼대학 강연에서도 언급했지만, 나는 농업이 발전할 것이라는 사실에 대해 매우 낙관적이다. 농업은 앞으로 20~30년 동안 세계 경제에서 매우 수익성 높은 섹터가 될 것이다. 미국은 농업기술이 우수할 뿐 아니라, 농지도 풍부하다. 미국 농업의 문제는 세계 다른 나라와 마찬가지로 물이 부족하다는 점이다. 미국 남서부는 지하수면이 말라붙고 있어서 문제가 심각하다. 이 때문에 농지 면적이 감소한다. 그러나 내 예상대로 농산물 가격이 두 배, 세 배, 네 배로 뛴다면, 미국은 이득을 보게 된다.

내가 장래를 밝게 보는 긍정적 신호 나머지 하나는 셰일 가스와 석유 추출인데, 미국 지하 셰일층에 갇혀 있는 천연가스와 석유를 뽑아내는 작업이다. 지금까지는 바위에서 탄화수소를 뽑아내는 작업이 불가능하거나 채산성이 없었다. 그러나 이제는 신기술 덕분에 이 작업이 가능해졌다. 하지만 추출 작업에 막대한 양의 물이 들어가고 수압파쇄법 실행 과정에서 지하수가 오염될 위험이 있어서, 일부 지역에서는 시추를 금지하고 있다. 이 기술이 아직 대단한 정도는 아니다.

그러나 조사에 의하면, 미국은 셰일 가스와 석유 잠재 매장량이 엄청나다(중국, 러시아, 호주 등 여러 나라도 그렇다). 이 기술이 개선되면, 셰일 가스와 석유 추출이 미국의 쇠퇴 속도를 어느 정도 늦춰줄 것이다. 이 과정에서 에너지 시장의 강세장이 언젠가 끝날 것이다(에너지와 상품의 모든 강세장은 결국 막을 내렸다). 그러나 확인된 석유 매장량은 모두 감소하고 있으므로, 몇 년 더 기다려야 할 것이다.

내가 미국이 쇠퇴한다는 말은 미국이 완전히 몰락한다는 뜻이 아니다. 영국, 스페인, 포르투갈 모두 위대한 제국이었다가 쇠퇴했지만, 아직 세상에 남아 있다. 미국의 쇠퇴도 이런 방식을 따라가게 될 것이다. 이런 흐름을 내다본 사람은 나 혼자가 아니다. 그러나 미국인 대부분은 이런 흐름을 인식하지 못하고 있으며, 인식하더라도 받아들이지 않는 듯하다. 나 역시 미국이 쇠퇴기에 접어들었다는 사실이 달갑지 않다. 전혀 반갑지 않다.

그러나 나도 미국인이고 납세자이지만, 꿈만 먹고 살 수는 없다. 나는 현실에 발을 딛고 살아가야 한다.

미국은 오래전부터 쇠퇴의 길을 걸어가고 있다. 이 길에서 벗어나기에는 너무 늦었는가? 내가 해결책을 제시한다면, 당신은 "과연, 너무 늦었군"이라고 말할 것이다.

첫째, 미국은 해외에 주둔 중인 군대를 모두 본국으로 복귀시켜야 한다. 100여 개 국가에 주둔 중인 군인들을 모두 철수시켜야 한다. 그러면 막대한 비용을 절감할 수 있고, 우리의 적도 줄일 수 있다. 물론 미국이 개입 중인 모든 전쟁에서도 발을 빼야 한다.

나는 앞에서 소송 개혁의 필요성도 지적했다. 미쳐 날뛰는 소송 탓에 사업비용이 터무니없이 상승하여 미국 기업들의 국제 경쟁력이 저하되고 있으며, 미국 의료비도 치솟고 있다. 미국은 세계 평균의 두 배인 GNP의 17%를 의료비에 지출하는데도, 의료의 질은 내세울 것이 없다. 미국인의 출생 시 기대수명은 세계 50위이고, 유아 사망률은 49위다(유아 사망률이 48개국보다 높다). 그런데 미국 의료계가 비용을 절감한 분야가 위생이다. 이제는 병원 내 감염이 (심장질환, 암, 뇌졸중에 이어) 미국에서 네 번째 사망 원인이 되었다. 주로 비위생적인 시설과 관행 탓이다. 바로 이런 이유 때문에 나는 병에 걸리면 싱가포르에서 치료받게 해달라고 페이지에게 말해두었다.

나는 미국 교육도 최악이라고 지적했다. 미국은 스위스와 함께 학생 1인당 교육비 지출을 세계에서 가장 많이 하고 있는데도, 국제표준시험에서 수많은 나라 학생들에게 계속해서 뒤지고 있다. 미국의 고등학교 졸업률 75%는 대부분 선진국보다 낮은 수준이며, 학생들의 읽기, 수학, 과학 점수도 마찬가지다. 17~24세 미국인의 75%는 교육 부실 탓에 병역에도 부적합한 것으로 보도되었다. 3명 중 1명은 비만이고, 4명 중 1명은 고등학교도 졸업하지 못했으며, 고등학교 졸업자 대부분이 기본 언어 및 산수 능력을 측정하는 군 자격시험Armed Forces Qualification Test, AFQT도 통과하지 못한다.

외교협회Council on Foreign Relations가 후원한 특별 대책본부의 2012년 보고서에 의하면, 미국 교육 시스템은 이제 국가안보를 위협하고 있다. 최근 대학 졸업생의 50%는 신용카드 신청서나 신문사설의 요점도 이해하지 못하는 것으로 보도되었다. 교육의 실패는 한 세대의 문제로 끝나지 않는다. 민주사회에서 무료 공교육을 실시하는 것은 지혜롭고 유식한 유권자들을 유지하려는 취지다. 미국 교육 시스템이 그토록 부실한 탓에 미국 유권자들이 선출한 대표가 국민윤리 시험조차 통과하지 못할 지경이다.

미국 연방 세금 시스템은 완전히 악몽이다. 미국에 일자리가 있는 사람은 소득세를 낸다. 이 돈을 은행에 예금하면 이자소득세를 낸다. 이 돈으로 주식을 사면 배당소득세와 자본이득세를 낸다. 급여를 받을 때 이미 세금을 냈는데도 말이다. 세금을 세 번 내는 셈이다. 사회보장연금은 우리가 저축한 돈을 퇴직 후에 돌려받는 것이다. 그러나 정부는 우리가 저축한 돈을 돌려줄 때에도 세금을 뗀다.

우리 돈을 돌려받는 것인데도 세금을 낸다는 말이다. 우리는 죽은 다음에도 엄청난 세금을 낸다. 우리가 열심히 일하고 저축해서 모은 돈인데도 말이다. 우리는 급여를 받을 때 세금을 냈다. 그런데도 정부는 4~6번 더 세금을 받는다.

세계에서 성공하는 나라들은 저축과 투자에는 세금을 매기지 않는다. 국민이 저축하고 투자하도록 권장한다. 그러나 미국은 반대로 소비를 권장한다. 우리가 내는 이자는 모두 소득공제가 된다. 미국 정부는 우리에게 저축이나 투자 대신 소비를 하라고 권장한다. 실제로 미국 세법은 저축과 투자를 방해한다. 경제학의 기본원리 하나는 저축과 투자가 같다는 것이다($S = I$). 모든 경제학 교과서의 1장에 나오는 내용이다. 나라가 번영하려면 소비보다 저축과 투자를 우선해야 한다.

국세청 보고에 의하면, 세법이 지극히 복잡해진 탓에 미국인들이 매년 세무 보고에 소비하는 시간이 66억 시간으로 추정된다. 믿을 만한 여러 추정치에 의하면 개인, 법인, 비영리단체의 연간 납세 이행비용이 3,000억~4,000억 달러다. 소비세를 이용하면 이런 문제를 모두 없앨 수 있다. 세금신고서를 작성할 필요도 없고, 불합리한 세금제도 덕분에 부자가 된 변호사와 회계사들에게 돈을 줄 필요도 없다. 게다가 암시장도 사라질 것이다. 마약상도 벤츠를 살 때 소비세를 내게 된다. 지하경제도 사라질 것이다.

세금제도를 변경하고, 교육제도도 바꾸며, 의료와 소송제도를 개혁하고, 군대를 본국으로 철수시키는 일이 과연 일어날 수 있을까? 각국 정부를 지배하고 통제하면서 세상을 좌우하는 주체는 특별 이익단체들이다. 기존 시스템에는 수많은 이익단체와 로비스트들이 깊이 뿌리를 박고 있다. 현재 정부가 돌아가는 방식으로는 이런 변화가 하나도 일어날 수 없다.

나는 저서 『월가의 전설, 세계를 가다』에서 이른바 급진적 제안을 몇 줄 썼다. 국회의원들이 워싱턴으로 가지 못하게 하는 것이다. 제니퍼 라이언이라는 캘리포니아 여성 덕분에, 이 아이디어가 이제 "집에서 정치하라Gov at Home"라는 풀뿌리운동으로 성장하였다. 이 운동은 국회의원과 상원의원들에게 각각 자신의 지역구와 주도(州都)에서 일하면서 투명성과 책임감을 높이라고 요구한다.

미국 정부가 수립되던 1789년에는 전화도 없었고, 우편은 느렸으며, 화상회의는 상상할 수도 없었다. 그래서 우리 대표들이 모일 수 있도록 정부를 워싱턴 한 곳에 세웠다. 우리가 2015년에 정부를 수립한다면, 십중팔구 인터넷상에 수립될 것이다. 건국 이후 거대한 관료제에 포위되고 로비스트들에게 통제당해온 워싱턴으로 모든 대표가 몰려갈 이유가 없기 때문이다.

의회에서 투표가 있는 날에는 로비스트들이 곳곳에 줄지어 서서 대표들을 지켜보면서, "내 말을 잊지 마시오"라고 다시 한 번 압박한다. 의회 스태프들은 모두 로비스트로부터 식사와 술 접대를 받는다. 실제로 로비스트들이 대부분 법안을 작성한다. 유권자들의 의견은 법안에 거의 반영되지 않는다. 의원으로 선출된 선량하고 순수한 사람도 워싱턴으로 가면 바뀐다.

최근에는 워싱턴의 타락상이 더 명확하게 드러나고 있다. 스태프와 로비스트들만 읽어본 2,000페이지짜리 법안이 의회에 상정된다. 이 법안에는 전문가 위원회를 구성하여 세부 사항을 결정한다는 조항이 포함되는데, 이 위원회는 결국 법안에 이해관계가 걸린 로비스트들로 구성된다.

국회의원과 상원의원이 워싱턴에 가는 횟수를 1년에 두 번으로 제한하면, 이런 터무니없는 대의정치를 쉽게 막을 수 있다. 국회의원이나 상원의원은 워싱턴에 가는 대신 지역구에 머물면서 활동하면 된다. 그의 자녀도 지역구민과 같은 학교에 다니게 된다. 그도 지역구민이 이용하는 고속도로와 대중교통을 이용하게 된다. 그는 모든 사람이 지켜보는 가운데 지역 신문사나 고등학교 체육관이나 시청에서 법안에 대해 투표하게 된다. 로비스트들은 여전히 그를 만나러 올 수 있다. 그러나 전에는 만찬 음식처럼 늘어선 의원 535명을 의사당에서 한꺼번에 만날 수 있었지만, 이제는 전국을 돌아다니면서 한 사람씩 만나야 한다.

의원들이 고향에 머물면서 고향에서 투표하고, 고향에서 회의하게 하자. 요즘은 (국방부가 그러듯이) 무엇이든 암호화할 수 있으므로, 보안은 문제가 되지 않는다. 현실적으로나 철학적으로나 건전한 아이디어이므로, 실행에 옮기면 대의정치 운영방식이 크게 달라질 것이다. 의원조차 이해하지 못하는 터무니없는 법안들은 통과하지 못할 것이다. 은행가나 배관공이나 학교 선생들이 그의 사무실로 찾아가서 말할 것이다. "이 법안이 무슨 뜻인지 알기나 하세요? 당신 제정신인가요? 통과시켜서는 안 됩니다." 여행과 주거비용 그리고 의원의 노고가 얼마나 많이 절감되겠는가?

처음에는 이상하게 들릴지 모르지만, 더욱 진보된 해결책은 시민을 무작위로 선출하여 고향에 머물면서 하원의원이나 상원의원으로 활동하게 하는 방법이다. 병역에 복무하듯이, 임기를 정하여 시민으로서 의무를 수행하게 하는 것이다. 마지못해 공직을 맡게 된다는 사실이 장점이 될 수 있다. 여러 연구에서 밝혀진 바로는 사람들은 갑자기 또는 우연히 책임을 지게 되었을 때 매우 의욕적이 된다고 한다. 사람들은 많은 시간과 열정을 쏟아 그 분야를 연구한다. 배심원으로 선발되는 사람들이 매우 좋은 예다. 이들은 마지못해 참여할지는 모르지만, 옳은 결정을 하려는 의욕만은 강하며, 거의 모든 사람이 바르게 처신한다. 지금까지 징집병 중에서도 의욕과 투지가 넘치는 훌륭한 병사가 많이 나왔으며, 일부는 장군까지 되었다.

이 전통의 전형이 된 시민이 집정관을 역임한 루키우스 퀸크티

우스 킨킨나투스Lucius Quinctius Cincinnatus다. 그는 B. C. 458년 침략 위협을 받던 로마공화국으로부터 호출되어 독재관으로 복무하였으나, 임무를 완료한 후에 즉시 사임했다. 그는 B. C. 439년에도 똑같이 대의를 위해서 절대권력을 포기했다. 이후 그의 이름은 시민 덕성의 동의어가 되었다. 조지 워싱턴도 미국 대통령 3연임을 거부함으로써 똑같은 결정을 내렸다.

물론 모든 사람이 사욕을 버리고 그런 탁월한 리더십을 발휘한다고 기대할 수는 없다. 당연히 쓸모없는 사람도 나온다. 그러나 지금은 쓸모없는 사람이 535명에다가 한 명 더 있다.

물론 상황은 바뀔 수 있다. 그러나 내 평생이나 당신 평생이나 우리 자녀의 평생에는 바뀌지 않을 것이다. 미국이 파산하지 않는다면 말이다. 영국, 로마, 이집트, 중국 모두 한때 위대한 문명이었지만, 중국을 제외하면 쇠퇴와 붕괴로부터 다시 일어서서 선도적 문명국이 된 나라는 하나도 없다. 미국이 일부 분야에서 다른 나라를 앞설 수는 있다. 결국 미국은 바닥까지 추락한 다음, 아마도 300~400년 뒤에 다시 위대한 나라로 일어설지 모른다.

1964년 내가 월스트리트에 반한 이유는 세상의 흐름을 알려는 열정 때문이었다. 만일 내가 살아 있는 동안 다시는 투자를 하지 않는다고 해도, 나는 하루 24시간 이 열정을 추구할 것이다. 나는 그런 사람이다. 어린 시절에는 다른 열정에 빠져들었다. 나는 아메리칸 리그와 내셔널 리그에 속한 모든 선수에 관해서 온갖 이야기를 늘어놓을 수 있었다. 그러나 지금은 아니다. 지금은 메이저리그 선수나 NBA 선수 이름을 하나도 대지 못한다. 하지만 북한과 미얀마에 대해서는 얼마든지 이야기할 수 있다.

세상의 흐름은 항상 주의 깊게 지켜보고 있다. 나는 안테나를 항상 세워놓고 있다. 이것이 나의 사업일까, 아니면 단지 내 열정을 추구하는 행위에 불과할까?

35년 전 나는 온종일 앉아 사업 보고서를 읽고, 업계 간행물을 읽으며, 스프레드 시트를 점검하면서 다양한 기업들의 온갖 숫자들을 익혔다. 이렇게 하지 않을 때에는 기업을 방문했다. 지금은 이런 일을 거의 하지 않는다. 대신 세상의 흐름을 계속 주시하면서 사실과 숫자들을 파악하고 있다. 지금은 인터넷에서 많은 데이터를 구할 수 있으므로, 이 작업이 매우 쉬워졌다. 이제는 경험도 많아서, 결정을 내리기도 쉬워졌다.

지금은 누구나 ETF에 투자할 수 있다. ETF는 불과 20여 년 전에 개발되었지만, 수많은 상품이 나와 있다. 신흥시장에 거품이 끼었다고 판단하면, 공매도 방법을 찾느라 고민할 필요가 없다. 어느 회사 어느 주식을 공매도해야 할지 생각할 필요도 없다. 이제는 여러 신흥국가를 하나로 묶은 신흥시장 ETF를 공매도하면 된다. 인도를 공매도하고 싶으면 인도 ETF를 공매도하면 되고, 유럽을 공매도하고 싶으면 유럽 ETF를 공매도하면 된다.

앉아서 수백 개 기업의 사업 보고서를 파면서 경영진을 평가할 필요도 없다. 전문 분야 ETF도 매우 많다. 석유 회사를 살 수도 있고 공매도할 수도 있다. 나는 수백 개 종목을 분석해서 그중 몇 종목을 골라 공매도할 수도 있지만, ETF 구성 종목을 살펴본 다음 ETF를 공매도할 수도 있다. 이 방법이 더 좋다는 뜻은 아니다. 다만 훨씬 쉽다는 말이다. 사실 그래서 나는 게을러졌다(어떤 면에서는 ETF 덕분에 세상이 더 단순해졌지만, ETF나 지수에 포함되지 않은 회사를 조사해서 분석하려는 사람들에게는 새로운 기회가 열렸다. ETF나 지수에 포함되지 않았다는 이유로 사람들이 거의 조사하지 않는 회사들이 수천 개나 있기 때문이다. 의욕적인 분석가라면 경쟁에 시달리지 않으면서 이런 회사들을 분석하여 좋은 성과를 거둘 수도 있다).

이제 나는 시간이 남으면 아내와 아이들에게 쏟고 싶어진다. 다른 어떤 일을 하기보다도 딸들과 시간을 보내려고 한다. 나는 다른 누구보다도 해피, 베이비 비, 페이지와 함께 식사하고 함께 지내는 편이 좋다. 나는 프랜시스 베이컨 경의 지혜를 바탕으로 지금과 같은 인생을 살아왔다.

"아내와 자녀는 재산에 제공한 인질과 같다. 선한 사업이든 악한 사업이든 큰 사업에 걸림돌이 되기 때문이다."

나는 아이들이 있는 친구를 항상 측은하게 생각했다. 나는 평생 아이를 키우고 싶지 않았다. 엄청난 시간과 돈, 에너지 낭비라고 생각했기 때문이다. 아마도 다섯 남매의 장남이어서 자라면서 남매를 도와야 했는데, 이때 아이들이 큰 짐이라고 생각했던 듯하다.

완전히 잘못된 생각이었다.

독자 중에 가족과 함께 식사하면서 시간을 보내지 않는 사람이 있다면, 이제는 가족과 시간을 보내라고 충고하고 싶다. 필요하면 휴가를 얻어라. 아니다. 요즘은 불경기니까 휴가는 얻지 마라. 점심때에 집에 가서 점심을 먹어라. 나는 첫째 딸이 태어난 이후 사람들에게 늘 이렇게 말한다. 내가 말만 앞세우는 사람으로 비칠까봐 우려해서 하는 말인데, 페이지와 나는 셋째 아이를 갖게 되었다.

해피와 베이비 비는 하루 24시간 주 7일 나를 황홀경에 빠뜨린다. 두 아이는 아무리 보아도 질리지 않는다. 나는 전에는 전혀 이해하지 못했던 부모님을 이제 이해하게 되었다. 평생 처음으로 내 부모님을 이해하게 되었다. 나는 지금껏 경험하지 못했던 감정을 발견했다. 전에는 울어본 적이 거의 없었지만, 이제는 기쁨에 겨워 수도 없이 운다. 베이비 비가 현관으로 달려나오는 모습만 보아도 눈물이 난다.

두 딸은 너무도 재미있다. 하는 행동도 너무나도 놀랍다. 하루를 돌아보면 두 딸과 세 시간, 네 시간, 다섯 시간을 지낸 날도 종종 있다. 나는 다른 사람 생일파티에도 항상 아이들과 함께 간다. 언젠가는 내가 불청객이 되겠지만.

내가 32세 때 아이들이 생겼다면 절대 이렇게 하지 못했을 것이다. 당시에는 투자하고 세계여행을 준비하면서 하루하루를 보냈다. 이제 내 투자는 두 딸을 더 똑똑하고 통찰력 있게 키우는 일이다. 소크라테스가 플라톤에게 지혜를 전수한 것처럼. 나는 돈을 많이 벌어 두 딸에게 물려주기보다는 스스로 헤쳐나갈 능력을 확실히 키워주고자 한다. 내가 지금 재산을 두 배나 네 배로 늘린다고 해도, 이것이 두 딸에게는 오히려 해가 될 수도 있다.

나는 옥스퍼드와 케임브리지에서 조정경기에 참가하면서 사귄 친구들이 있다. 이들은 시합에 열광했었다. 그러나 이후 이들은 시합을 많이 하지 않았고, 아이비리그의 내 친구들 역시 많이 하지 않았다. 이들 중 일부는 센스 있게 재산을 물려받았으므로, 이후 아무 일도 할 필요가 없었다. 단지 노젓기를 논하고, 옥스퍼드―케임브리지 조정경기에 대해 이야기하며, 이런저런 잡담만 했다. 이들은 평생 일을 많이 하지 않았다. 그리고 일한 몇몇 사람도 그다지 성공하지 못했다.

미국 경제의 곳곳을 감시하고 규제하는 미국 정부기관이 115개나 되지만, 수많은 아이비리그 출신을 포함해서 이 기관에 근무하는 사람 누구도 2007~2008년에 다가오는 일을 내다보지 못했다. 이들 기관의 감독을 받는 산업에서 일하는 수많은 고학력자도 마찬가지였다. 그래서 나는 아이들을 옥스퍼드나 예일에 보내는 것이 옳은 선택인지 자신이 없다. 내가 예일에 간 것은 옳은 선택이었다. 앨라배마주를 벗어나 다른 세상을 볼 수 있었고, 어느 정도 자신감도 얻었기 때문이다.

어쩌면 아시아에서 아이들이 다닐 허접스러운 대학을 찾아보아야 할지 모르겠다. 그런 대학에는 특권의식이 팽배하거나 젊은 시절에 절정을 맛본 후 계속 퇴보해가는 학생이 거의 없을 것이다. 우리 아이들이 대학에 가고 싶어 한다면 말이다(페이지는 '아이들이 절대 변명할 필요가 없도록' 최고의 학교에 보내야 한다는 생각이다).

나는 항상 아이들에게 우리는 부자가 아니라고 말한다. 아이들이 세 살, 네 살, 여섯 살일 때에는 이런 문제를 쉽게 피해갈 수 있다. 그러나 아이들은 친구들이 사는 집과 우리가 사는 집을 비교한다. 학교에서는 친구들 모두 자신의 집이 부자라고 말한다. 우리가 부자가 아니라고 해피에게 말하기가 갈수록 어려워지고 있다. 공항에 도착하자 곧바로 해피가 묻는다.

"라운지가 어디 있어요?"

일등석 라운지를 말하는 것이다. 그리곤 말한다.

"가끔은 우리도 비행기 앞좌석이 아니라 뒷좌석에도 탈 수 있는 거죠?"

이제 해피도 이해하기 시작했다. 우리가 목적지에 도착하면, 누가 마중 나오느냐고 해피가 묻는다. 지금까지는 대개 나에게 강연을 요청한 사람이 마중 나왔고, 가끔 기자가 나오기도 했다. 해피는 기대수준이 높아서, 일해서 돈을 벌도록 키우기가 쉽지 않다.

노력해서 성공하는 것보다 좋은 방법은 없다. 물론 일단 돈을 번 다음에는 노력하기가 싫어진다. 나는 내가 그랬던 것처럼, 아이들이 사회에 나가서 고생하는 모습을 보고 싶지 않다. 그러나 나는 아이들에게 단지 물질적 부만 남겨주어서는 안 된다고 생각한다. 아이들을 똑똑하고, 교양 있으며, 박식하고, 의욕적이며, 끈기 있는 사람으로 키울 수 있다면, 나는 모든 것을 잃어도 상관없다.

이것은 내가 막대한 돈을 물려주는 것보다 훨씬 값진 투자이며, 죽을 때까지 유용한 자산이라고 생각하기 때문이다. 내가 돈을 물려주지 않아도 자신의 힘으로 성공하도록 키우는 편이 훨씬 나은 투자다. 내가 물려주는 재산은 5년 뒤에 사라질 수도 있고, 50년 뒤에 사라질 수도 있지만, 올바른 사고방식을 물려준다면 걱정할 필요가 있겠는가?

내가 다른 것은 물려주지 못해도 꿈꾸고, 열정을 추구하며, 실패하더라도 과감하게 도전하는 용기만은 물려주고 싶다. 유일한 실패는 시도하지 않는 것이고, 유일하게 틀린 질문은 던지지 않은 질문이라는 사실을 아이들이 이해하면 좋겠다.

내가 훌륭한 아버지로서 역할을 다한다면, 두 아이는 내 나이가 되어 인생을 돌아볼 때 후회가 없을 것이며, 인생 이야기는 아서

왕 이야기를 닮을 것이다. 돈은 수단이지 목적이 아니라는 굳은 신념과 확고한 이해를 바탕으로 과감하게 원정하고, 영토를 뒤덮는 성전을 만들고, 모든 산에서 용을 몰아냈던 아서왕 이야기처럼 말이다.

감사의 글

나의 부모 제임스 비랜드 로저스와 어니스틴 브루어 로저스에게 감사드린다. 이제 내게도 자녀가 있으므로, 오랜 세월 내가 전혀 짐작도 못하던 부모님의 마음을 마침내 이해하게 되었다. 두 딸이 내게 많은 것을 깨우쳐주었다. 내가 수십 년 동안 전혀 이해하지 못했던 부모에 대해 눈을 뜨게 해주었다. 두 딸이 내게 있는 줄도 몰랐던 정서와 느낌을 발견하게 해주었다. 내가 두 딸을 통해서 얻은 것의 절반이나마 나의 부모가 내게서 얻었다면 좋겠다. 오늘의 나를 만든 분은 확실히 나의 부모다.

역자 후기

내가 짐 로저스에 대한 평가를 처음 접한 것은 니콜라스 탈레브의 『행운에 속지 마라』를 번역하는 과정에서였다. 탈레브는 로저스가 "확률과 기댓값도 구분하지 못한다"라고 호되게 비판하면서, "희귀사건으로 크게 성공한 조지 소로스의 파트너였다는 사실이 신기할 정도"라고 가차 없이 깎아내렸다(탈레브는 취미가 잘난 척하는 사람들을 모욕하는 일이어서, 노벨상 수상자조차 그에게 걸리면 뼈도 못추릴 정도였다). 그러나 내가 이 책을 번역하고 나서 로저스를 보는 관점은 사뭇 달라졌다.

첫째, 로저스는 다양한 실적으로 실력을 입증했다. 그는 기록의 사나이다.

먼저, 기네스북에 세 가지 기록을 올렸다. 조정경기에서 우승했고, 오토바이로 10만 마일을 달리면서 50여 개 국가를 통과하였으며, 자동차로 15만 2,000만 마일을 달리며 116개국을 돌았다.

1973년 조지 소로스와 공동설립한 퀀텀펀드를 함께 운용하여 탁월한 실적을 올렸다. 10년 수익률이 S&P500은 47%였지만, 퀀텀펀드는 4,200%였다.

1987년 주식시장의 붕괴를 예측하여 적중시켰고, 자신도 공매도 하여 막대한 수익을 올렸다.

2007~2008년 부동산 위기를 예측하여 적중시켰고, 패니메이 등을 공매도하여 커다란 수익을 거두었으며, 30년 동안 보유했던 자신의 주택도 거품의 정점에서 팔았다.

1988년 명문 콜롬비아대학 정교수로 임용되었는데, 박사학위도 없이 오로지 실력과 열정으로 거둔 성과였다.

1998년 로저스 국제상품지수RICI를 개발했으며, 2012년 8월 현재 총수익률이 S&P는 62%, RICI는 281%였다.

둘째, 로저스는 언행이 일치하는 사람이다. 어떤 예측을 제시할 때에는 자신도 그 방향으로 포지션을 가져갔다. 주식을 공매도하고, 주택을 팔았을 뿐만 아니라, 자녀에게 표준 중국어를 가르치라고 조언했던 자신의 말을 실행에 옮겨 가족이 모두 싱가포르로 이주했다. 그는 윤리의식이 높았던 까닭에, 평판을 지키려고 소로스와 결별했다. 그는 거칠고 투박한 표현을 쓰지만, 행동으로 자신의 말을 뒷받침하기 때문에 신뢰가 간다.

셋째, 용기 있게 비판하는 사람이다. 그는 개인은 물론 정치와 사회에 대해서도 거리낌 없이 비판하고 대안을 제시한다. 그 비판의 강도와 범위가 상상을 초월할 정도여서, 모욕의 달인 니콜라스 탈레브를 떠올리게 된다. 온갖 지성(철학, 수학, 통계학, 문학, 투자)으로 무장한 탈레브의 비판은 절세의 검객이 예리한 칼로 상대의 급소를 베는 방식이라면, 열정과 경험으로 무장한 로저스의 비판은 천하장사가 육중한 해머를 휘둘러 상대를 날려버리는 방식이라 하겠다.

이른바 저명한 학자나 고수들의 거대 담론은 몇 번을 읽어도 돌아서면 머리에 남는 것이 많지 않지만, 로저스의 글은 표현 하나하나가 피부에 와 닿는 느낌이었다. 세계의 흐름을 이해하려는 뜨거운 열정으로 몸을 던져 얻은 교훈을 진솔하고도 담백하게 표현했기 때문이 아닐까 싶다. 투자의 지혜는 물론, 세상과 인생을 보는 관점에 대해서도 시사하는 바가 많은 책이라 생각한다. 짐 로저스를 만나게 해준 이레미디어에게 감사드린다.

―이 건

Street Smarts
: Adventures on the Road and in the Markets

"투자의 천재는 거의 없다. 내가 아는 투자의 천재는 워런 버핏, 존 보글 그리고 짐 로저스뿐이다."
―벤 스타인Ben Stein, 〈뉴욕타임스〉

"짐 로저스 때문에 내 머리가 깨질 지경이다."
―폴 크루그먼Paul Krugman, 〈뉴욕타임스〉

"반드시 구매하라. 강력하게 추천하고 보장한다."
―루 돕스Lou Dobbs, 〈루 돕스 투나잇〉, 폭스 비지니스 네트워크

"그의 거대한 부나 힘을 능가하는 로저스의 막강한 재미가 여러분의 부를 축적하는 데 도움을 줄 것이다. 『세계경제의 메가트렌드에 주목하라』를 통해 여러분은 그의 현명함과 열정에 반할 것이다."
―〈USA Today〉

"『세계경제의 메가트렌드에 주목하라』는 우리 시대에 가장 정확하고 읽을 만한 책입니다. 짐 로저스만의 투자 기법과 유머 그리고 삶의 지혜가 여러분을 성공 강박증으로부터 해독시켜줄 것입니다. 짐 로저스는 아버지 세대의 경제적 통찰력과 금융의 관점이라는 소중한 선물을 제공합니다."
―피터 D. 시프Peter D. Schiff(베스트셀러 작가, Peter Schiff 라디오 쇼 진행자, 유로 태평양 금융 대표)

세계경제의 메가트렌드에 주목하라

초판 1쇄 발행 2014년 1월 15일
초판 7쇄 발행 2018년 3월 30일

지은이 짐 로저스
옮긴이 이 건
펴낸이 이형도

펴낸곳 (주)이레미디어
전 화 031-908-8516(편집부), 031-919-8511(주문 및 관리)
팩 스 031-907-8515
주 소 경기도 고양시 일산동구 무궁화로 20-38 로데오탑 302호
홈페이지 www.iremedia.co.kr
카 페 http://cafe.naver.com/iremi
이메일 ireme@iremedia.co.kr
등 록 제396-2004-35호

편 집 정은아, 정내현
디자인 에코북디자인
마케팅 한동우

저작권자 ⓒ 2014, 짐 로저스
이 책의 저작권은 저작권자에게 있습니다. 서면에 의한 허락 없이 내용의 전부 혹은 일부를 인용하거나 발췌하는 것을 금합니다.

ISBN 978-89-91998-86-5 13320
가 격 16,500원

-책값은 뒤표지에 있습니다.
-잘못된 책은 구입하신 서점에서 교환해드립니다.
-이 책은 투자참고용이며, 투자 손실에 대해서는 법적 책임을 지지 않습니다.

이 도서의 국립중앙도서관 출판시도서목록(CIP)은 서지정보유통지원시스템 홈페이지(http://seoji.nl.go.kr)와 국가자료공동목록시스템(http://www.nl.go.kr/kolisnet)에서 이용하실 수 있습니다.(CIP제어번호: CIP2013026702)